Petra Kersten-Frisch

Englisch lernen
in Betrieben

narr\f
ranck
e\atte
mpto

Bibliografische Information der Deutschen Nationalbibliothek

Die Deutsche Nationalbibliothek verzeichnet diese Publikation in der Deutschen Nationalbibliografie; detaillierte bibliografische Daten sind im Internet über http://dnb.dnb.de abrufbar.

Coverphoto: ©iStock.com/39535834

© 2015 · Narr Francke Attempto Verlag GmbH + Co. KG
Dischingerweg 5 · D-72070 Tübingen

Gedruckt auf säurefreiem und alterungsbeständigem Werkdruckpapier.

Internet: www.narr.de
E-Mail: info@narr.de

Printed in Germany

ISBN 978-3-8233-6978-3

Inhaltsverzeichnis

Vorwort

Dieser Band entstand auf der Grundlage meiner Dissertation „Wie lernen lernungewohnte Erwachsene Englisch im innerbetrieblichen Kontext? Eine empirische Untersuchung". Die Arbeit wurde im Dezember 2013 an der Sprach- und Literaturwissenschaftlichen Fakultät der Katholischen Universität Eichstätt-Ingolstadt abgeschlossen. Im Februar 2015 habe ich dafür den Deutschen Weiterbildungspreis 2014 vom Haus der Technik e. V. in Essen erhalten.

Zum Gelingen des Projektes haben einige Personen beigetragen. Dies war vor allem mein Doktorvater Herr Professor Dr. Heiner Böttger. Seine Ratschläge und Anregungen während des gesamten Forschungsprozesses und während der Erstellung dieses Buchs waren unverzichtbar; seine unmittelbaren Rückmeldungen waren sehr hilfreich und nicht zuletzt haben mir seine motivierenden Kommentare und aufmunternden Worte auch über schwierige Phasen hinweggeholfen.

Großer Dank gebührt auch den Sprachbeauftragten in den Firmen für das Vertrauen und die Unterstützung, die sie mir entgegengebracht haben. Dasselbe gilt für die Lehrkräfte, die bei der Erhebung der Daten mitgewirkt haben, sowie für die Lerner, die es mir mit ihrer Offenheit und Ehrlichkeit ermöglicht haben, ihr Englischlernen sichtbar zu machen.

Des Weiteren möchte ich Herrn Jürgen Hardt danken, der letztlich der Impulsgeber für die Arbeit war, und Frau Margarita Görrissen, die den Kontakt zur Universität Eichstätt-Ingolstadt herstellte. Ein ganz besonderer Dank gilt meiner Familie für ihr Verständnis, vor allem meinem Mann, der mich mit sehr viel Geduld auf dem langen Weg begleitete.

Mannheim, im November 2015   Petra Kersten-Frisch

Einleitung

Die Erweiterung der Europäischen Gemeinschaft, die Öffnung Osteuropas, die Erschließung asiatischer Märkte, die zunehmende Digitalisierung der Arbeitswelt und die schnelle Entwicklung der Kommunikationstechnologien führen zu einer immer weiter fortschreitenden Globalisierung der Wirtschaftsbeziehungen. Die damit verbundene zunehmende globale Mobilität der Mitarbeiter[1] hat zur Folge, dass die Vielfalt an Nationalitäten und Kulturen innerhalb einer Firma größer wird und Englischkenntnisse auch am Standort im eigenen Land immer wichtiger werden.

Englisch auf allen Hierarchieebenen

Englisch als anerkannte Lingua franca der internationalen Geschäftswelt und als Sprache des Internets sowie interkulturelle Kompetenz gehören heute zu den Schlüsselqualifikationen nicht nur der oberen Hierarchieebenen eines Unternehmens. Sie sind zunehmend arbeitstechnische Voraussetzungen für Mitarbeiter aller Bildungsgruppen, aller Ebenen und aller Unternehmensbereiche weltweit.

Diese Tendenz nimmt nicht nur in Großunternehmen, sondern auch in kleinen und mittleren Unternehmen qualitativ und quantitativ, auch auf europäischer Ebene zu. Weltweit zeichnen sich ähnliche Entwicklungen ab. Studien belegen, dass das Ausmaß der Wirtschaftsbeziehungen von Unternehmen auf dem internationalen Weltmarkt mit der Fähigkeit zusammenhängt, in Englisch kommunizieren zu können. Die fortschreitende Globalisierung führt zur Bildung von interkulturellen (virtuellen) Arbeitsteams, in denen Englisch Arbeitssprache ist. In Deutschland gehören Englischkenntnisse laut dem Institut der deutschen Wirtschaft Köln zu den Grundbildungsanforderungen[2] jedes Schulabsolventen. In der Wirtschaft sind sie Einstellungsvoraussetzung für zahlreiche Berufe. Sie sind Voraussetzung für lebenslanges Lernen.

---

[1] Auf geschlechtsneutrale Formulierungen wurde aus Gründen der Lesbarkeit verzichtet. Im Text sind immer beide Geschlechter gemeint, wenn nicht ausdrücklich unterschieden wird.

[2] Grundbildung umfasst nicht nur Lesen, Schreiben und Rechnen. Sie beinhaltet ebenso soziale und personale Kompetenzen, den Umgang mit Technologien, Englischkenntnisse und die Bereitschaft und Fähigkeit zu selbständigem Lernen (Klein, Schöpper-Grabe 2009: 8). Eine feste Definition gibt es in Deutschland bisher nicht (vgl. Klein, Schöpper-Grabe 2009: 8 und Abraham, Linde: 2010: 889 ff.).

Englisch in allen Altersgruppen – auf anspruchsvollem Niveau

Eine weitere allgemeine Entwicklung, welche die Wirtschaft und damit auch den Fremdsprachenunterricht maßgeblich beeinflusst, ist der demografische Wandel. Aufgrund der steigenden Lebenserwartung und der abnehmenden Geburtenrate nimmt die relative Zahl der Jüngeren in der Bevölkerung ab, die Gruppe der Älteren kontinuierlich zu. Analog dazu steigt auch die Anzahl der „älteren Mitarbeiter"[3] in den Unternehmen an. Laut dem 6. Altenbericht der Bundesregierung (2010: VIII) sind die mittleren Altersgruppen, die geburtenstarken Jahrgänge, 1955–1965, in vielen Unternehmen besonders stark vertreten und bilden bis zur Hälfte der Gesamtbelegschaft. Damit besteht die Notwendigkeit, sie auch fremdsprachlich weiterzubilden.

In einem international ausgerichteten Unternehmen kommt es daher immer häufiger vor, dass Mitarbeiter, in deren Berufsleben Englisch bisher kaum erforderlich war, sehr rasch auf anspruchsvollem Niveau angemessen in der Fremdsprache kommunizieren müssen. Das ist beispielsweise der Fall, wenn ein Unternehmen eine Firma im Ausland übernommen hat und die Mitarbeiter des Personal- und Rechnungswesens die Übernahme abwickeln sollen oder ein Techniker, z. B. ein Schweißer, aufgrund seines Fach- und Erfahrungswissens seine Kollegen an einem asiatischen Standort fachlich unterstützen soll und längere Zeit dorthin entsendet wird. Er muss ihnen nicht nur die Technik erklären, sondern auch ihre Fragen beantworten, auftretende Probleme diskutieren und gemeinsam mit ihnen Lösungen erarbeiten und das alles unter Berücksichtigung ihres kulturellen Hintergrunds. Dasselbe trifft zu, wenn eine Gruppe von asiatischen Kollegen am deutschen Standort zu Schulungszwecken über einen längeren Zeitraum in den Arbeitsablauf einer Produktionsanlage integriert werden muss, weil in ihrem Heimatland eine baugleiche Produktionsanlage in Planung ist und in absehbarer Zeit in Betrieb genommen werden soll. Andere Mitarbeiter verwalten Testergebnisse in Datenbanken, die für Fachkollegen in allen Teilen der Welt zugänglich sind oder möchten sich über firmeninterne Online-Netzwerke mit Kollegen an anderen Standorten im Ausland über ihr Fachgebiet austauschen. In Produktionseinheiten und Laboren müssen sich Mitarbeiter mit technischen Handbüchern für Maschinen und Geräte auseinandersetzen, die zunehmend nur in englischer Sprache zur Verfügung stehen. IT Mitarbeiter arbeiten nach dem Prinzip *follow the sun* und übergeben am Ende ihres Arbeitstages laufende Arbeiten an Kollegen in anderen Zeitzonen, deren Arbeitszeit gerade beginnt.

---

[3]   Lehr (2007: 211) definiert ‚ältere Mitarbeiter' gemäß der OECD-Definition als „Personen, die in der zweiten Hälfte ihres Berufslebens stehen, noch nicht das Pensionierungsalter erreicht haben und gesund, d. h. arbeitsfähig sind." In der Wirtschaft wird der Begriff branchenspezifisch unterschiedlich (Kessler et al 2010: 272 f.), in der Literatur häufig gar nicht definiert. Das zeigt sich auch bei den in diesem Buch zitierten Autoren. Die von ihnen verwendeten Begriffe werden jeweils übernommen.

Derartige Anforderungen verlangen nicht nur Fachwissen, sondern auch Englischkenntnisse, die nach einer langen Pause zum Schulunterricht wieder aktiviert oder ganz neu erworben werden müssen. Sie erfordern vor allem Strategien, mit deren Hilfe die Lerner ihre Kenntnisse den schnelllebigen technischen Entwicklungen und strukturellen Veränderungen in einem internationalen Unternehmen immer wieder neu anpassen können. Sie erfordern aber auch Kommunikationsfähigkeit, eine berufliche Kompetenz, die schon in der Muttersprache bei jedem unterschiedlich entwickelt ist. Nicht alle sind es gewohnt, sich aktiv mit Sachverhalten in Form von Texten auseinanderzusetzen, kritische Fragen dazu zu stellen, sich eine Meinung zu bilden und diese anderen mündlich und zunehmend schriftlich mitzuteilen, der bewusste Umgang mit Sprache und Texten also nicht selbstverständlich ist. Dieses Thema, das Englischlernen sprachlernungewohnter Erwachsener, war Gegenstand der Dissertation.

Im Mittelpunkt dieses Buchs stehen ihre Lernvoraussetzungen, die individuellen Unterschiede, der Lernkontext und der Gedanke, lebenslanges Lernen am Arbeitsplatz, in der Familie, in der Freizeit und darüber hinaus zu fördern. Um das zu realisieren, wird Englischlernen nicht nur aus der Sicht der Lehrkräfte betrachtet. Es wird immer die Perspektive des Lerners eingenommen und von seiner Erfahrungswelt ausgegangen. Ein Fremdsprachenkurs in der Erwachsenenbildung darf nicht losgelöst von den gesellschaftlichen Entwicklungen gesehen werden. Die zunehmende Vielfalt, die neuen Medien und die lernpsychologischen Entwicklungen über die Lebensspanne müssen gleichermaßen in die didaktisch-methodische Planung miteinbezogen werden.

Das Buch wendet sich in erster Linie an Lehrkräfte in der Erwachsenenbildung. Auf der Basis der Dissertation versucht es am Beispiel des betrieblichen Englischlernens aus dem Fremdsprachenunterricht mit Erwachsenen entstehende Fragen zu beantworten und eine wissenschaftlich begründete Handlungsgrundlage sowie praktische Hilfen für Lehrkräfte und damit auch für Lerner zu geben. Es soll dazu dienen, eigene Erfahrungen aus dem Unterricht zu reflektieren und besser einordnen zu können. Das Buch ist gedacht als Anregung für einen erwachsenengerechten nachhaltigen Fremdsprachenunterricht, der allen Lernern unabhängig von Alter, Bildung und Nationalität Lust und Freude am lebenslangen Lernen vermittelt.

Das Buch ist wie folgt aufgebaut: Der theoretische **Teil I** besteht aus drei Kapiteln. In Kapitel 1 werden die alterskorrelierten Entwicklungen über die Lebensspanne und mögliche Auswirkungen auf das Englischlernen Erwachsener im betrieblichen Kontext aufgezeigt. In Kapitel 2 werden Definitionen von individuellen Faktoren erstellt, ihre mögliche Bedeutung für das Englischlernen im betrieblichen Kontext dargelegt und mit den Entwicklungen über die Lebensspanne in Kapitel 1 in Beziehung gesetzt. In Kapitel 3 erfolgt eine Darstellung der sprachwissenschaftlichen Grundlagen des berufsorientierten Fremdsprachenunterrichts. Diese werden im Hinblick auf die in Kapitel 1 und 2 dargelegten Lernvoraussetzungen betrachtet. **Teil II** beschreibt die Durchführung der Studie. In **Teil III** werden die Hauptbefunde der Studie, die den Einfluss der individuellen Faktoren, der alterskorrelierten Entwicklungen, der Lernumwelt und des Lehrstils auf das Englischlernen untersucht, dargestellt. Dafür wird der Unterricht an den Lernvoraussetzungen, Lerngewohnheiten und Erwartungen der Lerner und den sprachwissenschaftlichen Grundlagen des berufsorientierten Fremdsprachenunterrichts gespiegelt und durch Unterrichtstipps ergänzt. In **Teil IV** werden die Ergebnisse zusammengefasst und das Lernerbild, das sich aus der Studie ergibt, mit dem Lernverhalten anderer Lernergruppen verglichen, um einen Beitrag zur Theoriebildung des Fremdsprachenlernens von Erwachsenen zu leisten. Daran schließen sich Schlussfolgerungen für den Unterricht und einige Fragestellungen für zukünftige Forschungsarbeiten.

Teil I: Lernpsychologische Voraussetzungen Erwachsener und Berufsbezogener Fremdsprachunterricht

1 Entwicklungen über die Lebensspanne

Um festzustellen, ob Fremdsprachenunterricht in jedem Alter erfolgreich sein kann, werden im ersten Kapitel Entwicklungen über die Lebensspanne beschrieben und auf das Englischlernen im betrieblichen Kontext bezogen. Bis in die 60er Jahre des 20. Jahrhunderts ging man vom „Defizitmodell" des Alterns, einem kontinuierlichen Abbau körperlicher und geistiger Fähigkeiten mit zunehmendem Alter aus (vgl. Lehr 2007: 47 ff. und 6. Altenbericht der Bundesregierung 2010: 89). Diese Vermutungen beruhten überwiegend auf Querschnittsstudien, welche die Leistungsfähigkeit Älterer mit Jüngeren zu einem bestimmten Messzeitpunkt verglichen und unterschiedliche Bedingungen wie z. B. Kohorteneffekte[4] nicht berücksichtigten. Englischlernen im Erwachsenenalter wurde damals wahrscheinlich als wenig erfolgversprechend betrachtet. Erst mit Einsetzen des demografischen Wandels begann man, sich intensiver mit dem Thema zu beschäftigen und erkannte vor allem bei der Durchführung von Längsschnittstudien[5], dass Altern ein individueller Prozess ist, der von vielen Faktoren beeinflusst wird. Dieser ist nicht nur durch Verluste, sondern auch durch Gewinne gekennzeichnet (vgl. Linden-

---

[4] Das sind nach Lindenberger, Schaefer (2008: 386) zeitlich stabile Unterschiede zwischen Personen unterschiedlicher Geburtsjahrgänge.

[5] Aktuelle bedeutende Studien: Berliner Altersstudie (Stadtbevölkerung Berlin West), unterteilt in BASE I: 1990–1993 und BASE II: seit 1993 (Lindenberger: 2010), ILSE, Interdisziplinäre Längsschnittstudie Erwachsener (Heidelberg, Leipzig): seit 1993 (Schmitt: 2009), Seattle Longitudinal Study (Seattle): seit 1956 (Schaie: 2005).

berger, Schaefer 2008: 366 ff., Kruse 2010 b: 827) und er ist nicht zwangsläufig an das kalendarische Alter gebunden. Mit diesen Erkenntnissen vollzog sich ein Paradigmenwechsel hin zu einer Sicht auf Entwicklungsprozesse über die gesamte Lebensspanne, die auch das Englischlernen Erwachsener beeinflussen.

1.1 Sensorik

Zu den alterungsanfälligen Komponenten gehört die Sensorik. Sie umfasst das gesamte Wahrnehmungssystem und ist Eingangssystem für die Informationsverarbeitung (vgl. Oerter 2008: 972). Zu den Sinnen, die für das Englischlernen von besonderer Bedeutung sind, gehören die Sehfähigkeit und die Hörfähigkeit. Etwa ab dem 4. Lebensjahrzehnt – allerdings mit großen individuellen Unterschieden – nimmt die Schärfe der Sinne ab (vgl. Kruse 2008 b: 24). Die größten Veränderungen zeigen sich beim Hören. Nicht nur das akustische Hören verschlechtert sich, auch Töne in höheren Frequenzbereichen werden nicht mehr so deutlich wahrgenommen wie in jüngeren Jahren. Hinzu kommt eine Verschlechterung des diskriminierenden Hörens. Bei Hintergrundgeräuschen oder in hallenden Räumen können einzelne Laute nicht mehr so deutlich unterschieden werden. Männer sind davon stärker betroffen als Frauen (vgl. Cavanaugh, Blanchard-Fields, 2002: 42 f.). Beim Englischlernen kann das Verstehensprobleme bei Hörübungen oder bei der Kommunikation mit fremdsprachigen Gesprächspartnern, insbesondere im Zusammenhang mit Akzenten und Dialekten, verstärken. Auch die Sehfähigkeit lässt mit zunehmendem Alter nach: Veränderungen im Bereich der Sehschärfe wie Altersweitsichtigkeit treten auf; bei mangelnder Helligkeit nimmt die Sehfähigkeit stark ab und Kontraste werden weniger deutlich wahrgenommen (vgl. Cavanaugh, Blanchard-Fields, 2002: 63). Beim Englischlernen können Probleme mit kleingedrucktem Lernmaterial oder ungenügend beleuchteten Räumen entstehen.

1.2 Psychomotorik

Weitere Entwicklungen, die auf das Englischlernen einwirken, sind die Veränderungen der psychomotorischen Fähigkeiten, die das Zusammenspiel von Sensorik und Motorik kennzeichnen (vgl. Oerter 2008: 972). Nach Lehr (2007: 109 f.) verlängert sich mit zunehmendem Alter die Zeit vom Erfassen eines Signals bis zum Beginn der dadurch ausgelösten Bewegung (nachlassende Wahrnehmungsgeschwindigkeit). Altersunterschiede wurden auch bei Mehrfach-Wahlreaktionen und bei Aufgaben festgestellt, die unter Zeitdruck durchgeführt wurden. Beim Englischlernen kann das der Fall sein, wenn ein Text beim Hören gleichzeitig gelesen, verstanden und durch fehlende Wörter ergänzt werden soll. Bei übersichtlichen und wenig komplexen psychomotorischen Aufgaben, für die genügend Zeit zur Verfügung steht, schneiden Jüngere und Ältere nahezu gleich gut ab (vgl. Lehr 2007: 110). Das ist beim Englischlernen wahrscheinlich der Fall, wenn ein Text still gelesen und global verstanden werden soll.

Die beschriebenen Veränderungen sind nicht allein abhängig vom Alter, sondern auch vom Gesundheitszustand, der Persönlichkeit, dem Training und dem sozialen Status (vgl. Lehr 2007: 114) und können durch eigenes Handeln positiv beeinflusst werden, wie nachfolgende Befunde zeigen. Studien mit älteren und jüngeren Testpersonen weisen darauf hin, dass sportlich aktive Personen insbesondere visuelle und motorische Reize besser wahrnehmen und verarbeiten können als sportlich nicht aktive Personen, da Bewegung den Stoffwechsel und den Kreislauf anregt und auf diese Weise vor Schädigungen des neuronalen Nervensystems schützt (vgl. Kruse 2010 b: 833). Renaud et al. (2010: 317 ff.) konnten nach einem Lauftraining mit älteren Erwachsenen in Tests zur Reaktionsgeschwindigkeit bessere Ergebnisse bei sportlichen Personen nachweisen. Des Weiteren fanden Erickson et al. (2011: 3017 ff.) heraus, dass leichtes sportliches Training vor Abbau des Gehirnvolumens (Hippocampus) schützt und zu besseren Gedächtnisleistungen führt. Laut Kruse (2010 b: 833) können sogar einzelne Trainingseinheiten positive Auswirkungen auf die kognitive Leistungsfähigkeit und damit auch auf das Englischlernen haben.

1.3 Intelligenz

Um das Englischlernen Erwachsener im betrieblichen Kontext untersuchen zu können, ist es notwendig, den Begriff Intelligenz zu definieren. Intelligenz ist eine Sammelbezeichnung für verschiedene kognitive Leistungsfähigkeiten, die mit Tests gemessen werden können, deren Ergebnisse aber mit der Zunahme von Wissen an Aussagekraft verlieren (vgl. Oerter 2008: 965). Die Sichtung der Literatur (vgl. z. B. Rost 2009, Sternberg 2011) ergab, dass es zahlreiche unterschiedliche Betrachtungsweisen der Intelligenz gibt, ein einheitliches Modell oder eine allgemeingültige Theorie bisher aber nicht existieren. Es liegt daher nahe, die kognitiven Fähigkeiten in Bezug auf das Fremdsprachenlernen näher zu betrachten und zu analysieren.

Von besonderer Bedeutung für das Fremdsprachenlernen sind die sprachlichen Fähigkeiten. Eine der beiden Fähigkeiten ist das Wortverständnis, das auch als Sprachbeherrschung, sprachliche Gewandtheit, sprachliches Verständnis, Kenntnis von Wortbedeutungen bzw. einfaches sprachlogisches Denken bezeichnet wird. Darunter wird die Fähigkeit verstanden, Bedeutungen zu verstehen und Begriffe richtig zu verwenden, z. B. in der mündlichen Kommunikation oder beim Schreiben von Texten (vgl. Rost 2009: 35).

Die sprachliche Gewandtheit ist bei jedem unterschiedlich ausgeprägt. Die andere Fähigkeit ist die Wortflüssigkeit, auch Geläufigkeit des Wortschatzes genannt. Sie bezieht sich auf den Umfang des Wortschatzes, der einer Person zur Verfügung steht und weniger auf die Bedeutung einzelner Wörter (vgl. Rost 2009: 35). Erwachsene verfügen über ein breites Erfahrungswissen in unterschiedlichen Bereichen und damit auch über einen umfangreichen individuellen Wortschatz in ihrer Muttersprache.

Ein weiterer Faktor ist das problemlösende Denken. Dafür werden auch die Begriffe logisches, schlussfolgerndes oder abstraktes Denken verwendet. Es steht für die Fähigkeit, sich mit anspruchsvollen Problemen auseinanderzusetzen, die induktives und deduktives Denken umfassen. In Tests wird die Fähigkeit geprüft, Regeln, Prinzipien und Gesetzmäßigkeiten zu erkennen und auf Probleme anzuwenden (vgl. Rost 2009: 34). Beim Sprachenlernen fällt es vielen Erwachsenen eher schwer, abstrakt zu denken, weil die grammatische „Denkweise" wenig trainiert ist. Das steht wahrscheinlich im Zusammenhang mit der geringen Beschäftigung mit Sprache als System über die Lebensspanne hinweg.

Eine andere Leistungsfähigkeit ist das Gedächtnis. Es wird auch als mechanisches Gedächtnis oder Merkfähigkeit bezeichnet und umfasst das mechanische Behalten nach kurzen und mittelfristigen Abständen (vgl. Rost 2009: 32). Erwachsene haben häufig Schwierigkeiten, sich Vokabeln zu merken. Das kann viele Ursachen haben und in Zusammenhang mit der Anwendung von Lern- und Arbeitstechniken stehen.

Eine weitere Fähigkeit, die für das Englischlernen von Bedeutung ist, ist die Wahrnehmungsgeschwindigkeit, auch Auffassungsgeschwindigkeit, Wahrnehmungsschnelligkeit oder Auffassungsschnelligkeit genannt. Sie ermöglicht das schnelle visuelle Erkennen von Einzelheiten, hängt eng mit der Sehfähigkeit zusammen und ist durch den Geschwindigkeitsfaktor gekennzeichnet (vgl. Rost 2009: 33). Aufgrund der geringen Auseinandersetzung mit Sprache als System ist die Wahrnehmung bezogen auf Sprache, das Sprachbewusstsein, bei vielen Erwachsenen weniger gut entwickelt. Das führt dazu, dass Gesetzmäßigkeiten, Regeln und Prinzipien von Sprachsystemen schwerer erkannt werden (siehe 2.2), während eine Fremdsprachenlehrkraft dafür einen geschulten Blick hat.

Zwei weitere Faktoren der Intelligenz sind die Rechengewandtheit und das räumliche Vorstellungsvermögen. Erstere wird auch als Rechengeschwindigkeit bei einfachem Rechnen, elementares Rechnen oder Leichtigkeit im Umgang mit Zahlen bezeichnet. Sie umfasst einfache Rechenaufgaben wie Addieren, Subtrahieren, Dividieren etc., beinhaltet aber nicht das Lösen von anspruchsvollen mathematischen Problemen (vgl. Rost 2009: 33). Rechengewandtheit ist eine wichtige Voraussetzung für die Ausübung von naturwissenschaftlichen, technischen und kaufmännischen Berufen, wird aber für das Sprachenlernen nicht als relevant angesehen. Das gilt auch für das räumliche Vorstellungsvermögen, die Fähigkeit, sich in Gedanken in zwei- und dreidimensionalen Räumen zu orientieren (vgl. Rost 2009: 34).

Viele Erwachsene haben wenig Erfahrung mit dem Sprachenlernen, in ihren Arbeits- und Interessengebieten dagegen sind sie Experten. Forschungsergebnisse der Entwicklungspsychologie zeigen, dass Expertise, Wissen und besondere Fertigkeiten in bestimmten Bereichen (vgl. Krampe 2007: 221 ff., Ackerman 2011: 847 ff.) zu höchsten kognitiven Leistungen führen. Befunde der Gerontologie belegen ebenfalls, dass berufliches „Expertenwissen" (siehe 1.4.2) im mittleren Erwachsenenalter zu sehr guten Leistungen führen kann (vgl. Lehr 2007: 102, 213 ff., Kruse, Packebusch 2006: 434 ff.).

In der allgemeinen Lern- und Intelligenzforschung wird davon ausgegangen, dass Intelligenz durch Wissen beeinflusst wird (vgl. Stern, Schumacher 2004: 121 ff., Stern 2011: 27 ff.). Als ein Beispiel dafür wird die Wahrnehmung genannt (vgl. Stern, Schumacher 2004: 122 f.), die aufgrund von unterschiedlichem Wissen und Vorwissen in einzelnen Bereichen unterschiedlich ausgeprägt sein kann. Das Fachwissen ermöglicht z. B. einem Instandhaltungstechniker, Fehler einer Maschine schnell zu erkennen, weil seine Sinne, Hören und Sehen, darin trainiert sind. Beim Englischlernen fällt ihm das eher schwer, weil ihm dafür das Wissen und die Übung fehlen. Das problemlösende oder abstrakt-logische Denken steht nach Stern, Schumacher (2004: 127) ebenfalls in engem Zusammenhang mit dem zur Verfügung stehenden Wissen. Es befähigt den Instandhaltungstechniker nicht nur dazu, die Fehler einer defekten Maschine wahrzunehmen. Mit Hilfe seines Wissens kann er die Ursachen dafür analysieren und abstrahieren, wie eilig gehandelt werden muss, welche Sicherheitsmaßnahmen getroffen werden müssen, wie viel Personal, welches Material und welches Werkzeug für die Reparatur bereitgestellt werden müssen und wie hoch der Zeitaufwand dafür ist. Sein Wissen hilft ihm auch, diese Vorgehensweise zu konzeptionalisieren, d. h. auf andere Geräte zu übertragen und die Einzelmaßnahmen kreativ anzupassen. Auch die Gedächtniskapazität steht in engem Zusammenhang mit dem Wissen. Sie ist grundsätzlich begrenzt und hängt nach Stern, Schumacher (2004: 125 ff.) davon ab, ob bereichsspezifisches Wissen zur Verfügung steht und in Form von Wissenseinheiten (chunks) oder „retrieval cues" (vgl. Krampe 2007: 228), gebündelt werden kann. Der Instandhaltungstechniker hat wahrscheinlich die vielen Einzelmaßnahmen zur Reparatur der Maschine als Einheiten gespeichert, welche ihm das Abrufen der im Gedächtnis gespeicherten Informationen erleichtern.

Zusammengefasst wirken kognitive Leistungsfähigkeiten bereichsspezifisch auf unterschiedliche Weise. Der Instandhaltungstechniker hat weniger Vorwissen im Bereich des Englischlernens, in seinem Arbeitsgebiet ist er Experte. Stern, Schumacher (2004: 123 ff.) verwenden dafür die Begriffe bereichsspezifische Kognition oder Situiertheit der Kognition. Sie erläutern, dass Lösungsstrategien, die z. B. der Instandhaltungstechniker an seinen Aufgaben entwickelt hat, nur dann auf eine neue Situation übertragen werden, wenn die gleichen Wissenselemente genutzt werden können wie bei der Aufgabe, mit der sie trainiert wurden. Wenn das nicht möglich ist, findet kaum Lerntransfer statt. Daraus ergibt sich, dass Englischlernen für erwachsene Lerner erfolgreich ist, wenn ihre Arbeits- und Interessengebiete von Anfang an Grundlage für das Sprachenlernen sind. Diese Schlussfolgerung wird gestützt durch Befunde der Fremdsprachenforschung, die zeigen, dass Wissen und Vorwissen Sprachenlernen erleichtern kann (vgl. Finkbeiner 2001: 221 ff.).

Stern, Schumacher (2004: 128 f.) veranschaulichen die Situiertheit der Kognition mit einem Netzwerk, das aus Knoten besteht, die durch Stränge miteinander verbunden sind. Dabei stellen die Knoten Wissensinhalte dar, die Verbindungen stehen für Assoziationen. Die Stärke der Stränge nimmt zu, je häufiger ein Knoten durch Schlüsselwörter aktiviert wird. Bei häufiger Aktivierung bilden sich Knoten mit hoher Assoziationsstärke heraus, die sich gegenseitig aktivieren. Das Wissen wird automatisiert. Bei einer neuen Aufgabe muss das Wissen neu zusammengestellt werden und dabei können neue Knoten und neue Verbindungen entstehen. Das Netzwerk verdichtet sich und bildet bei jedem eine andere Struktur heraus. Diese vorhandenen Strukturen helfen, das Englischlernen zu erleichtern. Dabei können Fachbegriffe in unterschiedliche Netzwerke eingebettet sein und das kann zu Kommunikationsproblemen führen (vgl. Stern 2011: 32 f.), wenn Mitarbeiter eines Unternehmens das Vorwissen ihrer Gesprächspartner zu einem Thema nicht berücksichtigen können.

1.3.1 Zweikomponentenmodelle

Um die alterskorrelierte Entwicklung der Intelligenz über die Lebensspanne messen zu können, wurden Zweikomponentenmodelle entwickelt, die Intelligenz nach Horn und Cattell (1966: 210 ff.) in die fluide und kristalline Fähigkeit unterteilen. Die fluide Fähigkeit umfasst Merkfähigkeit, induktives und deduktives Denken, Raumvorstellung und Geschwindigkeit der Informationsverarbeitung. Die kristalline Fähigkeit beinhaltet Wissen und sprachliche Differenziertheit. Sie umfasst auch Gewohnheiten und Fertigkeiten, die sich mit Hilfe der fluiden Fähigkeit über lange Zeit herausgebildet haben (vgl. Rost 2009: 51 ff.). Eine Englischlehrkraft hat z. B. die unregelmäßigen Verben mit Hilfe der fluiden Fähigkeit gelernt und durch ständigen Gebrauch automatisiert. Sie werden Teil der kristallinen Intelligenz und können ohne darüber nachzudenken angewendet werden. Für einen Sachbearbeiter aus der Finanzabteilung ist der Gebrauch der unregelmäßigen Verben keine Selbstverständlichkeit. Dafür kann er aber die Formeln für die Berechnung von Bilanzen, Quartalsberichten, etc. automatisch anwenden.

Die fluide und kristalline Fähigkeit hängen eng zusammen (vgl. Rost 2009: 51 ff.). Abhängig von den Umweltanforderungen und Lerngelegenheiten entwickeln sich die Fähigkeiten und die Intelligenzfaktoren in unterschiedlicher Weise. Bei einem berufserfahrenen Rohrleitungsplaner z. B. wird das räumliche Vorstellungsvermögen sehr gut entwickelt sein, da er mit Planungsprogrammen arbeitet, die eine Chemieanlage dreidimensional darstellen. Außerdem wird das abstrakte Denken bezogen auf die Berechnung von Länge, Ausdehnung und Belastung von Rohrleitungen sehr gut ausgeprägt sein. Bei Problemen, z. B. undichten Rohren, wird er Prinzipien und Gesetzmäßigkeiten seines Fachgebiets anwenden und Lösungen daraus ableiten. Eine Englischlehrkraft wird das kaum bewältigen können. Sie kann aber mühelos die Regeln der englischen Zeitenfolge in unterschiedlichen Situationen anwenden, womit der Rohrleitungsplaner Probleme hat. Zusammengefasst hat jeder Beruf seine eigene „Denkweise".

Im Alter bis zur biologischen Reife (15–20 Jahren) wird die Entwicklung durch Interessen und kulturelle Anregungen beeinflusst. Bei den Erwachsenen werden auch Altersunterschiede wirksam (vgl. Rost 2009: 52 f.). Die fluide Fähigkeit nimmt mit den biologischen Veränderungen des Körpers langsam ab, während die kristalline Fähigkeit durch kulturelle Einflüsse bis ins hohe Alter (nach 80) weiter anwachsen kann. Beide Fähigkeiten wirken zusammen. Ohne die Fähigkeit, sich Vokabeln zu merken, Informationen zu verarbeiten, etc. kann die englische Sprache daher kaum erlernt werden. Das Modell von Horn und Cattell (1966) u. a. werden der standardisierten Leistungsmessung intellektueller Fähigkeiten zugeordnet. Das bereichsspezifische Wissen der Lerner, das Englischlernen erleichtern kann, wird dabei nicht berücksichtigt. Das Mechanik-Pragmatik Modell von Lindenberger hingegen versucht, die Ergebnisse standardisierter Leistungsmessung mit kognitions-, evolutions- und kulturpsychologischen sowie entwicklungsbiologischen Erkenntnissen in Beziehung zu setzen (vgl. Lindenberger, Schaefer 2008: 377), um die Entwicklung der Intelligenz im Erwachsenenalter breiter darzustellen. Das bietet die Möglichkeit, auch die in 1.3 beschriebenen Erkenntnisse einzubeziehen. Dieses Modell wird im Folgenden in seinen Grundzügen beschrieben. Es wird der Untersuchung zugrunde gelegt, um das Englischlernen Erwachsener besser analysieren zu können.

Die Mechanik der Kognition bezieht sich auf den Einfluss der Biologie auf die intellektuelle Entwicklung (vgl. Lindenberger, Schaefer 2008: 377). Das sind Fähigkeiten, die auch für das Englischlernen Erwachsener von Bedeutung sind und deren Nachlassen zur Folge haben, dass z. B. das Merken von Vokabeln mit zunehmendem Alter schwerer fällt. Die Pragmatik der Kognition beinhaltet die kulturelle Dimension der intellektuellen Entwicklung. Sie umfasst nach Lindenberger, Schaefer (2008: 378) das kulturgebundene Wissen, das sich internal, z. B. in Form von Erfahrungswissen, und external, z. B. in Form von Büchern, zeigt. Wissen wird von Lindenberger, Schaefer (2008: 378 ff.) unterteilt in normativ-pragmatische Wissensbestände und personenspezifisches pragmatisches Wissen.

Normativ-pragmatische Wissensbestände umfassen allgemeines Wissen, das in der Regel durch den Besuch der Schule erworben wird. Personenspezifisches pragmatisches Wissen geht über die normativ-pragmatischen Wissensbestände hinaus, ist individuell unterschiedlich ausgeprägt (vgl. Lindenberger, Schaefer 2008: 378) und beinhaltet auch das bereichsspezifische Wissen. Dieses Wissen haben Sprachenlerner im Alltag, am Arbeitsplatz, in der Familie und in der Freizeit erworben. Im mittleren Erwachsenenalter besteht ein großer Teil des Wissens aus diesem personenspezifischen pragmatischen Wissen (vgl. Lindenberger, Schaefer 2008: 378).

Untersuchungen des personenspezifischen pragmatischen Wissens führten zu dem Ergebnis, dass dieses Wissen hilft, alterskorrelierte Verluste der Mechanik, z. B. der Merkfähigkeit und der Geschwindigkeit der Informationsverarbeitung, auszugleichen, zumindest abzuschwächen. Sie ergaben aber auch, dass die positiven Effekte selten über den speziellen Wissensbereich hinauswirken (vgl. Lindenberger, Schaefer 2008: 379). Das stützt den Schluss, dass Englischlernen für Erwachsene erfolgreich ist, wenn an ihr Wissen angeknüpft wird. Erfahrene Rohrleitungsplaner können demnach gut Englisch lernen, wenn ihre Arbeitsgebiete und ihre Interessen Themen des Unterrichts sind. Diese Schlussfolgerung wird bestätigt durch die Befunde der Fremdsprachenforschung, die festgestellt hat, dass Wissen und Vorwissen Fremdsprachenlernen erheblich erleichtern können (vgl. Finkbeiner 2001: 121 ff., Edmondson, House 2011: 192 f.).

Zusammenfassend bedeutet das, dass Mechanik und Pragmatik von Anfang an miteinander verbunden sind und sich gegenseitig beeinflussen Das Zusammenwirken verändert sich über die Lebensspanne (vgl. Lindenberger, Schaefer 2008: 380). Für die Studie ist bedeutend, dass bereichsspezifisches Wissen im mittleren (35 – 65) und höheren (65 – 80) Erwachsenenalter alterskorrelierte Veränderungen der Mechanik ausgleichen und das Englischlernen der Mitarbeiter eines Unternehmens erleichtern kann und diese Wirkung erst im hohen Alter (nach 80) abnimmt.

1.3.2 Veränderung der Intelligenz

Mit Hilfe von Quer- und Längsschnittstudien wurde festgestellt, dass sich die intellektuellen Leistungen insgesamt im Laufe der Geschichte verändern (vgl. Lindenberger, Schaefer 2008: 385 f.). Das wird auf veränderte Bedingungen der Lebenswelt zurückgeführt. Diese können einzelne Geburtsjahrgänge (Kohorten) oder alle Altersgruppen einer zeitlichen Periode (z. B. Kriege), aber auch alle Mitglieder einer Gesellschaft über einen langen Zeitraum betreffen (gesellschaftlicher Wandel). Dabei werden in jüngeren Zeiten höhere intellektuelle Leistungen gemessen, die Lindenberger, Schaefer (2008: 386) zufolge auf eine bessere Ernährung, eine bessere medizinische Versorgung, bessere Arbeitsbedingungen sowie eine verbesserte Bildung zurückzuführen sind. Im schulischen Englischunterricht vieler Erwachsener z. B. wurden kaum Lern- und Arbeitstechniken vermittelt. Weitere Beispiele sind die vielfältigen Chancen des Internets oder die Tatsache, dass heute bereits in der Grundschule Englisch gelernt wird und sogar schon Kinder in

Kindertagesstätten an die englische Sprache herangeführt werden. Viele Erwachsene hatten diese Möglichkeiten in ihrer Kindheit nicht.

1.3.3 Aktivierung des Lernpotentials

Die beschriebenen Entwicklungen führen zu der Frage, wie das Englischlernen durch gezielte Maßnahmen positiv beeinflusst werden kann (kognitive Intervention). Lindenberger, Schaefer (2008: 387 ff.) beschreiben vier zentrale Befunde der kognitiven Interventionsforschung, welche vor allem zwei Bereiche betreffen, die eng mit der Mechanik der Kognition verbunden sind. Das sind das Denkvermögen im Zusammenspiel von Induktion und Deduktion, und das episodische Gedächtnis, die Fähigkeit zum Einprägen und Abrufen von neuen Informationen. Sie sind auch für das Englischlernen von Bedeutung und werden daher im Folgenden beschrieben.

Ein Befund besagt, dass die kognitive Plastizität, die Fähigkeit der Veränderung, bei geistig gesunden Erwachsenen bis ins hohe Alter erhalten bleibt und Training und Üben dabei eine wichtige Rolle spielen. Lindenberger, Schaefer (2008: 387 f.) berichten von Interventionsstudien, in denen deutliche Leistungssteigerungen in den geübten Fertigkeiten festgestellt wurden, wobei reine Testwiederholungen zu geringeren Leistungssteigerungen führten als langes intensives Üben oder angeleitetes Trainieren. Die Größenordnung der Gewinne entsprach dabei dem Ausmaß des zuvor über 15 bis 20 Jahre beobachteten längsschnittlichen Verlustes. Nach Lindenberger, Schaefer (2008: 387) zeigen weitere Studien im Bereich episodischer Gedächtnisleistungen, dass Leistungsgewinne über Monate und Jahre erhalten bleiben, allerdings in hohem Alter wesentlich geringer sind und weniger gefördert werden können als in anderen Lebensphasen. Englischlernen ist demnach bis ins hohe Alter möglich, wenn genügend Zeit dafür zur Verfügung steht.

Der zweite Befund besagt, dass der Transfer trainierter Leistungen auf andere Aufgaben derselben oder verwandter Fähigkeiten in der Regel gering ist (vgl. Lindenberger, Schaefer 2008: 388). Danach wird Lernerfolg vor allem bei Aufgaben erzielt, die trainiert wurden oder den trainierten Aufgaben sehr ähnlich sind. Das bedeutet z. B. für den Rohrleitungsplaner, dass Englischlernen effektiv ist, wenn trainierte Aufgaben möglichst unverändert in den Alltag übernommen werden können.

Weiterhin wurde nachgewiesen, dass Altersunterschiede zwischen jungen und älteren Erwachsenen an den Leistungsobergrenzen der Mechanik zunehmen (vgl. Lindenberger, Schaefer 2008: 389). Das wird mit Versuchen zur Trainierbarkeit der Mechanik belegt. Bei Versuchen, bei denen sich Testpersonen Lernstoff mit Hilfe der Methode der Orte merken sollten und Wahrnehmungsgeschwindigkeit, Denkvermögen, bildliches und räumliches Vorstellungsvermögen stark gefordert sind, wurde festgestellt, dass ältere Testpersonen auch nach längerem Training deutlich schlechter abschneiden als jüngere. Das bedeutet, dass ältere Englischlerner auch nach längerem Üben noch Schwierigkeiten z. B. bei Hörtexten haben können, die in höherer Geschwindigkeit oder über einen längeren Zeitraum präsentiert werden. Ein lehrerzentrierter Frontalunterricht, der hohe Anforderungen an die Aufmerksamkeit, Wahrnehmungs- und Verarbeitungsgeschwindigkeit und das Denkvermögen stellt, kann für erwachsene Englischlerner ebenfalls anstrengend sein.

Der vierte zentrale Befund besagt, dass die Koordination mehrerer Wahrnehmungs- und Handlungsstränge für ältere Erwachsene besonders schwierig ist (vgl. Lindenberger, Schaefer 2008: 389). Ältere Erwachsene sind gegenüber jüngeren benachteiligt, wenn gleichzeitig an mehreren Aufgaben oder Teilaufgaben gearbeitet werden soll. Diese Altersunterschiede bleiben auch nach Üben und bei geringerem Zeitdruck bestehen. Mit zunehmendem Alter fällt es danach schwerer, mehrere Informationen gleichzeitig aktiv zu halten und aufeinander zu beziehen. Beim Englischlernen kann das der Fall sein, wenn beim Hören eines Textes ein Lückentext ergänzt werden soll, denn der Lerner muss sich auf den Hörtext konzentrieren, den geschriebenen Text mitlesen, verstehen und die passenden Wörter einsetzen.

Aus den Befunden schließen Lindenberger, Schaefer (2008: 391), dass gesunde Erwachsene mittleren und höheren Alters eine große Bandbreite an kognitiven Fertigkeiten trainieren und neu erlernen können. Training sollte sich aber auf Fertigkeiten beziehen, die möglichst unverändert in den Alltag der betreffenden Person integriert werden können. Englischlernen ist demnach bis ins hohe Alter erfolgreich, wenn der Lernstoff unmittelbar im Alltag angewendet werden kann.

1.4 Aspekte der Lernfähigkeit

In den nachfolgenden Abschnitten wird anhand ausgewählter Aspekte aufgezeigt, wie die Entwicklung der kognitiven Leistungsfähigkeit von Mitarbeitern in Unternehmen durch die Bedingungen und Anforderungen der Lebens- und Arbeitswelt beeinflusst wird, um daraus Hinweise für das Englischlernen Erwachsener im betrieblichen Kontext ableiten zu können.

1.4.1 Bildungsstand und Bildungsbegriff

Die Bildungsbiografie gilt als einer der wichtigsten Einflussfaktoren auf die kognitive Leistungsfähigkeit im Alter (vgl. Kruse 2010 b: 829). Kruse, Packebusch (2006: 432) argumentieren, dass höhere Bildung[6] mit einem intensi-

---

6   Geringere Bildung: ohne Schulabschluss oder mit Hauptschul- bzw. Realschulabschluss ohne berufliche Ausbildung. Mittlere Bildung: Berufsausbildung oder Abitur ohne Studium. Höhere Bildung: Fachhochschul- oder Hochschulstudium (vgl. 6. Altenbericht 2010: 255).

veren und längeren geistigen Training und der Entwicklung von höheren kognitiven Strategien und deren Anwendung auf neue Probleme einhergeht. Das führt zu einer höher qualifizierten beruflichen Tätigkeit und diese wiederum zur Entwicklung weiterer höherer kognitiver Strategien. Beispiele dafür sind Ingenieure und Naturwissenschaftler, die in Forschung und Entwicklung arbeiten. Erwachsene mit geringerer Bildung sind diesbezüglich im Nachteil. Studien belegen eine geringere Weiterbildungsbeteiligung bei geringer qualifizierten Männern und Frauen (vgl. 6. Altenbericht 2010: 90 f.). Als Gründe dafür werden u. a. ungünstige Rahmenbedingungen oder unpassende Weiterbildungsangebote vermutet, was dazu führen kann, dass die kognitive Leistungsfähigkeit und damit die Beschäftigungsfähigkeit[7] mit zunehmendem Alter zurückgeht. Da lebenslanges Lernen in der modernen Wissensgesellschaft und angesichts des demografischen Wandels für alle immer mehr an Bedeutung gewinnt, wird heute von einem „weiten Bildungsbegriff" (6. Altenbericht 2010: 81 f.) ausgegangen, der nicht nur das Lernen in formalen, sondern auch in informellen Kontexten wie Lebens- und Arbeitsumfeld berücksichtigt mit dem Ziel, daraus Maßnahmen für die Weiterbildung abzuleiten.

In der Literatur werden die Begriffe wie folgt definiert (vgl. Kommission der Europäischen Gemeinschaften 2001: 33 ff., Kruse 2010 b: 829): Formales Lernen findet in der Regel in einer Bildungs- oder Ausbildungseinrichtung statt. Aus der Sicht des Lernenden ist es zielgerichtet, in Bezug auf Lernziele, Lernzeit oder Lernförderung strukturiert und wird mit der Ablegung von Prüfungen beendet. Non-formales Lernen findet nicht in einer Bildungs- oder Ausbildungseinrichtung statt. Aus der Sicht des Lernenden ist es ebenfalls zielgerichtet, in Bezug auf Lernziele, Lerndauer und Lernmittel systematisch, führt aber in der Regel nicht zur Zertifizierung. Der Englischunterricht im betrieblichen Kontext ist ein Beispiel dafür. Informelles Lernen ist Lernen, das im Alltag, am Arbeitsplatz, im Familienkreis oder in der Freizeit stattfindet. Es ist in Bezug auf Lernziele, Lernzeit oder Lernförderung nicht strukturiert und führt üblicherweise nicht zur Zertifizierung. Es kann zielgerichtet sein, erfolgt jedoch in den meisten Fällen unbeabsichtigt oder beiläufig. Beispiele für informelles Englischlernen sind das gemeinsame Üben von Eltern und Kindern für eine Englischarbeit, Auslandsurlaube oder der fachliche Austausch mit einem Kollegen aus einer ausländischen Niederlassung.

---

[7] „Die Fähigkeit von Menschen, einen Arbeitsplatz zu finden: der Begriff bezieht sich nicht nur auf die Angemessenheit der Kenntnisse und Kompetenzen, sondern auch auf die Anreize und Möglichkeiten, die den betreffenden Personen bei der Arbeitsuche geboten werden." (Kommission der Europäischen Gemeinschaften 2001: 32).

1.4.2 „Expertenwissen"

Da Wissen und Vorwissen Fremdsprachenlernen erleichtern können (vgl. Finkbeiner 2001: 121 ff., Edmondson, House 2011: 192 f.), wird nachfolgend das personenspezifische pragmatische Wissen analysiert, das in der Gerontologie als „Expertenwissen" bezeichnet wird. Es setzt sich aus formal, nonformal und informell erworbenen Anteilen zusammen. Forschungen zu diesem Thema (vgl. Kruse, Packebusch 2006: 432 ff.) zeigen, dass Training, d. h. kontinuierliche Übung von Fertigkeiten über das Berufsleben hinweg, und Wissenssysteme wesentlich dazu beitragen, altersbedingten defizitären Entwicklungen entgegen zu wirken, denn Vorwissen kann bestimmte Abrufstrukturen bereitstellen (siehe 1.3, Netzwerkmodell) und Einbußen im Arbeitsgedächtnis teilweise kompensieren. Das kann beim Englischlernen der Fall sein, wenn z. B. Texte aus den Wissens- und Interessengebieten der Lerner gelesen werden (vgl. Finkbeiner 2001: 121 ff.). In geschwindigkeitsbezogenen Berufen wurde nachgewiesen, dass Training Alterseffekte zum Teil völlig aufheben kann. Ältere Sekretärinnen z. B. erzielten aufgrund langjähriger Erfahrung und eines besseren Überblickswissens über das Arbeitsfeld und einzelne Arbeitsabläufe gleich gute Leistungen bei der Anschlagsgeschwindigkeit wie ihre jüngeren Kolleginnen (vgl. Salthouse 1984: 345 ff.). Das kann auch beim Englischlernen der Fall sein, denn ältere Sekretärinnen haben Routine im Schreiben von deutschen E-Mails, die sich junge Bürofachkräfte erst aneignen müssen. Weiterhin wurde nachgewiesen, dass Arbeitserfahrung vor allem bei komplexen Tätigkeiten durch Training über das Berufsleben hinweg zu erhöhten Leistungen führt und häufig erst in höherem Alter beste Ergebnisse zeigt. Ältere Führungskräfte werden dafür als Beispiel genannt (vgl. Kruse, Packebusch 2006: 434). Dasselbe gilt auch für Berufe der unteren Hierarchieebenen. Techniker der Instandhaltung z. B., die über die Berufsspanne hinweg mit den unterschiedlichsten technischen Problemen befasst waren, erhalten hohe Prämien für die Verbesserung von Maschinen und Prozessen, d. h. sie verfügen über bereichsspezifisches Fachwissen, das Englischlernen erleichtern kann. Altersbedingte Leistungsgrenzen werden laut Kruse, Packebusch (2006: 435) vor allem bei Mitarbeitern sichtbar, die in einer ausgeübten Tätigkeit wenig Erfahrung haben und Leistungsdefizite nicht kompensieren können. Das ist beim Englischlernen wahrscheinlich der Fall, wenn Lerner einen fremdsprachigen Text zu einem neuen Thema lesen sollen und unbekannte Wörter nicht mit Hilfe ihres Hintergrundwissens erschließen können. Leistungsdefizite zeigen sich auch bei Erfahrenen mit hohen Anforderungen an die Reaktions- und Verarbeitungsgeschwindigkeit oder physische Leistungsfähigkeit, wofür Studien mit Architekten und Designern als Beispiele angeführt werden (vgl. Kruse, Packebusch 2006: 435). Analog dazu können auch erfahrene Englischlerner Probleme mit Hörtexten haben, die in hoher Geschwindigkeit dargeboten werden.

Das „Expertenwissen" besteht nicht nur aus Fertigkeiten, die über Jahre hinweg trainiert und automatisiert wurden, es geht auch einher mit der Entwicklung von Fähigkeiten im sozialen Bereich, die laut Lehr (2007: 216) zu den Stärken der Älteren gehören. Diese Fähigkeiten können das Englischlernen erleichtern, da es die Bereitschaft zur Interaktion mit anderen voraussetzt. Lehr beschreibt außerdem, dass bei Älteren häufiger als bei Jüngeren folgende Beobachtungen gemacht wurden:

- eine Leichtigkeit im Umgang mit komplexeren Sachverhalten und größeren Gesamtkonzepten; ältere Mitarbeiter können sowohl komplexe organisatorische Modelle recht gut handhaben als auch weiterreichende Zeitplanungen durchführen;
- ein herabgesetztes Erleben von Eigenbetroffenheit in potenziell belastenden Situationen; [...];
- eine erhöhte Toleranz in Bezug auf alternative Handlungsstile;
- eine Nutzung von Strategien der Energieeinsparung im Sinne einer Entscheidungs- und Handlungsökonomie; man erreicht etwas „mit weniger Aufwand";
- eine bessere Einschätzung eigener Fähigkeiten und deren Grenzen;
- Entscheidungen und Schlussfolgerungen werden von Älteren mit mehr Bedacht, mit größerer Vorsicht und nüchternem Realismus getroffen,
- Ältere sind eher in der Lage, gleichzeitig Möglichkeiten und Grenzen zu sehen und beide zu berücksichtigen; sie haben mehr „Sinn für das Machbare";
- Ältere haben im Allgemeinen eine geringere Belastung durch Probleme im privaten Bereich, weniger familiäre Sorgen um die Kinder, weniger Partnerschaftsprobleme [...] (Lehr 2007: 216).

Diese Beobachtungen deuten auf einen Lernstil hin, der sich über das Berufsleben hinweg herausgebildet hat und möglicherweise auch für das Englischlernen von Bedeutung ist. Der Begriff Lernstil wird in Verbindung mit den individuellen Unterschieden beim Fremdsprachenlernen definiert und aus der Sicht der Fremdsprachenforschung betrachtet (siehe 2.3).

1.4.3 Strategien beim Lernen und Erinnern

Da Erwachsene nach Lindenberger, Schaefer (2008: 387 ff.) durch angeleitetes Training und selbstgesteuertes Üben beträchtliche Leistungsgewinne erzielen können, wenn die trainierten Aufgaben möglichst unverändert in den Alltag übernommen werden können, werden im Folgenden ausgewählte Befunde zu beiden Lernformen beschrieben und auf das Englischlernen Erwachsener bezogen.

Einige Studien analysieren den Lebensstil Erwachsener. Dellenbach, Zimprich, Martin (2008: 121 ff.) untersuchen beispielsweise auf der Basis eines Interessenfragebogens Freizeitaktivitäten wie das Lesen von Büchern, Zeitungen und Zeitschriften, die Nutzung von Medien wie Radio und TV, die Ausübung von Hobbys und den Besuch von kulturellen Veranstaltungen von

1264 Personen[8] im Hinblick auf ihren Einfluss auf die kognitive Leistungsfähigkeit. Dabei stellen sie einen positiven Zusammenhang fest, der weniger
mit dem Alter, sondern vielmehr mit dem Bildungsstand, der Erwerbstätig-
keit und der Intensität, mit der die Aktivitäten ausgeführt werden, korreliert.
Das trifft wahrscheinlich auch auf Aktivitäten beim Englischlernen, z. B. das
Lesen von englischen Magazinen, zu.

Andere Untersuchungen konzentrieren sich neben Freizeitaktivitäten auf
das informelle Lernen am Arbeitplatz. Um Aussagen zum Bildungsverhalten
und zu Zielen und Motiven für Bildungsaktivitäten machen zu können, wertet
Schmidt (2009) die Daten von 45 – 65-jährigen noch im Arbeitsleben stehenden
oder dem Arbeitsmarkt zur Verfügung stehenden Bundesbürgern aus.[9] Ein
Ergebnis ist, dass der mündliche Austausch mit Kollegen, Freunden und
Familienmitgliedern für beide Geschlechter eine wichtige Form des informellen Lernens darstellt (Schmidt 2009: 317). Dabei werden Sprechen, Zuhören und die Interaktion mit Gesprächspartnern trainiert. Während gemäß der
standardisierten Befragung vor allem Frauen die Möglichkeit des mündlichen
Austauschs nutzen, wird sie in den Interviews von Schmidt auch von den
Männern als bedeutend angesehen. Schmidt (2009: 317) beschreibt, dass
besonders bildungsferne Interviewpartner Alltagsgespräche, tagesaktuelle
Medien sowie das Lesen von Betriebsanleitungen als wichtige Aktivitäten
informellen Lernens schätzen, wissenschaftliche Fachliteratur und Bücher
dagegen eher von bildungsaktiven Personen mit hoher Formalqualifikation
genutzt werden. Möglicherweise ist beim Englischlernen dasselbe Lernverhalten zu beobachten.

Eine weitere Studie im betrieblichen Kontext, die Kompetenzen und
Lernformpräferenzen von Mitarbeitern und Vorgesetzten der Flughafen
München GmbH mittels einer Online-Befragung untersucht und die Ergeb-
nisse mit Experten des Unternehmens diskutiert, kommt zu ähnlichen Ergebnissen wie Schmidt. Werner (2008: 109 ff.) stellt fest, dass alle Altersgruppen
die Lernform Lesen schätzen. Genannt werden Bücher, Handbücher und
Bedienungsanleitungen sowie Fachzeitschriften. Die Textsorten sind dieselben wie die in der Studie von Schmidt (2009: 317). Sie eignen sich, um das
Lesen von Texten im Englischunterricht einzuüben, da sie unmittelbar an das
Wissen der Mitarbeiter anschließen und Fremdsprachenlernen erheblich
erleichtern können (vgl. Finkbeiner 2001: 121 ff.).

Weitere beliebte Lernformen sind nach Werner (2008: 110 ff.) der Besuch
von Messen, Kongressen und Vorträgen, die aber nicht für alle Mitarbeiter
gleichermaßen angeboten werden. Dasselbe gilt für die Teilnahme an Qua-

---

8　　Dabei handelt es sich um eine Teilstichprobe der Interdisziplinären Längsschnittstudie
　　　des Erwachsenenalters (ILSE).
9　　Dabei handelt es sich um eine Teilstichprobe der EdAge-Studie, die von 2006 – 2008
　　　durchgeführt wurde und Bildungsverhalten und -interessen 45 – 80-jähriger Bundes-
　　　bürger untersuchte (vgl. Schmidt 2009: 198).

litätszirkeln und Meetings, die häufiger von Jüngeren als beliebte Lernform angegeben werden, aber wegen ihres hohen Informationsgehalts vor allem Personen höherer Hierarchieebenen vorbehalten sind, woraus Werner schließt, dass die Beliebtheit und Nutzung von Lernformen u. a. eng mit ihrer Verfügbarkeit und Zugänglichkeit für einzelne Mitarbeitergruppen verbunden ist. Das kann auch beim Englischlernen im betrieblichen Kontext der Fall sein.

Als eine bedeutende Aktivität außerhalb des Arbeitslebens über alle Berufs- und Sozialgruppen hinweg betrachtet Schmidt (2009: 325) das Reisen, denn die Vor- und Nachbereitung mit Hilfe von Literatur, audiovisuellen Medien, dem Internet und das während der Reise aufgebaute kulturelle und sprachliche Wissen tragen nicht nur zur Horizonterweiterung, sondern auch zur Persönlichkeitsbildung bei und können sich als interkulturelle Kompetenz positiv auf den Beruf auswirken (vgl. Schmidt 2009: 325 f., 347 f.). Reisen gehört zu den typischen Themen im Fremdsprachenunterricht. Es ist sehr gut geeignet, um die Medienkompetenz im Englischunterricht zu fördern.

Viele Freizeitaktivitäten, der Besuch von Messen, Kongressen oder die Teilnahme an Meetings sind Beispiele für informelles Lernen durch Interaktion mit anderen. Es ist neben Sprechen und Zuhören auch durch kinästhetische und haptische Elemente gekennzeichnet, kann mit Zeigen, Anfassen oder Testen von Ausstellungsobjekten verbunden sein und in Meetings auf der Basis von Grafiken, Fotos oder Modellen stattfinden. Schreiben scheint bei allen beschriebenen Formen des informellen Lernens eher eine untergeordnete Rolle zu spielen. Wahrscheinlich beeinflusst dieser Lebens- und Arbeitsstil auch das Englischlernen.

Studien zum Umgang mit Texten deuten darauf hin, dass Ältere eher ganzheitlich lernen. Camp (1981: 715 ff.) ermittelt beispielsweise, dass sich Ältere beim Erinnern an Inhalte von Texten weniger an Details, sondern vielmehr an Themen höherer Ordnung und an Schlussfolgerungen erinnern als Jüngere. Sie tendieren nach Camp (1981: 720) dazu, den Inhalt weitergehend zu betrachten („abstract a moral or metaphor") statt ihn detailliert zusammen zu fassen. Beim Lesen von Texten, die an die Wissens- und Interessengebiete der Englischlerner anknüpfen, besteht demnach die Gefahr, dass sie aufgrund des Vorwissens weniger genau gelesen werden. Cavanaugh, Blanchard-Fields (2002: 224 ff.) bestätigen die Forschungsergebnisse von Camp. Sie schreiben, dass bei globalem Textverständnis weniger Altersunterschiede zu Jüngeren festgestellt werden und abhängig von der Textebene, zu der Fragen gestellt werden, Ältere sich besser oder schlechter erinnern. Die Organisation der Informationen spielt dabei eine wichtige Rolle. Wenn Texte in höherer Geschwindigkeit oder über eine längere Zeitspanne dargeboten werden, sind sie wegen der nachlassenden Verarbeitungsgeschwindigkeit im Vergleich zu Jüngeren im Nachteil. Wenn Ältere das Lerntempo selbst bestimmen können, verringern sich die Nachteile. Das ist der Fall, wenn Texte auch im Englischunterricht still gelesen werden.

Gleiches gilt nach Cavanaugh, Blanchard-Fields (2002: 228) für das Aus-
wendiglernen von Listen oder Text. Es korreliert mit der Organisation des
Lernstoffs, dem Vorwissen und der Geschwindigkeit, mit der sie präsentiert
werden. Diese Erkenntnisse müssten auch bei der Entwicklung bzw. der
Auswahl und der Bearbeitung von Lernmaterial im Englischunterricht mit
Erwachsenen berücksichtigt werden.

Nach Lehr (2007: 99) gibt es viele Hinweise darauf, dass Ältere zur
Bewältigung ihres Alltags eher auf external als auf internal repräsentiertes
Wissen zurückgreifen. Loewen, Shaw, Craik (1990: 43 ff.) haben beispiels-
weise mittels einer Fragebogenerhebung festgestellt, dass Ältere häufiger
Planungs- und Organisationsstrategien wie Kalender, Terminplaner, Ein-
kaufslisten etc. einsetzen und diese auch effektiver nutzen als Jüngere. Sie
vermuten, dass Erwachsene mittleren und höheren Alters diese externen
Hilfen einerseits nutzen, um ihre nachlassende Merkfähigkeit zu kompen-
sieren und andererseits, um die Planung und Organisation gestiegener
Anforderungen der Umwelt zu optimieren. Die Ergebnisse der Berliner
Altersstudie deuten in dieselbe Richtung. Sie zeigen, dass bei ausreichender
Hilfestellung die Merk- und Lernfähigkeit bei gesunden Menschen bis ins
höchste Alter erhalten blieb (vgl. Reischies, Lindenberger: 2010: 375 ff.).
Weitere Befunde belegen, dass Ältere beim Abruf von Gedächtnisinhalten
mehr von Stichworten profitieren als Jüngere, diese allerdings seltener von
sich aus einsetzen (vgl. Lang 2012: 67 f.). Diesen Befunden zufolge können
Notizentechniken auch das Englischlernen Erwachsener erleichtern.

Eine Studie zu dem Thema Organisation von Lernstoff zeigt, dass Ältere
beim Lernen von Organisationsstrategien profitieren können. Das ist das
Ergebnis von Kliegel (2003: 421 ff.), der zur Vorhersage von Alterseffekten
beim Lernen in einer Studie mit jüngeren und älteren Testpersonen die
Gedächtnisleistung, Umstellungsfähigkeit, und selbständige Strukturierung
von Lernmaterial überprüfte. Dabei zeigte sich u.a., dass die eigenständig
gebildeten Kategorien beim Abruf des Lernstoffs eine wichtige Rolle für die
Lernleistung Älterer spielen. Kliegel weist daher auf die Notwendigkeit hin,
Strategien zur Organisation von Lernmaterial im Unterricht zu vermitteln.
Englischlerner könnten z. B. ihr Lernmaterial nach Themen in einen Ordner
sortieren.

Beim Umgang mit dem Computer als Speicher für external repräsentiertes
Wissen stellt Schmidt (2009: 317) fest, dass die modernen Medien von den
Berufstätigen ab 45 häufig zu Lernzwecken eingesetzt werden. Nach Aussagen seiner Interviewpartner handelt es sich dabei aber weniger um struk-
turierte E-Learning-Programme, als vielmehr um die schnelle Beschaffung
von Informationen zu einem Thema oder einer besonderen Fragestellung aus
dem Internet. Dieser Befund wird gestützt durch die Ergebnisse der Befragung
von Werner (2008: 112), der bei den Mitarbeitern der Flughafen München
GmbH ebenfalls feststellt, dass die Lernform computergestütztes Lernen über
alle Altersgruppen hinweg insgesamt weniger beliebt ist als andere Lern-

aktivitäten. Für das Sprachenlernen halten Befragte der Studie von Schmidt (2009: 327) organisierte Bildungsangebote für unabdingbar. Dieser Befund deckt sich mit Studien im Volkshochschulbereich, wo Versuche mit mediengestütztem Selbstlernen wenig erfolgreich verliefen (vgl. Vielau 2009 b: 515, Quetz 2010: 295). Das kann damit erklärbar sein, dass Erwachsene im früheren Schulunterricht kaum an das autonome Sprachenlernen herangeführt wurden. Möglicherweise entsprechen auch die Lernprogramme nicht ihrem Lernstil, weil weniger das Sprechen geübt wird und der soziale Kontakt fehlt.

Schließlich zeigt eine Studie im betrieblichen Kontext, dass das Verhalten von Mitarbeitern positiv verändert werden kann, wenn eine Weiterbildungsmaßnahme ganzheitlich angelegt ist, die Vorgehensweise mit den Teilnehmern besprochen wird und Ziele und Inhalte auch für Vorgesetzte und Weiterbildung transparent sind. Diese Erkenntnisse lassen sich wahrscheinlich auch auf das betriebliche Englischlernen übertragen. ELMA[10], eine Interventionsstudie (2007–2010) des Instituts für Gerontologie der Universität Heidelberg, des Instituts der deutschen Wirtschaft Köln und der Robert Bosch GmbH zielte darauf ab, die Plastizität intellektueller Fähigkeiten älterer Mitarbeiter zwischen 55 und 64 (20 % Frauen, 80 % Männer) zu erhalten und zu erweitern. Sie basierte auf drei Säulen: dem Training kognitiver Fähigkeiten und Fertigkeiten, dem Training körperlicher Fertigkeiten und der Vermittlung gesundheitsbezogener Informationen verbunden mit dem Training gesundheitsförderlichen Verhaltens. Alle Themen der Weiterbildung waren alltagsrelevant und konnten entsprechend dem Forschungsstand der Psychologie der Lebensspanne unverändert in den Alltag der Arbeitnehmer übernommen werden. Die Ergebnisse (vgl. Kruse 2010 a) zeigen, dass sich die Weiterbildung in vielfacher Hinsicht positiv auf die Teilnehmer auswirkt. Genannt werden Konzentration, Arbeitsgedächtnis, Problemlösungsstrategien, Informationsverarbeitung, Arbeitsmotivation, Identifikation mit dem Unternehmen, körperliche Leistungsfähigkeit, Körpererleben, Koordination, gesundheitsbezogenes Wissen, Gesundheitsverhalten und Ernährung. Ein weiterer positiver Effekt bestand darin, dass sich die Altersbilder der Teilnehmer und des gesamten Unternehmens im Hinblick auf die Stärken und Potenziale der Älteren positiv veränderten. Englischunterricht kann sich ebenfalls positiv auf die Einstellungen zum Alter auswirken, wenn in ähnlicher Weise vorgegangen wird.

1.4.4 Emotion, Motivation und Lernen

Ein weiterer Faktor, der die kognitive Leistungsfähigkeit und damit auch das Englischlernen Erwachsener stark beeinflusst, sind Emotionen. Hüppe (1998: 144 ff.) fasst die Ergebnisse verschiedener Studien mit Älteren zu diesem

---

[10] ELMA steht für: Erhaltung der beruflichen Leistungskapazität und der beruflichen Motivation älterer Arbeitnehmerinnen und Arbeitnehmer (vgl. Kruse 2010 a).

Thema dahingehend zusammen, dass bei positiver emotionaler Befindlichkeit Gedächtnisleistungen eher besser sind als unter neutralen Bedingungen. Er schreibt, dass am besten Inhalte erinnert werden, die mit der aktuellen Stimmungslage übereinstimmen, während negative Stimmungslagen bei älteren Personen weniger stark auf die Gedächtnisleistung einwirken als bei jüngeren Personen. Mather et al. (2004: 259 ff.) kommen mit Hilfe neuroradiologischer und bildgebender Verfahren zu ähnlichen Ergebnissen. Bei jüngeren und älteren Testpersonen wird beim Betrachten positiv besetzter Bilder eine erhöhte Aktivität der Amygdala, dem Zentrum im Gehirn, das die Emotionen steuert, festgestellt. Beim Betrachten negativ besetzter Bilder zeigt die Amygdala bei älteren Testpersonen aber weniger Aktivität als bei jüngeren. Möglicherweise sind ältere Englischlerner auch weniger kritisch gegenüber unpassendem Lernmaterial. Die von Mather beschriebenen Befunde passen zu den Ergebnissen von Carstensen et al. (2011: 21 ff.), die in einer über zehn Jahre angelegten repräsentativen Studie mit Erwachsenen jungen bis hohen Alters an drei Messzeitpunkten feststellen, dass sich die emotionale Verfassung über die Lebensspanne positiv verändert. Das ist auch der Fall, wenn Faktoren wie Persönlichkeit, Wortflüssigkeit, physische Gesundheit und andere demografische Einflussfaktoren berücksichtigt werden. Im 6. Altenbericht (2010: 92) wird auf die Resilienz Älterer hingewiesen. Dieser Begriff steht für die Widerstandsfähigkeit gegenüber psychischen Belastungen. Diese Fähigkeit kommt auch in den Beobachtungen von Lehr (2007: 216) zum Ausdruck, die bei Älteren „ein herabgesetztes Erleben von Eigenbetroffenheit in potenziell belastenden Situationen; [...];" feststellt. Dies könnte wiederum eine Erklärung dafür sein, dass sich schon viele Mitarbeiter in Großprojekten im Ausland bewährt haben. Möglicherweise können sie auch ungünstige Lernbedingungen besser handhaben als Jüngere. Die Befunde lassen insgesamt darauf schließen, dass emotional schwierigere Lern- und Arbeitssituationen das Lernen und Arbeiten Älterer weniger stark beeinträchtigen als das Jüngerer.

1.4.5 Altersbilder

Da Erwachsene im betrieblichen Kontext immer wieder meinen, das Englischlernen ab einem gewissen Alter nicht mehr so gut möglich ist, werden in diesem Abschnitt Altersbilder näher betrachtet. In der deutschsprachigen Altersforschung bezieht sich dieser Begriff laut Schmitt (2008: 49) „primär auf Meinungen und Überzeugungen gegenüber älteren Menschen und dem Alterungsprozess, wird aber mitunter auch zur Kennzeichnung von Einstellungen – im Sinne positiver oder negativer Bewertungen – verwendet." Wie stark Altersbilder in allen Lebensbereichen unserer Gesellschaft verwurzelt sind, wird im 6. Altenbericht der Bundesregierung (2010) aufgezeigt, der sich ausschließlich diesem Thema widmet. In dem Kapitel „Altersbilder in Bildung und Weiterbildung" wird darauf hingewiesen, dass das Angebot an allgemeiner und beruflicher Weiterbildung für Ältere in Deutschland im Vergleich zu anderen Ländern geringer ist und weniger Bewusstsein für die Lernfähigkeit Älterer besteht. In weiterer Literatur wird dieses Thema ebenfalls aufgegriffen. Lehr (2007: 100 f.) schreibt zu diesem Thema, dass Ältere ihr Gedächtnis häufig deutlich schlechter einschätzen als dies der Fall ist und diese Überzeugung dann auch tatsächlich zu schlechteren Leistungen führt. Lehr (2007: 6) ist der Ansicht, dass die Gerontopsychologie selbst zur Verfestigung derartiger Altersbilder beigetragen hat, da sie die Annahme, dass der Höhepunkt der Intelligenzleistung im dritten Lebensjahrzehnt erreicht sei, lange nicht hinterfragt hat. Huether (2010: 245) stellt fest, dass die Bereitschaft zur Weiterentwicklung seitens der Älteren vorhanden ist, beobachtet aber auf dem Arbeitsmarkt, dass die Überzeugungen der früheren Jahre und Jahrzehnte sich bisher wenig verändert haben. Derartige Altersbilder können auch auf das Englischlernen Erwachsener im betrieblichen Kontext einwirken.

1.5 Zusammenfassung

Altern ist ein individueller Prozess, der durch Gewinne und Verluste gekennzeichnet ist, die schon ab dem 4. Lebensjahrzehnt zu verzeichnen sind. Faktoren, die sich negativ auf das Englischlernen auswirken können, sind die nachlassende Seh- und Hörfähigkeit, sowie intellektuelle Leistungen, die Schnelligkeit, Genauigkeit und die Koordination von kognitiven Prozessen erfordern. Mit zunehmendem Alter steigt das Erfahrungswissen an, das durch berufliches Training, informelles Lernen am Arbeitsplatz, in der Familie und in der Freizeit erworben wird. Erfahrungswissen kann Leistungseinbußen der Schnelligkeit, Genauigkeit und Koordination von kognitiven Prozessen ausgleichen. Im mittleren Erwachsenenalter kann bereichsspezifisches Wissen zu besten Leistungen führen und Englischlernen erleichtern. Weitere alterskorrelierte Entwicklungen, die sich positiv auf das Englischlernen auswirken können, sind die zunehmende emotionale Stabilität sowie die hohe Sozialkompetenz. Faktoren, die dem entgegenstehen können, sind eigene und fremde Meinungen zum Lernen im Erwachsenenalter. Angeleitetes Training, selbstgesteuertes Üben und Lerntechniken können die Lernfähigkeit erheblich steigern, wenn genügend Zeit dafür zur Verfügung steht und die trainierten Aufgaben unverändert in den Alltag übernommen werden können.

2 Individuelle Unterschiede beim Fremd-sprachenlernen

Fremdsprachenlernen ist wie Altern ein individueller Prozess, der von vielen Faktoren beeinflusst wird. In diesem Kapitel werden Definitionen von individuellen Faktoren erstellt, auf das Englischlernen Erwachsener im betrieblichen Kontext bezogen und mit den Entwicklungen über die Lebensspanne in Beziehung gesetzt.

2.1 Sprachlerneignung

Im Alltag wird häufig der Begriff Sprachbegabung verwendet und als unveränderliches Persönlichkeitsmerkmal angesehen. Davon gehen auch viele Englischlerner im betrieblichen Kontext aus. In diesem Abschnitt wird daher überprüft, ob diese Annahme stimmt.

Hinter dem Begriff Sprachbegabung steckt laut Edmondson, House (2011: 193) die Vorstellung, dass einige Personen aufgrund genetischer Anlagen Sprachen besser lernen bzw. erwerben können als andere. Der in der Literatur verwendete Fachbegriff Sprachlerneignung dagegen soll nach Edmondson, House (2011: 193) andeuten, dass alle Menschen dazu in der Lage sind, diese Fähigkeit aber unterschiedlich ausgeprägt ist.

Zur Messung von Sprachlerneignung werden Tests eingesetzt. Der bekannteste ist der *Modern Language Aptitude Test (MLAT)* von Caroll (1959), der zur Vorhersage des zu erwartenden Lernerfolgs im schulischen Fremdsprachenunterricht entwickelt wurde, hauptsächlich auf auditive Leistungen ausgerichtet ist (vgl. List 2010: 901) und immer noch als Standardtest zur Feststellung von Sprachlerneignung gilt (vgl. Schlak 2010: 258). Angesichts der nachlassenden Hörfähigkeit sind Erwachsene bei derartigen Tests wahrscheinlich benachteiligt. Kritik am *MLAT* kam u. a. in den 1970er und 1980er Jahren in Zusammenhang mit der Kommunikativen Didaktik (Definition in Neuner 2007: 230 ff.) auf, für die der *MLAT* als unpassend empfunden wurde (vgl. Zhisheng 2012: 233). In Studien wurde nachgewiesen, dass Lernerfolg nicht nur in grammatikorientiertem, sondern auch in kommunikativem, inhaltsbasiertem Unterricht und ebenso beim Zweitspracherwerb ohne Unterricht erzielt wird (vgl. Schlak 2010: 258). Daraus folgt, dass z. B. eine fehlende grammatische „Denkweise" kein Hindernis für das Englischlernen ist.

Heute wird nach Zhisheng (2012: 234) davon ausgegangen, dass Sprachlerneignung aus kognitiven Teilfähigkeiten, z. B. der Fähigkeit, Lernstoff aus dem Gedächtnis abzurufen (vgl. Skehan 2002: 90), besteht, die mit anderen lernerinternen Faktoren wie z. B. Motivation und Lernstil und externen Faktoren wie Lernumwelt oder Lehrstil zusammenwirken und durch Unterricht gefördert werden können. Mercer (2012: 28 f.) betont dabei die Rolle der Lehrkraft als Lernberater, die vor allem darin besteht, den Glauben der Lerner an ihre Lernfähigkeit zu stärken. Zusammengefasst bedeuten diese und die Forschungsergebnisse der Psychologie der Lebensspanne (siehe 1.3.3) für das Englischlernen, dass Mitarbeiter aller Hierarchieebenen unabhängig von Bildungsstand und Alter Fremdsprachen lernen können.

2.2 Sprachbewusstsein

Das Bewusstsein für Sprachstrukuren und Formen ist bei vielen Erwachsenen weniger gut entwickelt, weil der letzte Grammatikunterricht lange zurückliegt und die grammatische „Denkweise" wenig trainiert ist. Da häufig negative Erinnerungen damit verbunden sind, sind Erwachsene nicht immer bereit, sich im Englischunterricht mit Grammatik zu befassen. In Großbritannien wurde das *Language-Awareness*-Konzept (Hawkins: 1984) zur Verbesserung schlechter Leistungen in der Muttersprache und in der Fremdsprache entwickelt. In diesem Abschnitt wird der Begriff definiert und diskutiert, ob sich das Konzept auch für das Englischlernen Erwachsener im betrieblichen Kontext eignet, um die korrekte Verwendung von Sprachstrukturen und Formen zu fördern und die Kommunikationsfähigkeit in der Muttersprache und in der Fremdsprache weiter zu entwickeln.

Die *Association for Language Awareness (ALA 2012)* definiert *Language Awareness* als „explicit knowledge about language, and conscious perception and sensitivity in language learning, language teaching and language use." Diese Definition umfasst nicht nur das explizite Wissen über Formen, Strukturen, Regeln und den Gebrauch einer Sprache, sondern auch das Erlernen und Unterrichten von Sprachen sowie affektive Komponenten. Seit Mitte der 1990er Jahre ist Sprachbewusstsein oder Sprachbewusstheit *(Language Awareness)* ein zentrales Konzept der Sprachenlehre, da man davon ausgeht, dass ein positiver Zusammenhang zwischen der Förderung von Sprachbewusstsein und einer besseren Sprachleistung besteht (vgl. Schmidt 2010: 858 f.).

Gnutzmann (2010: 117 f.) beschreibt fünf Dimensionen: die affektive, die soziale, die politische, die kognitive Dimension und die Performanz, die im Folgenden kurz erläutert werden. Bei der affektiven Dimension geht es um die Förderung einer positiven Einstellung zur (Fremd-)Sprache und darum Aufmerksamkeit, Sensibilität, Neugier und Interesse für Sprache zu entwickeln. Im betrieblichen Kontext können Wortschöpfungen in Newslettern oder Mitarbeiterzeitschriften, z. B. webinar = web seminar, und Wörter des eigenen Dialekts besprochen werden. Die soziale Seite spiegelt sich in

Beobachtungen von Sprachverhalten, z. B. von sozialen Schichten oder den Geschlechtern, wieder. Im betrieblichen Kontext können die Sprache verschiedener Hierarchieebenen und Abteilungen oder der Kommunikationsstil der Geschlechter analysiert werden. Die politische Dimension beinhaltet den kritischen Umgang mit Texten, um den Blick der Lerner für die Möglichkeiten der Beeinflussung durch Sprache zu schärfen. Im betrieblichen Kontext kann der Stil von Werbebroschüren untersucht werden. Die kognitive Dimension betrifft die Auseinandersetzung mit der Struktur einer Sprache, das Erkennen von sprachlichen Einheiten, Unterschieden, Regelmäßigkeiten und Kontrasten zur Muttersprache. Beim Englischlernen bietet sich zuerst die Auseinandersetzung mit dem Satzbau an. Die Performanz umfasst die Sprachfertigkeit, die der Lerner dadurch entwickelt. Diese Dimension wird auch kritisch gesehen, da *Language Awareness* nicht einheitlich definiert ist (vgl. Schmidt 2010: 859), daher forschungsmethodisch schwer zu erfassen ist und sich damit nicht eindeutig nachweisen lässt, wie *Language Awareness* sich auf das Lernen auswirkt.

Gegenwärtig wird davon ausgegangen, dass das Konzept Sprachenlernen erleichtern kann, weil es den Lerner darin unterstützt, spezifische Merkmale einer Sprache wahrzunehmen, eine Voraussetzung dafür, dass sie vom Lerner verarbeitet werden kann (vgl. Schmidt 1992: 217 ff.). Für Gnutzmann (2007: 338, 2010: 118) führt das Konzept zu einer stärkeren Lernerorientierung, da Kommunikations- und Lernprozesse bewusst gemacht werden. Er (2010: 118) spricht von entdeckendem Lernen, das im Unterricht andere Schwerpunkte setzt, indem Fehler und Übersetzungen z. auf der Basis der unterschiedlichen Sprachsysteme betrachtet werden. In diesem Zusammenhang kann mit Englischlernern im betrieblichen Kontext auch über die Möglichkeiten und Grenzen von elektronischen Übersetzungsprogrammen gesprochen werden. Weiterhin erwähnt Gnutzmann (2010: 118) die Förderung von interkulturellem Lernen und Mehrsprachigkeit. In einer globalisierten Berufswelt (siehe Einleitung) können die eigene nationale Kultur, die der Region, in der die Englischlerner wohnen und arbeiten, die Unternehmenskultur, die Kultur der eigenen Abteilung, ausländischer Kollegen, Geschäftspartner oder Mitlerner im Unterricht besprochen werden. Zusammengefasst bedeutet das, dass sich das *Language-Awareness*-Konzept sehr gut eignet, um die Kommunikationsfähigkeit der Englischlerner im betrieblichen Kontext in der Muttersprache und in der Fremdsprache zu fördern.

2.3 Lernstil/Lern(er)typen

Im betrieblichen Englischunterricht gibt es zahlreiche Beispiele von extrovertierten Lernern, die beim Fremdsprachenlernen Vorteile zu haben scheinen und sich z. B. in einem Auslandseinsatz bewähren, weil sie sich angemessen in der Fremdsprache verständigen können. Um klären zu können, ob das

mit dem Lernstil in Zusammenhang steht, wird die Definition der Fremdsprachenforschung betrachtet und auf Entwicklungen über die Lebensspanne bezogen. Anschließend werden einzelne Lernstildimensionen genauer
beschrieben.

Erwachsene beginnen den Fremdsprachenunterricht mit unterschiedlichen Erfahrungen aus formalen und informellen Lernkontexten, haben ihren
eigenen Lernstil, Lern(er)typ entwickelt und wenden bestimmte Lernstrategien an. In der Literatur werden die Begriffe Lernstil und kognitiver Stil
benutzt. Manchmal werden beide Begriffe synonym verwendet (Grotjahn
2007: 326 f.), aber aktuell wird Lernstil meist als Oberbegriff für den kognitiven Stil betrachtet (vgl. Aguado, Riemer 2010: 851). Dieser wird verstanden
als „die von einem Individuum bevorzugte, unmarkierte Weise, Informationen perzeptuell wahrzunehmen und konzeptuell zu kategorisieren, und
zwar – das unterscheidet den kognitiven Stil vom Lernstil – ohne jegliche
situative, äußerliche (also z. B. unterrichtliche) Einflüsse" (Augado, Riemer
2010: 851). Der Begriff kognitiver Stil bezieht sich auf die biologische Seite,
während der Begriff Lernstil den Lernkontext, affektive, physiologische und
verhaltensbezogene Faktoren berücksichtigt (Augado, Riemer 2010: 851). Das
entspricht der Sicht der Psychologie der Lebensspanne (siehe Kapitel 1), nach
der sich die kognitive Leistungsfähigkeit entsprechend der Anforderungen
der Umwelt entwickelt.

Für Grotjahn (2007: 326 f.) sind **Lernstile** „intraindividuell relativ *stabile*,
zumeist *situations- und aufgabenspezifische Präferenzen* (Dispositionen,
Gewohnheiten) von Lernern sowohl bei der Verarbeitung von Informationen
als auch bei der sozialen Interaktion." Für ihn „bezieht sich (der Terminus)
damit nicht nur auf in engerem Sinne kognitive, sondern auch auf motiva-
tionale und affektive Aspekte menschlichen Verhaltens und Handelns."
Lernstile selbst sind nicht beobachtbar und nur schwer veränderbar. Sie
können Grotjahn zufolge (2007: 327) aus bestimmten Verhaltensweisen abge-
leitet werden, welche dem Lerner meist nicht bewusst sind und die Bevorzugung bestimmter Lernstrategien nach sich ziehen. Lernstrategien sind für ihn
spezifische, situations- und aufgabenabhängige mentale Lernhandlungen,
die bewusst ausgeführt werden oder bewusstseinsfähig und damit auch
veränderbar, lehrbar sind. Die Auswahl der Lernstrategien wird durch die
Lernstile bestimmt.

Oxford, Anderson (1995: 201 ff.) betrachten **Lernstile verschiedener
Nationalitäten** und zeigen anhand zahlreicher Beispiele, wie der Lernstil
von Menschen gleicher Nationalität durch ihre Kultur geprägt wird. Im
betrieblichen Kontext kommen weitere Einflussfaktoren hinzu, z. B. die
Unternehmenskultur, die Arbeits- und Denkweise verschiedener Berufe
oder Abteilungen (vgl. Hofstede 2010: 3 ff.). Fertigkeiten und damit verbundene Verhaltensweisen, die im Berufsleben häufig gefordert werden,
können sich besonders gut entwickeln (siehe 1.4.2) und sich im Lernstil
manifestieren, während andere, die in der Schule für das Lernen wichtig

waren, z. B. Schreiben, Terminologiekenntnisse zum Erlernen von Grammatik, weniger trainiert sind. Abhängig von der beruflichen Tätigkeit, der Länge der formalen Bildung und dem Abstand dazu wird der Lernstil mehr durch formales oder mehr durch informelles Lernen beeinflusst sein (siehe 1.4.1). Im betrieblichen Kontext können daher im Zusammenhang mit Englischlernen verschiedene Vorstellungen vom Lernbegriff aufeinandertreffen.

Lernstile werden meist bipolar dargestellt. Dabei handelt es sich weniger um strenge Gegensätze als vielmehr um Tendenzen, d. h. die Lerner befinden sich auf unterschiedlichen Punkten zwischen den beiden Polen (vgl. Aguado, Riemer 2010: 854). Nach Oxford, Anderson (1995: 203) setzt sich der Lernstil aus sechs verschiedenen Aspekten zusammen, denen Lernstildimensionen zugeordnet werden können, die in ihrer individuell unterschiedlichen Ausprägung und Kombination zur Bildung von Lern(er)typen führen. Die nachfolgende Tabelle zeigt die sechs Aspekte und ausgewählte ihnen zugeordnete Lernstildimensionen.

Tab. 1: Aspekte des Lernstils in Anlehnung an Oxford, Anderson (1995: 203 f.)

Aspekte	Lernstildimensionen
Der kognitive Aspekt beschreibt die bevorzugte Denkweise.	– analytischer vs. globaler Stil – Feldabhängigkeit vs. Feldunabhängigkeit – Ambiguitätstoleranz vs. Ambiguitätsintoleranz
Der exekutive Aspekt beschreibt die Herangehensweise an den Lernprozess, den Grad, in dem eine Person versucht, diesen zu organisieren.	
Der affektive Aspekt betrifft Einstellungen, Überzeugungen, Meinungen, Werte etc. des Lerners.	Impulsivität vs. Reflexivität
Der soziale Aspekt bezieht sich auf das Ausmaß der Bereitschaft, mit anderen zusammenzuarbeiten.	Extrovertiertheit vs. Introvertiertheit
Der physiologische Aspekt bezieht sich auf die Tendenz, bestimmte Wahrnehmungskanäle zu bevorzugen.	visuell, auditiv, kinästhetisch
Der Verhaltensaspekt bezieht sich auf die Neigung, aktiv Situationen zu suchen, die dem eigenen Lernstil entsprechen.	

Eine eindeutige Zuordnung ist nicht immer möglich (vgl. Oxford, Anderson 1995: 204). Das Begriffspaar Impulsivität vs. Reflexivität enthält neben affektiven auch kognitive Elemente. Die Lernstildimension Extrovertiertheit vs. Introvertiertheit bezieht sowohl soziale als auch affektive Elemente mit ein. Für Oxford, Anderson (1995: 210) darf Englischunterricht nicht nur auf den kognitiven Aspekt ausgerichtet sein, da Sprachenlernen den ganzen Lerner fordert. Sie sind der Ansicht, dass der affektive, soziale, physiologische, exekutive und der Verhaltensaspekt gleichermaßen berücksichtigt werden sollten. Betrachtet man die Beobachtungen von Lehr (2007: 216) in 1.4.2 vor dem Hintergrund der sechs Aspekte, dann lassen sich Verbindungen herstellen. Zwei Beobachtungen können beispielsweise dem affektiven Aspekt zugeordnet werden. Das sind „ein herabgesetztes Erleben von Eigenbetroffenheit in potenziell belastenden Situationen; […]" und „ […] eine geringere Belastung durch Probleme im privaten Bereich, […]" (Lehr 2007: 216). Sie lassen darüber hinaus die in 1.4.4 diskutierte stabile emotionale Befindlichkeit erkennen, die sich über die Lebensspanne positiv entwickelt.

In den nachfolgenden Abschnitten werden einzelne **Lernstildimensionen** genauer beschrieben. Das erste Begriffspaar beschreibt den **analytischen/ globalen Stil**. Lerner mit einem globalen Stil nehmen zuerst das Ganze in den Blick. Ihnen fällt es schwer, Einzelheiten aus dem Ganzen herauszulösen (vgl. Oxford, Anderson 1995: 204). Ein Beispiel für den globalen Stil ist die in 1.4.3 beschriebene Art und Weise, wie Ältere Texte lesen. Lerner mit einem globalen Lernstil lernen am besten durch konkrete Erfahrung und Interaktion mit anderen (vgl. Reid 1995: Preface). Sie bevorzugen Lernen durch Kommunikation und durch Aufgaben, die auf Kommunikation abzielen (vgl. Ellis 1989: 250). Lerner mit einem analytischen Stil dagegen gehen von einzelnen Teilen aus und fügen diese zu einem Ganzen zusammen. Sie ziehen es vor, alleine zu lernen und sich eigene Ziele zu setzen. Sie lernen am besten, wenn Lernmaterial schrittweise eingeführt wird und linear aufeinander aufbaut (vgl. Reid 1995: Preface). Sie profitieren eher von einem formalen Unterricht, der auf sprachliche Korrektheit ausgerichtet ist (vgl. Ellis 1989: 250). Eine ganzheitliche Wahrnehmung wird eher mit Feldabhängigkeit verbunden, eine analytische Wahrnehmung von Einzelheiten bei der Lösung von komplexen Aufgaben eher mit Feldunabhängigkeit (vgl. Aguado, Riemer 2010: 854 und Grotjahn 2007: 328).

Feldabhängigkeit/Feldunabhängigkeit beschreibt das Ausmaß, in dem Lerner von ihrem Umfeld abhängen bzw. auf ihre eigenen Fähigkeiten zurückgreifen (vgl. Chapelle 1995: 159). Feldabhängige Lerner lernen effektiver im Kontext, gehen eher intuitiv vor und sind sensibel für menschliche Beziehungen und Interaktionen (vgl. Reid 1995: Preface). Chapelle (1995: 159) beschreibt, dass feldabhängige Lerner sich an Autoritäten orientieren (im betrieblichen Kontext können das z. B. Führungskräfte und Lehrkräfte sein) und von einer von außen vorgegebenen Struktur profitieren können (vgl. Witkin 1977: 23). Feldunabhängige Lerner lernen effektiver schrittweise oder sequenziell, indem sie mit der Analyse von Einzelheiten beginnen und diese zu einem Ganzen zusammenfügen (vgl. Reid 1995: Preface). Das Planen,

Organisieren und Bewerten des eigenen Lernprozesses gehört zum natürlichen Lernverhalten feldunabhängiger Lerner, aber nicht zu dem Lernstil feldabhängiger Lerner, die dafür Lenkung und Anleitung benötigen (vgl. Chapelle 1995: 164). Feldunabhängige Lerner testen Hypothesen, während feldabhängige Lerner dazu neigen, Situationen zu beobachten und Ideen zu übernehmen (vgl. Witkin 1977: 24). Feldunabhängige Lerner sind eher an abstrakten, theoretischen Themen interessiert (vgl. Witkin 1977: 13) und tendieren dazu, Lernmaterial zu strukturieren und zu organisieren, um sich das Lernen zu erleichtern. Feldabhängigen Lernern fällt das schwerer (vgl. Witkin 1977: 21 f.). Sie können aber ebenso gut lernen, wenn das Lernmaterial vorstrukturiert ist. Für die Anwendung der in 1.4.3 (Strategien beim Lernen und Erinnern) erwähnten Organisationsstrategien, die für Ältere besonders wirksam sind, benötigen feldabhängige und ältere Lerner demnach Anleitung oder Modelle, während sie genau der Denkweise der feldunabhängigen Lerner entsprechen. Während feldabhängige Lerner mehr von einem Unterricht profitieren, in dem Grammatik nicht betont wird, lernen feldunabhängige Lerner besser in einem Unterricht, in dem Grammatik deduktiv, regelorientiert vermittelt wird (vgl. Abraham 1985: 689 ff.). Bei diesem Thema können im Fremdsprachenunterricht Probleme entstehen, wenn beide Lernstildimensionen in einem Kurs vertreten sind. Feldabhängige Lerner sind häufig in Kulturen anzutreffen, in denen Schreiben nicht selbstverständlich ist, ihre Mitglieder in Alltagssituationen im Gespräch voneinander lernen und daher häufig kinästehtisch orientiert sind (vgl. Nelson 1995: 4). Beispiele dafür sind die in 1.4.3 (Strategien beim Lernen und Erinnern) geschilderten informellen Lernsituationen, bei denen Mitarbeiter eines Unternehmens sich am Arbeitsplatz oder beim Besuch von Messen mündlich austauschen. Zusammengefasst wird angenommen, „dass feldabhängige Individuen sozialer, kommunikativer und ihrem Umfeld gegenüber sensibler sind, während feldunabhängigen Personen größere Autonomie [...] und geringere sozialintegrative Kompetenzen nachgesagt werden" (Riemer 2002: 79).

Das Begriffspaar **Ambiguitätstoleranz/Ambiguitätsintoleranz** bezeichnet die Bereitschaft einer Person, widersprüchliche oder unvollständige Informationen zu tolerieren (vgl. Grotjahn 2007: 328). Das kommt bei der Anwendung der Sprache in der Realität sehr häufig vor. Einen ambiguitätsintoleranten Lerner kann es z. B. stören, wenn er nicht jedes unbekannte Wort in einem Text genau versteht. Deshalb kann er zu voreiligen Schlüssen von Bedeutungen neigen oder dazu, jedes unbekannte Wort nachschlagen zu wollen. Laut Grotjahn (2007: 328) kann ein ambiguitätsintoleranter Lerner Schwierigkeiten mit unstrukturiertem Unterricht haben oder wenig Bereitschaft zu autonomem Lernen zeigen, weil er das Gefühl hat, die Situation nicht vollständig unter Kontrolle zu haben. Ambiguitätstolerante Personen hingegen, empfinden bei mehrdeutigen und/oder widersprüchlichen Situationen keine Frustration (Riemer 1996: 62).

Impulsivität und Reflexivität sind eng verbunden mit der Lernstildimension Feldabhängigkeit/Feldunabhängigkeit (vgl. Aguado, Riemer 2010: 855). Impulsiv Lernende sollen eher spontan vorgehen. Sie arbeiten eher schnell und ungenau und neigen zu Fehlern, während reflexiv Lernende ihre sprachlichen Äußerungen genauer planen, langsamer vorgehen. Impulsive Lerner lernen eher global, während reflexive Lerner eher analytisch vorgehen (vgl. Oxford, Anderson 1995: 206).

Das Begriffspaar **Introvertiertheit/Extrovertiertheit** drückt laut Aguado, Riemer (2010: 855) das Ausmaß der Kontaktfreudigkeit und der sozialen Aufgeschlossenheit von Individuen aus. Man beobachtete, dass „soziale Offenheit und der starke Wunsch nach Kontakt mit anderen Personen lernfördernd wirken." (Edmondson, House 2011: 209). Extrovertierte Lerner haben weniger Hemmungen zu sprechen und weniger Angst, Fehler zu machen. Sie sind risikobereiter (vgl. Riemer 1996: 60 f.). Oxford, Anderson (1995: 208) schreiben, dass extrovertierte Lerner vielseitig interessiert sind und zahlreiche Freunde haben. Sie mögen Gruppenarbeit, Rollenspiele und andere interaktive Übungen. Introvertierte Lerner haben in der Regel mehr Probleme zu sprechen und mehr Angst, Fehler zu machen. Sie sind weniger risikobereit (vgl. Riemer 1996: 60 f.), zeigen bessere Leistungen im schriftlichen Bereich (vgl. Riemer 1996: 59). Nach Oxford, Anderson (1995: 208) haben introvertierte Lerner häufig ausgeprägte Interessen und eher wenige, dafür sehr intensive Freundschaften. Introvertierte Lerner arbeiten lieber allein oder mit nur einem Partner und mögen weniger gerne Gruppenarbeit. Edmondson, House (2011: 209) vermuten einen Zusammenhang dieser Lernstildimension mit dem Alter, da in der Pubertät häufig eine bestimmte Art der Introvertiertheit auftritt. Möglicherweise trifft das auch auf Extrovertiertheit zu, da in anderen Studien mit Erwachsenen (Quetz 1992: 79, Rampillon 1995: 81) darauf hingewiesen wird, dass viele Lerner extrovertiert und kommunikativ orientiert sind und damit Fähigkeiten haben, die bei einem Auslandseinsatz von Vorteil sind. Möglicherweise steht Extrovertiertheit in Zusammenhang mit der Verbesserung der emotionalen Stabilität über die Lebensspanne hinweg (siehe 1.4.4).

Lerner neigen dazu, bestimmte **Wahrnehmungskanäle** zu bevorzugen. Sie können auditive, visuelle, kinästhetische und taktile (haptische) Lerner sein. Oxford, Anderson (1995: 209 f.) beschreiben, dass visuell orientierte Lerner gerne lesen und am besten lernen, wenn sie visuell angeregt werden. Vorlesungen, Unterhaltungen und mündliche Anweisungen ohne schriftliche Unterlagen sind für sie irritierend. Rossi-Le (1995: 120) stellt fest, dass ältere Lerner und Lerner höherer Lernstufe bevorzugt visuell lernen. Sie vermutet daher, dass Lerner, die im Umgang mit schriftlichen Materialien geübt sind, lieber visuell lernen. Laut Aguado, Riemer (2010: 855) ist die Mehrheit der Lerner visuell orientiert. Auditiv orientierte Lerner lernen am besten über das Gehör und benötigen weniger schriftliche Unterlagen. Kinästhetische Lerner benötigen Bewegung, taktil orientierte Lerner arbeiten gerne mit Objekten,

Kollagen, können nicht lange am Schreibtisch sitzen, benötigen häufig Pausen und Bewegung, z. B. in Form von Spielen. Rossi-Le (1995: 121) stellt fest, dass Lerner höherer Lernstufe gerne interaktiv und in authentischen Situationen lernen und Lerner aus der Berufswelt häufig kinästhetisch orientiert sind, was sie darauf zurückführt, dass in der Arbeitswelt eher experimentell gelernt wird. Hier können die in 1.4.3 beschriebenen informellen Lernformen wie Besuche von Messen, Kongressen etc. angeführt werden. Weitere Beispiele sind Fabrikführungen oder das Einweisen in eine Maschine oder ein Gerät. In der Realität lassen sich die Wahrnehmungsstile häufig nicht deutlich voneinander abgrenzen. Grotjahn (2007: 328) geht aber davon aus, dass kinästhetische Lerner seltener vorkommen und eher bei jungen Lernern zu finden sind. Die Ausführungen zum informellen Lernen (siehe 1.4.3) und die Befunde von Rossi-Le scheinen das zu widerlegen.

2.4 Lernstrategien/Lerntechniken

Um Rückschlüsse auf bestimmte Lern(er)typen ziehen zu können, ist es notwendig, den Begriff Lernstrategie zu definieren und von den Arbeits- und Lerntechniken abzugrenzen.

Die Sichtung der Literatur (Zimmermann 1997: 95 ff., Morfeld 1998: 21 ff., Rampillon 1995: 81 ff., 1996, 2007: 340 ff., Tönshoff 2007: 331 ff., 2010: 195 ff., Cohen, Macaro 2007, Ellis 2010: 703 ff., Bimmel 2009: 362 ff., 2010: 842 ff., Vielau 2010: 228 ff., Mandl: 2006) ergab, dass es zahlreiche unterschiedliche Definitionen und Klassifizierungen mit unterschiedlicher Gewichtung der verschiedenen Typen von Lernstrategien und Lerntechniken abhängig vom Untersuchungsziel gibt[11], ein einheitliches Modell bisher aber nicht existiert. Im Folgenden werden zwei Definitionen näher betrachtet und auf Anwendbarkeit für die Untersuchung überprüft.

„Lerntechniken" sind für Rampillon (1996: 17) „Verfahren, die vom Lernenden absichtlich und planvoll angewandt werden, um sein fremdsprachliches Lernen vorzubereiten, zu steuern und zu kontrollieren." Rampillon (2007: 340) betrachtet eine „Lerntechnik" als eine Einzelmaßnahme und eine „Lernstrategie" als eine systematische Bündelung verschiedener Einzelmaßnahmen. Vielau (2010: 229) begreift „Lerntechniken" als „[...] die Gesamtheit der praktischen Handlungsoptionen [...], die der Lernende einsetzt, um seinem Lernziel näher zu kommen." Dabei sieht er vor allem drei Handlungsfelder:

– **Gebrauch von Lernmaterialien** und Lernhilfen: Einblick in Aufbauprinzipien und Organisation der Lehrbücher; Beschaffung und Nutzung von Referenzliteratur (Wörterbücher, Grammatiken, landeskundliche Texte etc.); technische

---

[11] Das zeigt sich auch bei den in dem Buch zitierten Autoren. Die von ihnen verwendeten Begriffe werden jeweils übernommen.

Lernmedien (CD-Player, Computer); Lerndokumentation, Materialpflege und -ablage.

– **Organisation der individuellen Lernprozesse**: Zeitorganisation (Tagesplan, Wochenplan, Semesterplan, Lernplan allgemein); Arbeit mit dem Lehrbuch (Markierungen, Exzerpte und Notizen, Memorieren), Gebrauch zusätzlicher Lernhilfen (Karteisysteme, Lernprotokoll), Gebrauch technischer Lernhilfen im Selbststudium (CD-Player, Computer, Selbstlernmaterialien…).

– Arbeits- und Verhaltensregelungen für das **Lernen in der Gruppe**: Kenntnis der vereinbarten Signale für Beteiligung und Nichtbeteiligung, Fehlerkorrektur und Fragetechniken; Gebrauch der Metasprache, Fähigkeit und Bereitschaft zur Metakommunikation; Regelungen für praktische Lernoperationen diverser Art; kollektive Zeitplanung: Lerneinheit, Woche, Lernabschnitt, Zielperspektive. (Vielau 2010: 229).

Diese drei Handlungsfelder sind nicht sprachlernspezifisch. Wenn man die Silbe „Lern-" durch „Arbeits-" ersetzt, passen sie auf jeden Arbeitsplatz und können auch im Privatleben angewendet werden. Sie beinhalten die unter 1.4.3 aufgeführten Lerntechniken, die für ältere Lerner besonders wirksam sind, z. B. Strategien zur Organisation von Lernmaterial, und können auch in den beschriebenen informellen Lernkontexten, z. B. bei Freizeitaktivitäten und im Ehrenamt, angewendet werden. Sie bilden über das gesamte Kontinuum des Lernens hinweg in inner- und außerschulischen Bereichen für alle Alters- und Bildungsgruppen die Grundlage des Lernens. Sie können unverändert in alle Lebensbereiche übernommen werden und helfen Lernpotenzial zu aktivieren in Gebieten, in denen Handlungsbedarf zu bestehen scheint, z. B. beim Umgang mit dem Computer als Lernhilfe (siehe 1.4.3).

Während Rampillon (1996: 19) davon ausgeht, dass zur Anwendung von Lerntechniken im Fremdsprachenunterricht Lernvoraussetzungen wie das Beherrschen der grammatischen Terminologie oder die Kenntnis des Alphabets und der phonetischen Lautschrift erforderlich sind, sind Vielau (2011: 19 f.) und andere (z. B. Burwitz-Melzer, Quetz 2002: 160 ff.) der Ansicht, dass Terminologiekenntnisse für das Erlernen von Grammatik nur bedingt notwendig sind. Sie verweisen dabei u. a. auf das Konzept der *Language Awareness* (siehe 2.2). Die Kenntnis des Alphabets und der phonetischen Lautschrift als Lernvoraussetzungen für das Nachschauen von Wörtern in einem Online-Wörterbuch erübrigen sich ebenfalls und erfordern andere Kompetenzen, z. B. den Umgang mit dem Computer. Damit wird ein direkter Zugriff auf die Fremdsprache möglich. Dieser Zugang wird als „niederschwellig" bezeichnet (vgl. Zürcher 2007: 54), weil er dem Lerner eine selbständige Herangehensweise mit seinen verfügbaren Mitteln ermöglicht. Die Definition von Vielau (2010: 229) ist umfassender und daher besser geeignet.

Eine „Lernstrategie" ist für Rampillon (1996: 21) „ein (mentaler) Plan, der verschiedene Lernschritte und Lerntechniken enthält und der sich von Fall zu Fall ändern kann." Sie (2007: 341) weist darauf hin, dass viele Lerntechniken für das Fremdsprachenlernen nützlich sein können, dies aber von der

Kreativität der Lernenden bzw. der Lehrkräfte abhängig ist. Unter „Lernge-wohnheiten" versteht Rampillon (1991: 5) „den selbstverständlichen und unbewussten Einsatz von Lernstrategien und Lerntechniken." Vielau ver-steht unter „Lernstrategien"

> [...] die kognitiven Handlungsoptionen, die der Lernende zur Lösung von Lern-problemen bei der (Tiefen-)Verarbeitung des Sprachinput einsetzt. [...]. Sie können bewusst oder unbewusst eingesetzt werden, von innen oder von außen gesteuert sein und sie können verschieden produktiv im Hinblick auf die Lernersprache sein (Vielau 2010: 229).

Beide Forscher berücksichtigen das in 1.4.1 definierte informelle Lernen. Diesen Verhaltensweisen und Lerngewohnheiten gilt bei der Analyse ein besonderes Augenmerk, um sie im Hinblick auf ihre Produktivität zu untersuchen, weitergehend zu betrachten und daraus Rückschlüsse auf den Lernstil zu ziehen.

Für die Einschätzung des Lernstils ist eine Kategorisierung der Lern-strategien notwendig. Dafür bietet sich eine Unterteilung in metakognitive, kognitive, soziale und affektive Strategien an, wie sie beispielsweise bei Oxford (1990: 17 ff.) oder Bimmel (2009: 364 f.) beschrieben ist. Nach Bimmel (2009: 364) betreffen metakognitive Strategien die Planung, Überwachung und Bewertung des Lernprozesses und der Lernergebnisse. Sie unterstützen Lernende dabei, selbständig und unabhängig von der Lehrkraft weiter zu lernen. Das ist ein besonderes Interesse der Unternehmen, da finanzielle und zeitliche Ressourcen nicht auf unbestimmte Zeit für das Fremdsprachen-lernen gebunden werden können. Metakognitive Strategien entsprechen der Denkweise feldunabhängiger Lerner (siehe 2.3, Lernstil/Lern(er)typen), da sie sich eigene Ziele setzen und ihr Lernen planen, feldabhängige Lerner hingegen benötigen dafür die Unterstützung der Lehrkräfte (vgl. Chapelle 1995: 164). Soziale Strategien beziehen sich auf die Zusammenarbeit mit anderen, das Finden von Lernpartnern und das gezielte Einfordern von Hilfestellungen. Diese Strategien entsprechen eher der Denkweise feldabhän-giger Lerner (vgl. Chapelle 1995: 159). Nach Lehr (2007: 216) gehören sie zu den Stärken älterer Mitarbeiter in Unternehmen. Affektive Strategien helfen dem Lernenden, sich emotional auf das Lernen einzustellen und sich für das Lernen zu motivieren. Auch diese Strategien gehören zu den Stärken älterer Lerner (siehe 1.4.4). Kognitive Strategien besagen, dass Lerner sich direkt mit dem Lernstoff befassen, um ihn zu behalten, zu verarbeiten und anwenden zu können (vgl. Bimmel 2009: 365). Diese Definition soll für die Lerner im betrieblichen Kontext weit gefasst sein und entsprechend dem Ratschlag von Rampillon (2007: 341) ihre Kreativität und ihre Alltagstheorien über das Lernen berücksichtigen und strategische Handlungen innerhalb und außer-halb des Fremdsprachenunterrichts mit einbeziehen.

Die bisherigen Forschungsergebnisse zeigen, dass Lernstrategien von Sprachlernern von individuellen Faktoren wie z. B. Motivation, Lernstil,

Lernstufe und vom Lernkontext abhängen und sich unter bestimmten Voraussetzungen erfolgreich fördern lassen (vgl. Bimmel 2010: 843).

2.5 Affektive Faktoren

Das Englischlernen der Erwachsenen im betrieblichen Kontext ist beruflich motiviert. Sie benötigen es für ihre Arbeit oder lernen Englisch, weil es heute eine Schlüsselqualifikation ist. Häufig ist es verbunden mit wenig Selbstvertrauen, Angst und Verhaltensunsicherheit und instabiler Motivation. Da in der internationalen Fremdsprachenforschung Einigkeit darüber besteht, dass Motivation neben Sprachlerneignung der wichtigste Faktor für das Fremdsprachenlernen ist (vgl. Riemer 2010: 168) und hier zahlreiche Möglichkeiten zur positiven Beeinflussung gesehen werden, werden im Folgenden Motivation und Einstellungen sowie der Faktor Angst im Hinblick auf das Englischlernen im betrieblichen Kontext näher betrachtet.

2.5.1 Motivation und Einstellungen

Motivation ist vielschichtig, schwankend, bei jedem anders ausgeprägt und wird von vielen lernerinternen und lernerexternen Faktoren beeinflusst (vgl. Riemer 2002: 72 ff., 2010: 168). Zu den lernerinternen Faktoren gehören nach Riemer (2002: 73 ff.) Erwartungen und Interesse am Fremdsprachenunterricht, Überzeugungen hinsichtlich der Notwendigkeit, eine Fremdsprache zu erlernen und Leistungsantrieb. Weiterhin nennt sie Selbstvertrauen und Überzeugungen, durch eigenes Handeln gewünschte Ziele zu erreichen, denn es wird angenommen, dass Lerner, die weniger Selbstvertrauen haben, ihre Erfolgsaussichten negativer einschätzen als jene mit großem Selbstvertrauen. Die Ursachen für das geringe Vertrauen in die eigene Lernfähigkeit können in der Lernbiographie liegen und bei Englischlernern im betrieblichen Kontext zum Tragen kommen, wenn sie wenig Bereitschaft zeigen, Grammatikübungen zu bearbeiten, weil dies negative Erinnerungen an die Schulzeit hervorruft. Die in 1.4.5 beschriebenen Meinungen und Überzeugungen zum Alter können sich ebenfalls auf das Selbstbild und die Motivation auswirken und z. B. das Merken von Vokabeln verhindern.

Bei den lernerexternen Faktoren ist vor allem die Lernumgebung zu nennen. Beim Englischlernen im betrieblichen Kontext können Gruppengröße, Mitlerner, die Persönlichkeit und der Lehrstil der Lehrkraft, Ort, Zeit und Durchführung des Unterrichts, Lehrmaterial oder (unbedachte) Äußerungen von Kollegen und Vorgesetzten positiv wie negativ auf die Motivation einwirken.

Nach Riemer (2010: 169 ff.) sind gegenwärtig zwei Typen von Motivationstheorien für den Fremdsprachenunterricht besonders interessant. Das sind die Inhaltstheorien, welche sich mit den Beweggründen und Orientierungen zum Erlernen einer Fremdsprache befassen und die Prozesstheorien, welche sich mit der Entwicklung und dem Erhalt von Motivation beschäftigen. Beide Richtungen zusammen erfassen für Riemer (2010: 169) den multidimensionalen Charakter von Motivation am besten.

Zu den Inhaltstheorien gehört das Modell der integrativen und instrumentellen Motivation. Es legt den Schwerpunkt auf die Hauptbeweggründe und die langfristigen Ziele des Fremdsprachenlernens (vgl. Riemer 2010: 169). Unter integrativ wird das Interesse für die Zielsprachenkultur und deren Sprecher verstanden mit positiven Einstellungen dazu und dem Wunsch, ein Teil dieser Kultur zu werden. Instrumentell bezieht sich auf die Nützlichkeit der Fremdsprache, d. h. sie wird z. B. ausschließlich für berufliche Zwecke gelernt (vgl. Riemer 2010: 169). Dieser Ansatz wird häufig als zu einseitig kritisiert, da z. B. Englisch heute von Schulbeginn an erlernt wird und nicht mehr an eine Zielsprachenkultur gebunden ist (vgl. Dörnyei, Ushioda 2011: 72).

Meist wird zwischen extrinsischer und intrinsischer Motivation unterschieden (Riemer 2010: 170). Extrinsisch Motivierte benötigen äußere Anreize zum Erlernen einer Fremdsprache, z. B. Übernahme einer verantwortungsvollen Position im Ausland. Intrinsisch Motivierte lernen sie aus Interesse oder Spaß am Klang der Sprache (vgl. Riemer 2010: 170).

Eine besondere Form der intrinsischen Motivation ist Flow (vgl. Dörnyei, Ushioda 2011: 94 f.), welcher im Bereich des Fremdsprachenlernens bisher wenig untersucht wurde. Finkbeiner (2001: 125) beschreibt den Flowzustand eines Schülers beim Lesen von Texten aus seinem Interessengebiet, Egbert (2003: 499 ff.) stellt Flowzustand bei Studenten beim Sprechen über Themen aus ihrem Interessengebiet fest und Mirlohi (2011: 251 ff.) analysiert Flow bei Studenten der Übersetzungswissenschaft beim Übersetzen bestimmter Textsorten. Finkbeiner schreibt, dass es

> (im) *Flow*zustand (…) zu einer Verschmelzung von Handlung und Bewußtsein, zu einer Zentrierung der Aufmerksamkeit, zu einer Selbstvergessenheit, jedoch nicht zu dem Verlust der Wahrnehmung innerer Vorgänge (kommt). Im Gegenteil haben Lernende beim *Flow*erleben die vollständige Kontrolle über Handlung und Umwelt und erreichen somit ihr höchstes Leistungsniveau und ihre höchste Konzentration (Finkbeiner 2001: 125).

Nach Egbert (2003: 499) wird Flow erlebt, wenn ein Gleichgewicht zwischen der Lernaufgabe und den eigenen Fähigkeiten empfunden wird, wenn sie Möglichkeiten der intensiven Konzentration bietet, die Ziele klar sind, wenn eine Rückmeldung über die erfolgreiche Bewältigung der Aufgabe erfolgt, der Lerner das Gefühl hat, die Aufgabe bewältigen zu können, sich in einem Zustand der Selbstvergessenheit befindet und meint, die Zeit vergehe schneller, weil die Aufgabe interessant ist. Nach dieser Beschreibung müssten auch Englischlerner im betrieblichen Kontext im Zusammenhang mit „Expertenwissen" in den Flowzustand gelangen (siehe 1.4.2 und 1.4.4), wenn das Thema diesem Wissen entspricht. Egbert (2003: 514) zieht aus seinen Studien den Schluss, dass Flow im Unterricht gezielt gefördert werden kann. Dörnyei, Ushioda (2011: 95) sprechen von einer Ausgewogenheit zwischen motivationalen, kognitiven und affektiven Komponenten.

Ein weiterer Ansatz in der Gruppe der Inhaltstheorien untersucht die Beziehung zwischen Motivation und Erfolgserlebnissen (vgl. Riemer 2010: 169). Danach soll Erfolg Motivation verstärken, Misserfolg ihn schwächen (Resultativhypothese). Im betrieblichen Kontext kann die Bewältigung einer fremdsprachigen Situation, z. B. ein Telefonat, das zu einem Ergebnis geführt hat, oder eine in der Fremdsprache verfasste E-Mail, die vom Geschäftspartner beantwortet wurde, die Motivation verstärken. Die Kausalattribution besagt, dass Lerner besonders motiviert weiter lernen, wenn sie ihren Erfolg auf eigenes Handeln zurückführen. Das kann im betrieblichen Kontext der Fall sein, wenn z. B. ein Englischlerner die genannten Situationen ohne fremde Hilfe bewältigt hat. Das ist laut Riemer (2010: 169) wiederum abhängig von dem Selbstkonzept einer Person.

Zu den Prozesstheorien schreibt Riemer (2010: 170 f.), dass Motivation nicht linear verläuft, sondern mit vielen anderen Faktoren zusammenwirkt, die sich ändern können wie beispielsweise die Anwendungshäufigkeit der neu erlernten Fremdsprache. Sie nennt weiter personale, soziale, kontextuelle Faktoren, tatsächlich vorhandene Lernmöglichkeiten, den Unterricht und die Lehrperson, Erfolgserlebnisse, Selbstevaluation und externe Rückmeldungen. Im betrieblichen Kontext kann die häufige Anwendung der Sprache am Arbeitsplatz einen Lerner zum Weiterlernen motivieren oder ihn demotivieren, wenn er nur selten Gelegenheit dazu hat. Die Motivation kann hoch sein, wenn er für eine erfolgreich bewältigte Situation in der Praxis Lob erhält. Sie kann schwinden, wenn ein Lerner aus beruflichen Gründen häufig nicht am Unterricht teilnehmen kann.

2.5.2 Angst

Der zweite affektive Faktor, der von außen beeinflussbar ist, ist Angst. Sie hat viele Facetten (vgl. Rost-Roth 2010: 879 f., Ellis 2010: 691 ff.) und kann sich bei Lernern, abhängig von anderen individuellen Faktoren wie Motivation und Persönlichkeit, in unterschiedlicher Weise auf das Fremdsprachenlernen auswirken (vgl. Ellis 2010: 697). Es gibt Personen, die von Natur aus ängstlich sind. Angst kann ein Zustand oder eine Reaktion auf eine spezifische Situation sein. Sie kann lernfördernd oder lernhemmend wirken (vgl. Scovel 1978: 129 ff.).

Edmondson und House fassen wichtige Befunde dazu zusammen:

– Lernfähigkeit: bei erfolgreichen Lernern kann Angst öfter zu positivem Lernen beitragen als bei schwächeren Lernern.

- Lernstufe: Angst erzeugt bei Anfängern größere Lernhemmungen als bei Fortgeschrittenen.
- Alter: Ältere Lerner können möglicherweise besser mit Angst umgehen als jüngere, d. h. die negative Korrelation zwischen Ängstlichkeit und Lernfortschritt ist bei jüngeren Lernern größer (Edmondson, House 2011: 210).

Die Vermutung zum Alter wird durch die Befunde in 1.4.4 bestätigt, wonach sich die Gefühlslage über die Lebensspanne hinweg zum Positiven entwickelt. Beim Fremdsprachenlernen unterscheidet man zwischen Sprechangst (Angst vor spontanem Sprechen), Prüfungsangst und Angst vor negativer Bewertung (vgl. Horwitz 2001: 112 ff.). Die Ursachen für Angst sind vielfältig und können z. B. in der Lernbiographie liegen (vgl. Vielau 2010: 59 f.) oder in virtuellen Lernumgebungen entstehen, wenn Lerner Text unter Zeitdruck schreiben sollen (vgl. Dörnyei, Ushioda 2011: 111). Dieselben Ängste können sich im betrieblichen Kontext zeigen, wenn mit Kunden verhandelt werden soll oder Fragen in firmeninternen Fachforen oder Chaträumen in der Fremdsprache beantwortet werden sollen.

2.6 Lebensalter

In der Literatur (Singleton, Ryan: 2004, Grotjahn, Schlak 2010: 867 ff., Edmondson, House 2011: 177 ff.) wird diskutiert, ob Kinder bessere Fremdsprachenlerner sind als Erwachsene. Das zu untersuchen, ist nicht Gegenstand der Studie. Da relativ gesichert ist, dass sich der Erwerb der ersten Fremdsprache (L2) nicht grundsätzlich vom Erwerb der Muttersprache (L1) unterscheidet und die gleichen Sprachentwicklungsstufen durchlaufen werden (vgl. Klippel, Schmidt-Schönbein 2001: 113, Ellis 2010: 105 ff.), interessiert vielmehr, ob Kinder und Erwachsene die erste Fremdsprache auf vergleichbare Weise lernen. Im Folgenden werden daher die Lernprozesse unter unterrichtlichen Bedingungen von Grundschulkindern (vgl. Böttger 2010: 28), den ‚Young-Old' (vgl. Singleton, Ryan 2004: 211 ff.) und den Senioren ab 60 (vgl. Berndt 2003) kurz dargestellt und miteinander verglichen.

Böttger (2010: 28) beschreibt, dass Grundschulkinder altersbedingte Vorteile haben durch ihre Sprechbereitschaft, der Freude am Imitieren, der akustisch-motorisch bestimmten Art der Einprägung, der Fähigkeit zur ganzheitlichen Auffassung und der geringen Angst vor Fehlern. Nachteile haben sie durch die geringe Kapazität ihres Kurzzeitgedächtnisses und das wenig entwickelte Abstraktionsvermögen.

Berndt (2003: 190 ff.), die innerhalb der Erwachsenen die Senioren ab 60 bezüglich ihrer besonderen Voraussetzungen und Motivationen für das Fremdsprachenlernen untersucht hat, kommt zu dem Ergebnis, dass biologische Nachteile durch affektive Vorteile kompensiert werden. Grotjahn, Schlak (2010: 873) sprechen von „Reifungsprozessen", die im Gegensatz stehen zu biologischen und kognitiven Alterungsprozessen. Das passt zu den in 1.4.4 beschriebenen Befunden zu Emotion, Motivation und Lernen.

Ihre Zielgruppe überschneidet sich mit der von Singleton und Ryan (2004: 211 ff.) beschriebenen Gruppe der ‚Young-Old' (55–75), für die sie feststellen, dass sie sich nur in wenigen Aspekten von jungen Lernern unterscheiden und als Beispiel für eine Gemeinsamkeit, die Schwierigkeit nennen, sich an die Lernsituation in einem Klassenzimmer und die Lehrer-Schüler Beziehung zu gewöhnen. Hinsichtlich ihres Lernverhaltens stellen Berndt (2003: 186 ff.), Singleton und Ryan (2004: 215 f.) sogar Gemeinsamkeiten mit dem „erfolgreichen Fremdsprachenlerner" (vgl. Naiman: 1978) fest. Singleton und Ryan (2004: 217 ff.) berichten von hoher Motivation, die sehr vielschichtig sein kann, von ihrer Freude an der Abwechslung zum Alltag, und einer aktiven selbstständigen Herangehensweise an die Lernaufgabe. Die freiwillige Teilnahme an einem Sprachkurs deutet für sie auf eine aufgeschlossene Persönlichkeit hin. Berndt (2003: 153 ff.) sowie Singleton und Ryan führen weiter an, dass ältere Lerner gerne an ‚echter' Kommunikation teilnehmen.

Diese wird wie folgt definiert:

> ‚Real' communication presumably refers to using the target language to interact in ways similar to those in which one interacts in one's native language, that is to say, using the language for the sake of relationships to be maintained, business to be transacted, information to be exchanged or aesthetic pleasure to be received or given, rather than for the sake of forms to be practised (Singleton, Ryan 2004: 218 f.).

Ältere Lerner besuchen den Fremdsprachenunterricht mit dem Ziel, die Sprache in der Praxis anzuwenden (vgl. Singleton, Ryan 2004: 218 ff.). Berndt (2003: 187) hingegen stellt für die Teilnehmer (ab 60) ihrer Studie fest, dass für ältere Lerner die formalen Aspekte der Sprache sehr wichtig sind. Dazu zählt sie auch das große Bedürfnis älterer Lerner nach Fehlerkorrektur. Lerner, die nicht nur altersbedingte Defizite, sondern auch Probleme mit der Metasprache des Unterrichts haben, bilden für Berndt (2003: 160) eine besondere Zielgruppe. Zu dieser Gruppe gehören zahlreiche Erwachsene mittleren Alters innerhalb und außerhalb des betrieblichen Lernkontexts. Viele verfügen kaum über Terminologiekenntnisse und haben Probleme mit der grammatischen „Denkweise".

Die Beschreibungen zeigen Überlappungen der älteren Lerner mit den Grundschulkindern bei der hohen Sprechbereitschaft und der aktiven Herangehensweise. Auch bei der fehlenden grammatischen „Denkweise" müsste es Überschneidungen mit den Grundschulkindern geben. Möglicherweise gibt es angesichts der in Kapitel 1 geschilderten Forschungsergebnisse weitere Überschneidungen bei der ganzheitlichen Auffassung und der geringen Angst vor Fehlern sowie im Bereich der geringen Gedächtnisleistung. Diese könnte bei den Älteren auf alterskorrelierte Veränderungen der Mechanik zurückzuführen sein. Bei den Kindern kann das an noch nicht abgeschlossenen Reifungsprozessen der Mechanik liegen.

2.7 Geschlecht

Da das Englischlernen Erwachsener im betrieblichen Kontext bisher wenig erforscht ist, interessiert, ob diesbezüglich dieselben Unterschiede wie bei anderen Lernergruppen bestehen.
Im Fremdsprachenunterricht in Schulen (Schröder 1996: 5 ff.) und in amerikanischen Colleges (Payne, Lynn 2011: 434 ff.) stellte man eine höhere Motivation und besseren Lernerfolg bei Mädchen und Studentinnen fest. Auch zahlenmäßig sind Frauen beispielsweise im Fremdsprachenunterricht an Volkshochschulen stärker vertreten (vgl. Quetz 2010: 294). Bei spezifischen Themen (vgl. Kugler-Euerle 1998: 253) konnten ebenfalls Unterschiede zwischen den Geschlechtern beobachtet werden. Die Überlegenheit des weiblichen Geschlechts wird aber auch in Zweifel gezogen (vgl. Schmenk 2004, 2009, 2010, Ellis 2010: 313 ff.) und u. a. auf vorgefertigte Meinungen gegenüber dem männlichen Geschlecht zurückgeführt (vgl. Schmenk 2010: 269 f.). Das hängt möglicherweise auch damit zusammen, dass Frauen deutlich mehr Lernstrategien anwenden (vgl. Missler 1999: 157 ff.). Um der Stereotypenbildung entgegenzuwirken wird daher zwischen einer biologischen und einer soziokulturellen Dimension (Gender) unterschieden (vgl. Schmenk 2010: 272). Bei der Interpretation der Daten der Studie wird nicht nur die biologische Dimension betrachtet, es werden auch verschiedene Stereotypen überprüft (Rolle der Geschlechter innerhalb der Familie, Umgang mit dem Computer, verbale Fähigkeiten). Zusammengefasst interessiert weniger die Lernkompetenz der Geschlechter, sondern vielmehr, ob sie auf vergleichbare oder unterschiedliche Weise Englisch lernen.

2.8 Lernsituation und Lehre

Schließlich ist von Interesse, inwiefern das Englischlernen Erwachsener im betrieblichen Kontext durch den Lehrstil und die Lernbedingungen beeinflusst wird. Um Befunde zu diesen Themen besser einordnen zu können, wird nachfolgend der Forschungsstand zu diesen beiden Punkten dargelegt.
Raasch (2007: 219 f.) beschreibt die Rahmenbedingungen, unter denen Fremdsprachenunterricht für Erwachsene stattfindet, als äußerst heterogen. Zwei Faktoren, die auch für die Studie bedeutend sind, sind die Lehre und der Lernkontext:
Bei den Lehrkräften nennt Raasch (2007: 219) „[...] ausgebildete und examinierte Fremdsprachenlehrer neben Autodidakten; Technologiebewan-

derte neben Laien auf diesem Gebiet; langjährig Erfahrene neben kurzfristig Einspringenden; ‚Muttersprachler' neben ‚Fremdsprachlern' usw. [...]." Alle genannten Lehrkräfte haben ihre eigenen Lernbiographien, Einstellungen und Unterrichtspraktiken, die auf jeden einzelnen Lerner individuell einwirken. Das ist auch im betrieblichen Kontext der Fall.

Als weiteren Faktor führt Raasch (2007: 220) die Institute an, die Fremdsprachenunterricht für Erwachsene anbieten. Er nennt beispielhaft unterschiedliche Philosophien bezüglich der Durchführung des Unterrichts, der Fortbildung des Lehrkörpers, der Gruppengröße, der Angebotsstrukturen, der Lehrmaterialien. Diese Beschreibungen lassen sich auf die Firmen übertragen. Jede Firma hat ihre eigenen Vorstellungen zur fremdsprachlichen Weiterbildung ihrer Mitarbeiter.

2.9 Zusammenfassung

Bezogen auf Kapitel 1 und 2 ergibt sich folgende Forschungslage: Alle Mitarbeiter eines Unternehmens unabhängig von Alter und Bildungsstand haben die Fähigkeit, Englisch zu lernen. Sie ist individuell unterschiedlich ausgeprägt und kann durch Unterricht, z. B. durch das *Language-Awareness*-Konzept, gefördert werden. (Sprachen-)Lernen ist verbunden mit einem Lernstil, der sich durch die Anforderungen und Bedingungen der Umwelt über die Lebensspanne herausgebildet hat und mehr durch formales oder informelles Lernen geprägt sein kann. Lernstile ziehen bestimmte Verhaltensweisen und Gewohnheiten nach sich, die für das Fremdsprachenlernen nicht immer effektiv sind. Motivation und Angst sind vielschichtige dynamische Faktoren, die mit lernerinternen und lernerexternen Faktoren zusammenwirken. Befunde der Fremdsprachenforschung und Befunde der Psychologie der Lebensspanne belegen, dass Ältere besser mit Angst umgehen können als Jüngere. Beide Faktoren können durch Unterricht positiv beeinflusst werden. Englischlernen kann durch Training von Lerntechniken, die bei allen Lern- und Arbeitsprozessen innerhalb und außerhalb von Bildungsinstitutionen über das ganze Kontinuum des Lernens angewendet werden können, gefördert werden. Lernvoraussetzungen wie die Kenntnis der grammatischen Terminologie oder der phonetischen Lautschrift sind dafür nicht erforderlich. Die Forschungslage zur Lernweise der Geschlechter ist nicht eindeutig, auch wenn es viele Hinweise darauf gibt, dass Frauen motivierter Sprachen lernen. Die Lernbedingungen für das Lernen Erwachsener sind sehr unterschiedlich. Zwei wichtige Einflussfaktoren sind die Institutionen, in denen der Unterricht stattfindet, und die Lehrkräfte mit ihren Lehrstilen. Vergleiche mit anderen Altersgruppen zeigen Überschneidungen älterer Lerner mit dem Lernen von Grundschulkindern. Es gibt Hinweise auf weitere Gemeinsamkeiten bei der ganzheitlichen Auffassung und der Gedächtnisleistung.

3 Berufsbezogener Fremdsprachenunterricht

Da das Englischlernen im betrieblichen Kontext stattfindet, werden in diesem Kapitel die Zielsetzungen des berufsorientierten Fremdsprachenunterrichts dargestellt und vor dem Hintergrund der Ausführungen in Kapitel 1 und 2 betrachtet.

Der Begriff wird auf verschiedene Weise definiert: entweder als pragmatischer zweckgebundener Fremdsprachenunterricht im Sinne eines *English for Specific Purposes (ESP)* (Hutchinson & Waters: 1987) oder als *vocationally-oriented language learning* (*VOLL*-Ansatz des Europarats). Bei dem Begriff *ESP* handelt es sich nicht um ein curriculares Konzept (vgl. Funk 2007: 175), sondern er wird vielmehr als Oberbegriff für einzelne Anwendungsgebiete verstanden. Hutchinson & Waters (1987: 17) sowie Dudley-Evans & St John (2003: 5 ff.) unterteilen *ESP* in zwei Hauptgebiete: *English for Academic Purposes (EAP)*, das sich auf den akademischen Bereich bezieht und *English for Occupational Purposes (EOP)*, das sich auf Fachsprachen in der Berufswelt bezieht, wie die nachfolgende Grafik zeigt.

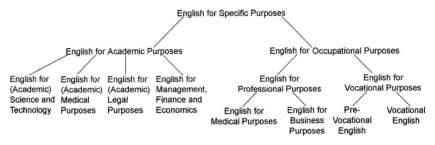

Abb. 1: ESP classification by professional area (Dudley-Evans & St John 2003: 6)

Hutchinson & Waters (1987: 17) nennen im Bereich *EOP* Beispiele wie *English for Secretaries* oder *English for Technicians*. Für den Bereich *EAP* nennen sie *English for Psychology* oder *English for Economics*.

Das *ESP*, das im betrieblichen Kontext benötigt wird, ist in den Bereich *EOP, EVP* einzuordnen. Bonk (2001: 203 f.) beschreibt Situationen aus der Chemieindustrie: Ein Chemielaborant, der in einem Forschungs- und Entwicklungslabor arbeitet, benutzt wahrscheinlich eine Fachsprache, die der reinen Naturwissenschaftssprache der Chemie sehr nahe kommt. Ein Industriemechaniker, der in einer Produktionsanlage tätig ist, benötigt einige Ausdrücke dieser Sprache, aber sein Schwerpunkt liegt bei der Fachsprache für Techniker. Bonk (2001: 203 f.) führt weiter aus, dass Fachsprache nicht nur zur Kommunikation zwischen hoch spezialisierten und qualifizierten Experten dient, sondern auch von Mitarbeitern mit unterschiedlichem Bildungsniveau und Spezialisierungsgrad (Chemiker, Ingenieur, Facharbeiter und ungelernte Arbeiter) verwendet wird. Die genannten Personen kommunizieren über eine ganze Bandbreite von Themen wie Bewertung von Forschungsergebnissen, Planung, Entwurf, Produktion, Qualitätssicherung oder Vermarktung des Endproduktes. Sie stützen sich dabei z. B. auf Laborberichte, Spezifikationen, Arbeitspläne, Handbücher, Verträge oder Normenregelungen (vgl. Bonk 2001: 204) und verwenden andere Fachsprachen, z. B. die betriebswirtschaftliche Fachsprache oder die Rechtssprache.

Die Ausführungen zeigen, wie sich personenspezifisches berufliches Erfahrungswissen (siehe 1.4.2) bei Mitarbeitern eines Unternehmens und damit auch Fachsprache durch Zusammenarbeit mit anderen über die Berufsspanne hinweg entwickelt und durch Firmenübernahmen, Umstrukturierungen, Stellen- oder Firmenwechsel und Auslandsaufenthalte weiter verfeinert wird. Die Beispiele zeigen weiterhin, dass Kommunikation im betrieblichen Kontext nur dann erfolgreich sein kann, wenn Mitarbeiter aller Ebenen eines Unternehmens sich auf ihre Gesprächspartner einstellen und z. B. den Bildungsstand, das Vorwissen zu einem Thema (siehe 1.3) und zunehmend die Nationalität ihres Gegenübers berücksichtigen können. Im Gespräch ist es daher häufig notwendig, Fachbegriffe in der Muttersprache und in der Fremdsprache für Fachfremde zu umschreiben und komplexe Sachverhalte mit Bildern oder Modellen zu veranschaulichen. Genaue Übersetzungen von Begriffen helfen dabei nicht immer weiter.

Der *VOLL*-Ansatz (*vocationally-oriented language learning*) des Europarates ist weiter gefasst und entspricht dem deutschen Begriff berufsbezogener oder berufsorientierter Fremdsprachenunterricht. Er bezeichnet „ebenfalls einen eigenständigen, thematisch und pragmatisch zweckorientierten, aber nicht berufs- oder fachspezifischen Sprachunterricht [...]" (Funk 2010a: 316). Er bildet die Schnittmenge zwischen Umgangs-, Berufs- und Fachsprachen (vgl. Funk: 2010a: 316). Er ist an kein bestimmtes Sprachniveau und keine bestimmte Schul- oder Unterrichtsform gebunden und kann Unterricht mit Jugendlichen und mit Erwachsenen jeden Alters sein (vgl. Funk 2011: 136). Je nach Spezifität der Inhalte unterscheidet Funk (2010a: 317) zwischen berufsvorbereitendem, berufsqualifizierendem und berufsbegleitendem Fremdsprachenunterricht. Alle Formen sollen Lerner auf die Bewältigung kommunikativer Situationen im Berufsalltag vorbereiten. Der in der Studie untersuchte Unterricht ist berufsbegleitend. Er findet im betrieblichen Kontext statt und soll Lerner in die Lage versetzen, aktuelle und zukünftige sprachliche Anforderungen eines Berufs oder Berufsfeldes besser zu bewältigen (vgl. Funk 2010a: 317).

3.1 Didaktische Grundlagen und Zielsetzungen

Die Lernvoraussetzungen vieler Erwachsener, die individuellen Faktoren sowie der Forschungsstand, dass Lernen im mittleren Erwachsenenalter nur erfolgreich ist, wenn trainierte Aufgaben unverändert in den Alltag übernommen werden können, führen zu der Überlegung, ob die didaktischen Grundlagen und Zielsetzungen mit den Lernern umgesetzt werden können. Funk (2007: 175) hat nachgewiesen, dass der überwiegende Teil der berufsinternen Alltagskommunikation aus sprachlichen Handlungen besteht, die weder berufs- noch berufssprachenspezifisch sind. Einen wichtigen Unterschied zur allgemeinsprachlichen Kommunikation sieht er in den „Anforderungen an Ergebnissicherung, Präzision und Verbindlichkeit der Kommunikate." Das kann mit Hilfe der sprachübergreifenden Arbeitstechniken (siehe 2.4) trainiert werden. Lerner können, z. B. auf der Basis von Notizen einen Versuch erklären, einen Arbeitsablauf beschreiben oder eine Fabrikführung durchführen.

Nach Funk (2010a: 317) ist bei der Lernzielplanung zu berücksichtigen, dass Sprache im Berufsleben stärker als in der Vergangenheit „in mündlicher und informell-schriftlicher Kommunikation" verwendet wird. Dies zeigt sich im betrieblichen Kontext in informellen Gesprächen am Arbeitsplatz mit Geschäftspartnern und Kunden oder durch den Austausch von Informationen per E-Mail oder in der Teilnahme an firmeninternen sozialen Netzwerken. Dabei müssen kurze Beiträge in Chaträumen oder Fachforen synchron oder asynchron verfasst werden und das zunehmend von Mitarbeitern aller Hierarchieebenen.

3.1.1 Kursplanung

Konkrete, persönliche oder betrieblich vorgegebene Zielvorstellungen und klare Zeitvorgaben erfordern eine genaue Kursplanung, damit Englischlernen im betrieblichen Kontext effektiv sein kann. Nach Funk (2010a: 318) orientieren sich berufsorientierte Kurse in der Regel nicht an vorgegebenen Lehrplänen. Der Unterricht ist teilnehmerorientiert und bedarfsorientiert ausgerichtet. Böttger (2009: 13f.) beschreibt Teilnehmerorientierung als Leitprinzip der allgemeinen Erwachsenenbildung. Das bedeutet, dass eine Passung zwischen Lernanforderung und Teilnehmervoraussetzung angestrebt wird. Das ist für ihn der Fall, wenn Lerner den gesamten Lernprozess mitbestimmen können, wenn die Lerninhalte in Zusammenhang mit der Lebenssituation stehen, wenn ein partnerschaftliches Verhältnis zwischen Lehrkräften und Lernern besteht, die Lehrkräfte ihre Lernbedingungen berücksichtigen, sie beraten und beim Lernen unterstützen. In vielen Berufen wurde Schreiben bisher (vor dem Aufkommen der digitalen Medien) weniger gefordert. Es ist daher weniger trainiert und kann mit Rechtschreibproblemen verbunden sein. Das wiederum kann dazu führen, dass Lerner weniger

Schreiben trainieren wollen. Wenn die Lehrkraft teilnehmerorientiert unterrichtet, weist sie die Lerner auf die zunehmenden Anforderungen an die Schreibfertigkeit hin und entwickelt sie entsprechend ihrer Lernvoraussetzungen weiter. Zur Anbahnung von Schreiben können Notizentechniken eingeübt werden.

Die Kursplanung umfasst vier Schritte: die Bedarfsanalyse, die Kursplanung, die Konzipierung und die abschließende und/oder begleitende Evaluation (Funk 2010 a: 318 f.). Die Grundlage für die Planung eines Kurses bildet die Bedarfsanalyse. Dabei werden berufsbezogene fremdsprachliche Sprachhandlungssituationen und interkultureller Bedarf erhoben. Sie erfolgt auf der Basis von Checklisten, Fragebögen, strukturierten Interviews, Tests, Beobachtungen oder in Kombination einzelner Elemente (vgl. Dudley-Evans 2003: 121 ff.). Diese Vorgehensweise entspricht den Lernvoraussetzungen Erwachsener. Im mündlichen Austausch mit den Lernern kann die Lehrkraft sich die konkrete Sprachverwendungssituationen schildern lassen. Funk (2010 a: 318) beschreibt weiter, dass die erhobenen Daten mit den Daten zu Vorkenntnissen, Lernerfahrungen, individuellen Wünschen und der jeweiligen Lernsituation in Beziehung gesetzt werden. Im nächsten Schritt werden die Lernziele unter Berücksichtigung der finanziellen, zeitlichen und personellen Ressourcen sowie der aktuellen Methodendiskussion und Theorien der Zweitsprachenerwerbsforschung festgelegt. Daran schließt sich die Konzipierung des Kurses mit der Festlegung der Kursinhalte. Diese orientieren sich mit der Auswahl der Themen, Materialien, Texte und Aktivitäten immer an den kommunikativ zu bewältigenden Sprachhandlungen am Arbeitplatz oder in der Arbeitswelt. Sie sollten in Szenarien trainiert werden, welche die vielfältigen unterschiedlichen Situationen im Berufsalltag widerspiegeln. Diese Vorgehensweise entspricht ebenfalls den Lernvoraussetzungen Ewachsener, da sie unmittelbar an ihr „Expertenwissen" anknüpft.

Die Auseinandersetzung mit dem Thema Evaluation ist für viele Erwachsene wahrscheinlich ein neues Thema, da Lernfortschritt im früheren Fremdsprachenunterricht vom Lehrer anhand von Fehlern beurteilt wurde, es heute aber eher darum geht, Stärken hervorzuheben. Das Thema Selbstevaluation kommt dem Lernstil feldunabhängiger Lerner entgegen, da sie analytisch vorgehen und ihr Lernen planen. Für feldabhängige Lerner ist es wahrscheinlich weniger interessant, da sie eher intuitiv lernen (vgl. Reid 1995: Preface) und das Planen und Bewerten des eigenen Lernprozesses nicht zu ihrem natürlichen Lernverhalten gehören (vgl. Chapelle 1995: 164). Sie benötigen dafür Anleitung und Lenkung durch die Lehrkraft (siehe 2.3).

Grundlage für die Planung und Beschreibung sind der Gemeinsame Europäische Referenzahmen (GER)[12] des Europarats (Europarat: 2001) und die kompetenzorientierten Niveaubeschreibungen (vgl. Funk 2010 a: 317). In der Broschüre *Arbeitsplatz Europa: Sprachkompetenz wird messbar.* (DIHK: 2014)

---

[12] Engl.: Common European Framework (CEF).

sind die Kompetenzbeschreibungen des GER auf die Sprachanforderungen in den Unternehmen angepasst und veröffentlicht. Auf jeder Stufe und für alle Fertigkeiten sind exemplarisch berufsbezogene und berufsübergreifende Sprachhandlungen aufgeführt, die als Richtlinie für den Fremdsprachunterricht innerhalb und außerhalb der Unternehmen gelten können (vgl. Funk 2010a: 318).

Vergleicht man die Kompetenzbeschreibungen des GER einerseits mit dem „Expertenwissen", welches Erwachsene überwiegend durch Kommunikation erworben haben (siehe 1.4.3), und andererseits mit den Situationen, in denen im Alltag Schreiben trainiert wird, dann werden ihnen Sprechen und Hören in der Fremdsprache wahrscheinlich leichter fallen als Lesen und Schreiben. Wahrscheinlich können sie aufgrund ihres Überblickswissens vergleichsweise schnell angemessen komplexe Sachverhalte und Probleme ihres Arbeitsgebiets darstellen und Lösungen anbieten, während der Lernfortschritt beim Schreiben deutlich langsamer verläuft. Der Lehrkraft kann die Einstufung eines Lerners in eine Kompetenzstufe schwer fallen, da er z. B. auf B2-Niveau sprechen, aber nur auf A2-Niveau Texte verfassen kann. Bezogen auf die Qualitätssicherung des Sprachentrainings in den Firmen bzw. die Vorbereitung auf Zertifikate, die in der Regel alle vier Fertigkeiten umfassen, benötigen Lerner zur Erreichung einer höheren Kompetenzstufe wahrscheinlich mehr Übung für das Schreiben, weil es über das Berufsleben hinweg weniger trainiert wurde (siehe 1.4.3 und 2.3).

Da Erwachsene häufig negative Erinnerungen an das Fremdsprachenlernen in der Schule haben, wird das Interesse an der Ablegung von Zertifikaten eher gering sein. Testformate wie die skalierte telc[13] Englisch A2-B1 Prüfung, die sich über zwei Kompetenzstufen des GER hinweg erstreckt, die mündliche Prüfung als Paarprüfung vorsieht und damit den Leistungsdruck verringert, ermutigen Lerner, ein Zertifikat abzulegen, um eine genaue Rückmeldung zu den einzelnen Fertigkeiten zu erhalten. Erwachsene mittleren Alters können allerdings benachteiligt sein, wenn bei der Entwicklung von Übungs- und Testmaterial alterskorrelierte Veränderungen, z. B. der Hörfähigkeit, nicht berücksichtigt werden und Lerner während des Hörens Lückentexte unter Zeitdruck vervollständigen sollen.

3.1.2 Trainingsformen

Hohe Arbeitsbelastung sowie ungünstige Lernbedingungen können weitere Hindernisse für das Englischlernen sein. In diesem Abschnitt wird daher

---

[13]   telc steht für *The European Language Certificates*. Die telc GmbH ist ein Tochterunternehmen des Deutschen Volkshochschul-Verbands e. V. und Partnerin der Bundesregierung für die Sprachprüfung, mit der Integrationskurse abschließen. Die Zertifikate aller Sprachen sind auch im Ausland staatlich anerkannt. http://www.telc.net/ (03. 06. 2015).

geprüft, ob die Trainingsformen geeignet sind, ihr Fremdsprachenlernen zu fördern.

Die Trainingsformen umfassen Gruppenunterricht, Sprachcoaching und zunehmend Einzelunterricht (Funk 2010 a: 318 f.). Funk beschreibt Einzelunterricht als den Höhepunkt der Individualisierung und Zielorientierung im Fremdsprachenunterricht, da alle Komponenten des Fremdsprachenunterrichts auf den Bedarf eines Lerners ausgerichtet werden können. Für die Lehrkraft können sich nach Funk (2010 a: 319) verschiedene Rollen ergeben. Sie kann Berater, Gesprächspartner aber auch zu informierender Laie sein. Den Lerner sieht er als Experten seines Faches, als Kunden oder Studenten. Aus diesen Rollen ergeben sich für Funk wechselnde Lernsituationen, die von der Lehrkraft Improvisationsgeschick und Flexibilität verlangen. Da Lerner und Lehrkraft in ständigem Austausch miteinander stehen, schlägt Funk (2010 a: 319) vor, „Lern-, Verarbeitungs- und Erholungszeiten einzuplanen, um die Kursstunde(n) zu strukturieren und zeitliche wie mentale Lernräume zu eröffnen." Im betrieblichen Kontext gehören Unterbrechungen zum Alltag des Fremdsprachenunterrichts. Erholungszeiten sind daher wahrscheinlich kaum möglich. Die von Funk beschriebene Rollenverteilung im Einzelunterricht kann auch für den Gruppenunterricht gelten.

Sprachcoaching ist nach Funk (2010 a: 319) ein auf eine Einzelperson oder eine Gruppe gerichteter Beratungs- und Betreuungsprozess, der unterschiedliche Anforderungen der Teilnehmer betreffen kann, zeitlich begrenzt ist und ‚Hilfe zur Selbsthilfe' sein soll. Lehrkräfte begleiten Lerner direkt am Arbeitsplatz. Sprachprobleme werden von Lernern an konkreten Beispielen aufgezeigt. Sprachsituationen werden anschließend interaktiv geübt. Funk bezeichnet Sprachcoaching auch als punktuelles bedarfsgerechtes *training on the job*. Als besondere Variante des Sprachcoaching nennt Funk (2010 a: 319) das Telefon-Coaching. Diese Trainingsform richtet sich an fortgeschrittene Lerner und zielt darauf ab, u. a. sprachliche Feinheiten zu trainieren. Alle beschriebenen Trainingsformen entsprechen den lernpsychologischen Voraussetzungen Erwachsener mittleren Alters (siehe 1.3.3), da sie an ihr „Expertenwissen" anknüpfen und trainierte Aufgaben unmittelbar am Arbeitsplatz angewendet werden können. Allerdings können wegen der alterskorrelierten Veränderungen der Hörfähigkeit Probleme beim Telefon-Coaching besonders bei Männern auftreten (siehe 1.1).

3.1.3 Arbeitstechniken und Lernstrategien

Da Lern- und Arbeitstechniken die kognitive Leistungsfähigkeit erheblich steigern können (siehe 1.4.3), wird in diesem Abschnitt analysiert, ob die Arbeitstechniken des berufsorientierten Fremdsprachenunterrichts den Lernvoraussetzungen Erwachsener entsprechen und im Unterricht trainiert werden können.

Im Mittelpunkt des berufsorientierten Fremdsprachenunterrichts stehen nach Funk (2010 b: 1150) berufsübergreifende übertragbare Schlüsselqualifikationen. Im Einzelnen nennt Funk (2010 b: 1150) den „eigenständige(n) Umgang mit Aufgaben", „Entscheidungsfähigkeit", „Kritikfähigkeit/Selbstevaluation", „Informationsverarbeitungskompetenz", „Sozialverhalten/ Teamfähigkeit" und „Interkulturelle Kompetenz", um die Lerner zu autonomen Lernen zu befähigen und auf einen mehrsprachigen beruflichen Alltag vorzubereiten. Nach Lehr (2007: 216) gehört hohe soziale Kompetenz zu den Stärken Älterer. Sie muss demnach nicht explizit trainiert werden, kann vielmehr eine gute Ausgangsbasis für das Fremdsprachenlernen Erwachsener sein. Ähnliches gilt für die „interkulturelle Kompetenz", die mit auch mit Hilfe des *Language-Awareness*-Konzepts (siehe 2.2) thematisiert werden kann. Feldabhängigen Lernern fällt der Umgang mit anderen Kulturen wahrscheinlich vergleichsweise leicht, da sie sensibel für menschliche Beziehungen sind. Dasselbe gilt wahrscheinlich für extrovertierte Lerner, die offen für soziale Kontakte sind. Das können neben dem „Expertenwissen" (siehe 1.4.2) und der Resilienz (siehe 1.4.4) weitere Erklärungen dafür sein, warum sich schon viele Mitarbeiter in Auslandseinsätzen bewährt haben. „Eigenständiger Umgang mit Aufgaben", „Entscheidungsfähigkeit", „Informationsverarbeitungskompetenz" sowie „Kritikfähigkeit/Selbstevaluation" können mit den sprachübergreifenden Arbeitstechniken (siehe 2.4) thematisiert und weiterentwickelt werden, wobei der letzte Punkt wahrscheinlich mit feldunabhängigen Lernern leichter umzusetzen ist als mit feldabhängigen Lernern (siehe 2.3).

Als Progressionsrichtlinie schlägt Funk (2010 a: 319 f.) allgemein-kommunikative Szenarien von berufsübergreifender Relevanz vor. Berufsspezifische Szenarien sollen mit Verbesserung der Sprachkompetenz zunehmen. Für den berufsbezogenen (Deutsch)unterricht auf A1-Niveau legt Funk folgende Zielsetzungen fest, die auch auf andere Fremdsprachen übertragen werden können und sich daher auch im Englischunterricht üben lassen:

- das Einziehen beruflicher Themen und Szenarien in die Sprachhandlungsplanung auf allen Stufen,
- die bewusste Vermittlung von Arbeitstechniken und Lernstrategien von besonderer beruflicher Relevanz, z. B. Umgang mit authentischen Texten, neuen Medien und großen Mengen neuen Wortschatzes,
- die Thematisierung eines beruflich frequenten, fachlich polyvalenten grundlegenden Wortschatzes schon im Anfangsunterricht (Funk 2010 b: 1147).

Nach dem Forschungsstand ist Lernen im mittleren Erwachsenenalter erfolgreich, wenn trainierte Aufgaben möglichst unverändert in den Alltag übernommen werden können (siehe 1.3.3). Das bedeutet berufsspezifische Themen und Szenarien müssten schon auf A1-Niveau Ausgangsbasis und Grundlage für den berufsbezogenen Fremdsprachenunterricht mit Erwachsenen sein. Weitere Forschungsergebnisse (vgl. Finkbeiner 2001: 121 ff., Stern, Schumacher 2004: 121 ff., Edmondson, House 2011: 192 f.) bestätigen, dass Wissen und Vorwissen (Sprachen)lernen erleichtern können. Beim Englischlernen in der Grundschule werden diese Erkenntnisse genutzt. Der Unterricht knüpft an das Wissen der Kinder an und geht von ihrer Erfahrungswelt aus.

Für die Gruppe der sprachen-, berufs- und fachübergreifenden Arbeitstechniken und Lernstrategien, die unter 2.4 in den Handlungsfeldern von Vielau (2010: 229) aufgelistet sind, nennt Funk (2007: 177) Mitschrift und Notizentechniken und die Vermittlung von globalen und selektiven Lese- und Hörstrategien. Diese Techniken entsprechen den Lernvoraussetzungen Erwachsener, da sie unverändert auch in der Muttersprache am Arbeitsplatz angewendet werden können und mit authentischen Texten vom Arbeitsplatz, aus dem Intranet der Firmen oder dem Internet geübt werden können.

Im Wortschatzbereich sollen die Lerner zum autonomen Umgang mit großen Vokabelmengen befähigt werden. Dabei geht es Funk (2010 a: 320) nicht um spezifischen Fachwortschatz, der sich aufgrund der schnellen technischen Entwicklungen immer weiter entwickelt, sondern um die Vermittlung von Erschließungsstrategien (auf Wort-, Satz- und Textebene), Wortschatzverarbeitungsstrategien, die Einführung in den Gebrauch von Nachschlagewerken (online, offline), die Erarbeitung von häufigen Redewendungen und Oberbegriffssystemen bzw. Antonymen und beruflichen Wortfeldern. Funk (2010 b: 1149) weist außerdem auf die besondere Bedeutung von Verben hin und ordnet sie den Kategorien quantitative Relationen, Definitionen, Stoff- und Produktbeschreibungen sowie Arbeitsanweisungen zu. Da vielen Erwachsenen eine grammatische „Denkweise" fehlt, können einige Lerntechniken zu Schwierigkeiten führen. Die Lerner können z. B. Probleme mit dem Erschließen auf Wortebene haben, weil ihnen das Erkennen von Vorsilben schwerfällt.

Auch im Grammatikbereich sollen die Lerner zum selbstständigen Umgang mit Sprachstrukturen befähigt werden. Dies soll erfolgen durch systematisches Training der Lernerautonomie bei der Erarbeitung von Sprachstrukturen, beim Erkennen von Strukturmerkmalen von Texten, beim Überprüfen, Verändern oder Erweitern von Regel-Hypothesen und bei berufssprachlich häufig vorkommenden Strukturen und Routineformeln (vgl. Funk 2010 a: 320). Beim Grammatiklernen haben viele Lerner aufgrund einer fehlenden grammatischen „Denkweise" wahrscheinlich ähnliche Probleme wie bei der Wortschatzarbeit. Die analytische Vorgehensweise bei der Erarbeitung von Wortschatz und Grammatik kommt der Denkweise feldunabhängiger Lerner entgegen. Feldabhängigen und älteren Lernern, die eher global orientiert sind, wird analytisches Denken schwerer fallen (siehe 2.3). Es kann aber z. B. durch das Anfertigen von Notizen gefördert werden (vgl. Solmecke 1997: 49). Für Funk (2007: 177) steht nicht grammatische

Terminologie im Mittelpunkt des Unterrichts, sondern die Entwicklung des Lerners selbst. Er weist darauf hin, dass die Bewusstmachung von Strukturen nur dann sinnvoll ist, wenn sie gehäuft in beruflichen Situationen vorkommen (vgl. Funk 2010 a: 320). Diese Ausführungen zeigen, dass Funk wie Vielau (2011: 19 f.) davon ausgehen, dass Terminologiekenntnisse für das Erlernen von Grammatik nur bedingt notwendig sind (siehe 2.4). Hier ist eine Verbindung zum _Language-Awareness_-Konzept (siehe 2.2) zu sehen. Es ist ganzheitlich angelegt und sowohl für feldabhängige als auch für feldunabhängige Lerner geeignet.

3.2 Trainerinnen und Trainer

Schließlich stellt sich die Frage, welche Kompetenzen eine Fremdsprachenlehrkraft im betrieblichen Kontext haben muss, um Mitarbeiter in den Betrieben berufsorientiert unterrichten zu können.

Nach Funk (2011: 137) stellen die Ziele und Kontexte des berufsorientierten Fremdsprachenunterrichts im Vergleich zum Fremdsprachenunterricht in der Schule erhöhte Anforderungen an die Kompetenz der Lehrkräfte, welche durch die Lehrerbildungscurricula der Universitäten nicht ausreichend abgedeckt werden. Für die erhöhten Anforderungen nennt Funk (2011: 144) als Beispiel die Methodenkompetenz. Er argumentiert, dass selten mit einem vorgefertigten Lehrwerk gearbeitet werden kann und Material und Methoden auf jede einzelne Lernergruppe neu ausgerichtet werden müssen. Bei vielen Erwachsenen kommt hinzu, das Verlagsmaterial, das eine grammatische „Denkweise" erfordert, kaum bewältigt werden kann. Bei Älteren können außerdem Probleme bei Hörübungen und bei der Gestaltung der Vokabelteile auftreten. Um die Lehrkräfte bewusst von den Lehrern in der Schule abzugrenzen, werden sie im betrieblichen Kontext als Trainerinnen und Trainer bezeichnet (vgl. Funk 2011: 137).[14] ERFA Wirtschaft Sprache[15] hat die „ERFA-Qualitätskriterien – Referenzrahmen für Trainerinnen und Trainer" festgelegt, welche eine Richtlinie für Unternehmen und Lehrkräfte darstellen. Dieses Kompetenzprofil umfasst fünf Bereiche, die auf der Internetseite von ERFA Wirtschaft Sprache detailliert und an dieser Stelle im Überblick (Überschriften) dargestellt werden:

Formale Qualifikationen
– Studium
– Im Beruf erworbene Qualifikation/Berufserfahrung

---

[14] Aus Gründen der Lesbarkeit werden sie in diesem Buch als Lehrkäfte bezeichnet.
[15] Das ist ein Zusammenschluss von Wirtschaftsunternehmen zum Erfahrungsaustausch über die betriebliche Fremdsprachenqualifizierung,

Fachkompetenz
- Sprachwissenschaftliches Wissen
- CEF-Umsetzung
- Konzeption, Planung von Trainingsmaßnahmen
- Prüfungen/Zertifikate
- E-Learning/Blended Learning

Methodenkompetenz
- Materialerstellung
- Methodenauswahl
- Evaluationskompetenz/Testen

Sozialkompetenz

Personalkompetenz/Selbstkompetenz

Die Bereiche bilden wichtige Kompetenzen ab, um die in diesem Kapitel dargestellten sprachwissenschaftlichen Zielsetzungen des berufsorientierten Fremdsprachenunterrichts umsetzen zu können.

3.3 Zusammenfassung

Da Erwachsene nach dem Forschungsstand sehr gut Fremdsprachen lernen können, wenn die trainierten Aufgaben unverändert in den Alltag übernommen werden können, sollten reale Themen aus ihren Arbeits- und Interessengebieten auf allen Lernstufen Grundlage für das Fremdsprachenlernen sein. Die bewusste Vermittlung von sprachen-, berufs- und fachübergreifenden Arbeitstechniken und Lernstrategien (globale Lese- und Hörstrategien, der Umgang mit neuen Medien, Mitschrift und Notizentechniken) entspricht den Lernvoraussetzungen Erwachsener, da sie nach dem Forschungsstand unverändert im Privat- und Berufsleben eingesetzt werden können. Globale und selektive Lese- und Hörstrategien auf der Basis authentischer Texte ermöglichen Erwachsenen, Vorwissen einzubringen und Inhalte global zu erfassen. Mitschrift und Notizentechniken können analytisches Denken fördern. Sie können Ergebnisse sichern und externale Hilfen beim Abrufen von Informationen aus dem Gedächtnis sein. Außerdem können sie mit allen Fertigkeiten (Sprechen, Hören, Lesen, Schreiben) verbunden werden. Da soziale Kompetenz zu den Stärken Älterer gehört, kann sie Ausgangsbasis für das Englischlernen Erwachsener im betrieblichen Kontext sein. Die Lern- und Arbeitstechniken für den Umgang mit Wortschatz und Grammatik dagegen erfordern teilweise eine grammatische „Denkweise", die vielen Lernern fehlt und daher den Rückgriff auf das *Language-Awareness*-Konzept nahelegt. Auch Selbstevaluation ist für viele Erwachsene ein neues Thema. Das erfordert Fachkompetenz der Lehrkraft im

Bereich der CEF-Umsetzung sowie der Prüfungen und Zertifikate. Dabei können Ältere aufgrund alterskorrelierter Veränderungen, z. B. bei Hörübungen, gegenüber Jüngeren benachteiligt sein.

Teil II: Empirische Untersuchung

4 Erkenntnisinteresse

In den vorangegangenen Kapiteln wurden die alterskorrelierten Entwicklungen über die Lebensspanne sowie Beispiele zum Lernverhalten Erwachsener innerhalb und außerhalb von Unternehmen dargestellt und mit den individuellen Faktoren und den Zielsetzungen des berufsorientierten Fremdsprachenunterrichts in Beziehung gesetzt. Ziel der empirischen Untersuchung ist, das Sprachlernverhalten Erwachsener im betrieblichen Kontext zu beschreiben und auf der Basis der theoretischen Ausführungen Erklärungen dafür herauszuarbeiten, um Handlungsempfehlungen für den Unterricht zu geben.

Zunächst interessiert, wie sich die Verteilung der Geschlechter und der Altersgruppen darstellt. Von besonderem Interesse ist, in welchem Verhältnis das formal erworbene zum informell erworbenen Wissen steht, welche Erinnerungen die Lerner an das Englischlernen in der Schule haben und wie Lernerfahrungen aus beiden Kontexten auf das gegenwärtige Englischlernen einwirken.

Des Weiteren wird untersucht, mit welcher Motivation und welchen Einstellungen zum Englischlernen und zum Lernen die Mitarbeiter den Unterricht aufnehmen, wie diese sich im Kursverlauf entwickeln, welche Faktoren die Motivation und motivationales Handeln beeinflussen und wie sich das auf den Lernfortschritt auswirkt. Weiterhin wird geprüft, mit welchen Überzeugungen, z. B. Altersbildern, die Lerner den Unterricht aufnehmen, wie sie mit Angst umgehen und wie sich das auf ihr Lernverhalten auswirkt. Dafür ist der Blick vor allem auf die soziale Angst, d. h. die Angst vor negativer Bewertung, gerichtet. Das betrifft das Lernen in der Lerngruppe und die Anwendung der Fremdsprache im Alltag.

Weiterhin wird die Lernsituation näher betrachtet. Das beinhaltet z. B. die Angebotsstrukturen, die Lerngruppengröße und die Lernkulturen der Unternehmen. In diesem Zusammenhang interessiert auch, ob im betrieblichen Kontext immer von demselben Lernbegriff ausgegangen wird. Zur Feststellung des Lernstils werden Verhaltensweisen und Lerngewohnheiten erfragt und mit den Daten zur Lernbiographie, lernerinternen Faktoren (Lernstufe, Alter, Geschlecht) und lernerexternen Faktoren (Weiterbildungsphilosophie und Lernkulturen der Firmen, Kursformen, Lehrstil, Lernaufgaben und Lernmaterial) in Beziehung gesetzt. Die Verhaltensweisen und Gewohnheiten werden auf der Basis der sechs Aspekte des Lernstils (siehe 2.3) überprüft, um genauere Aussagen zum Lernstil treffen zu können. Dabei werden die Beobachtungen von Lehr (siehe 1.4.2), welche vor allem die Herangehensweise Älterer an Aufgaben beschreiben, mit einbezogen.

Ein weiterer Schwerpunkt ist der Umgang der Lerner mit Lernmaterial. Dabei interessiert, wie die Lerner mit Lehrwerken arbeiten und welche Schwierigkeiten dabei auftreten. Da Wissen Fremdsprachenlernen erleichtern kann, wird geprüft, ob die Lerner gerne mit „echtem" Material arbeiten, was genau sie darunter verstehen und ab welcher Lernstufe sie gerne damit arbeiten möchten.

Außerdem wird untersucht, ob der Lehrstil dem Lernstil der Lerner entspricht. Dafür wird u. a. analysiert, ob von Anfang an mit „echtem" Material gearbeitet wird, so wie es nach dem Forschungsstand am effektivsten für die Lerner ist, oder ob zuerst Grundkenntnisse in Englisch vermittelt werden.

Schließlich ist von Interesse, ob sich die Überlegungen zu den Überschneidungen mit dem Lernverhalten anderer Lernergruppen bestätigen. Dabei steht der Vergleich mit den Grundschulkindern im Mittelpunkt, weil diese den Fremdsprachenunterricht in der ersten Fremdsprache mit vergleichbaren Voraussetzungen aufnehmen.

5 Forschungsdesign

Die Durchführung einer wissenschaftlichen Studie im betrieblichen Kontext erfordert eine sensible Herangehensweise, denn jede Firma hat ihre eigene Philosophie bezüglich des Fremdsprachenlernens ihrer Mitarbeiter, eine firmenspezifische Lernkultur und individuell unterschiedliche Lernbedingungen. Darüber hinaus müssen Datenschutzbestimmungen eingehalten werden. Ein weiterer wichtiger Aspekt war der Umgang mit den Lehrkräften, die in der Regel freiberuflich tätig sind und im Wettbewerb zueinander stehen. Schließlich erforderte der Untersuchungsgegenstand selbst eine sorgfältige Vorgehensweise, da Lerngewohnheiten und Alltagstheorien sowie die Kreativität der Lerner beim Englischlernen erfasst werden sollten.

Die Betrachtung dieser Aspekte führte zu der Überlegung, dass eine wissenschaftliche Untersuchung im betrieblichen Kontext nur dann gewinnbringend sein kann, wenn die Vorgehensweise offen und transparent ist, sich den Gegebenheiten flexibel anpasst und jeder Schritt für alle Beteiligten nachvollziehbar ist. In Absprache mit den Sprachbeauftragten wurde auf die Untersuchung von Einzelunterrichten und Hospitation verzichtet. Die Anwesenheit einer Beobachterin im Unterricht hätte zu einer unnatürlichen Unterrichtssituation geführt und Beobachtungsergebnisse hätten nicht der Realität entsprochen. Um Abstand zum Forschungsfeld zu halten, größtmögliche Objektivität der Daten zu erzielen und ihre Reliabilität zu gewährleisten, wurden eigene Kurse von der Untersuchung ausgeschlossen und die statistische Auswertung des Fragebogens einem neutralen Diplom Soziologen übertragen.

In den nachfolgenden Abschnitten wird die Vorgehensweise im Überblick beschrieben. Sie gibt Einblick in die hohe Komplexität des betrieblichen Lernkontexts.

5.1 Probanden

Die Probandengruppe setzt sich zusammen aus Mitarbeitern von drei Firmen, zwei Unternehmen der Chemieindustrie und einem Unternehmen der Metallindustrie. Alle drei Unternehmen sind Global Player und weltweit tätig. Sie haben interne für Sprachentraining zuständige Ansprechpartner und arbeiten mit Sprachschulen und freiberuflichen Lehrkräften zusammen. In einer Firma ist die Fremdsprachenausbildung ausgegliedert. Zum Zeitpukt der Untersuchung wurde sie überwiegend von einer Sprachschule abgedeckt. Die Sprachschule sowie die beiden Chemieunternehmen gehören ERFA Wirtschaft Sprache an.

Firma A stellt zahlenmäßig die größte Gruppe der Befragten. Sie lernen in abteilungsbezogenen und abteilungsübergreifenden Kursen und sind in der Studie mit vier Lernergruppen der Lernstufen A1 und A2 vertreten. Bei den abteilungsbezogenen Kursen kommen die Teilnehmer aus derselben Abteilung, haben denselben beruflichen Hintergrund und in etwa dieselbe sprachliche Situation, die sie bewältigen müssen. Darüber hinaus wird versucht, gleiche Lernstufen in einem Kurs zusammenzuführen. Die abteilungsübergreifenden Kurse setzen sich aus Teilnehmern unterschiedlicher Abteilungen und Bereiche zusammen. Der berufliche Hintergrund ist verschieden, die Lernstufe gleich. Lerninhalt dieser Kurse ist Geschäftsenglisch.

Die Lernstufe wird mit einem von Firma A selbst entwickelten Online-Einstufungstest ermittelt, der auf die Bedürfnisse des Unternehmens angepasst ist, und durch ein Telefoninterview ergänzt wird. Firma A hat eigene Lernstufen festgelegt und beschrieben und für die Studie mit dem Gemeinsamen Europäischen Referenzrahmen vergleichbar gemacht.

Bei der Zusammenstellung der Probandengruppe wurde darauf geachtet, dass viele Bereiche des Unternehmens und damit viele Berufsgruppen, beide Lernstufen und Kursformen in der Studie vertreten sind, um eine möglichst repräsentative Auswahl an Probanden zu stellen. Ferner sollten Sprachschulen und Einzellehrkräfte in einem ausgewogenen Verhältnis zueinander stehen, so wie es der Unternehmensphilosophie entspricht.

Zu Beginn eines Kurses werden mit den Lernern Kursziele festgelegt. Gegen Ende wird ein Kursbericht erstellt. Nach Abschluss des Kurses werden die vermittelten Kursinhalte und die Lehrkraft in einem elektronisch verschickten Feedbackbogen bewertet.

Die Lerner aus Firma B werden ebenfalls nach den Lernstufen A1 und A2 unterschieden und sind mit zwei Gruppen in der Studie vertreten. Die Kurse werden auf unterschiedliche Weise gebildet. Im ersten Fall kommen die Lerner aus derselben Abteilung, haben denselben beruflichen Hintergrund und in etwa dieselbe sprachliche Situation, die sie bewältigen müssen. Wie in Firma A wird versucht, gleiche Lernstufen in einem Kurs zusammenzuführen. Im zweiten Fall kommen die Lerner aus allen Einheiten und Bereichen, ihr beruflicher Hintergrund ist verschieden, die Lernstufe gleich. Im dritten Fall erhält ein Mitarbeiter Einzelunterricht, bis er das Niveau des für ihn vorgesehen Kurses erreicht hat. Wenn die Anforderungen sehr spezifisch sind und er keinem Kurs zugeordnet werden kann, erhält er Einzelunterricht, wobei die Grenzen zwischen den beiden Situationen fließend sind.

Die Einstufung der Lerner erfolgt durch ein mündliches 15-minütiges Interview mit dem Leiter der Sprachschule. Bei diesem Termin wird auch eine Bedarfsanalyse durchgeführt. Am Ende jeden Kurses erstellt die Lehrkraft einen Kursbericht.

Bei der Zusammenstellung der Probandengruppe wurde ebenfalls darauf geachtet, dass viele Berufsgruppen und viele Bereiche der Firma vertreten

sind, um eine repräsentative Auswahl an Probanden in die Studie einzubringen.

Firma C stellt A1 und A2 Lerner aus *Customizer*-Kursen und zwei Blended-
Learning-Kursen und ist mit zwei Gruppen in der Studie vertreten. In den
Customizer-Kursen haben die Lerner dieselbe Lernstufe und müssen dieselbe
sprachliche Situation bewältigen. Sie setzen sich zusammen entweder aus
Mitarbeitern derselben Abteilung oder aus Mitarbeitern verschiedener Berei-
che mit vergleichbarer beruflicher Situation wie z. B. Personalsachbearbeiter.
Die zweite Gruppe umfasst Lerner gleicher Lernstufe verschiedener Abtei-
lungen mit unterschiedlichem beruflichem Hintergrund. Das Lernziel dieser
Kurse ist *Business English*. Die Durchführung erfolgt als Blended-Learning-
Kurs, in dem mit der Sprachlernplattform von *Digital Publishing* gearbeitet
wird.

Die Einstufung der Lerner bei Firma C erfolgt durch den Online-Einstufungstest der Firma *Digital Publishing*; die Blended-Learning-Kurse werden auch mit dem Abschlusstest der Sprachlernplattform beendet. Zu Beginn
eines Kurses werden gemeinsam mit der Lehrkraft Kursziele festgelegt. Am
Ende des Kurses wird ein Kursbericht erstellt.

5.2 Durchführung der Studie

5.2.1 Fragebogen

Die Datenerhebung wurde Anfang 2010 durchgeführt. Insgesamt wurden 240
(von 260) Fragebögen ausgefüllt und 71 Kurse befragt, die von 21 Lehrkräften
unterrichtet werden. Das ist eine Rücklaufquote von über 92 %. Das für die
Lehrkräfte entwickelte Datenblatt, mit dem Daten zu ihrer Aus- und Weiterbildung abgefragt wurden, wurde von allen 21 Lehrkräften ausgefüllt. Der
Fragebogen umfasste 65 Fragen, ist untergliedert in die Teilbereiche demografische Daten, Lerngeschichte, Motive, Lernbedingungen, Lehrmaterial,
Unterricht und Selbsteinschätzung und wurde mit zwei Lehrkräften Englisch, einer Lehrkraft Spanisch und dem ehemaligen Leiter der Sprachaus-
bildung, Firma D, diskutiert und validiert. Anschließend wurde er den
Firmen zur Genehmigung vorgelegt.

Nach der Genehmigung und der Pilotierung des Fragebogens erfolgte die
Kontaktaufnahme zu den Lehrkräften (Einzellehrkräfte und Sprachschulen)
in allen Firmen über die Sprachbeauftragten.

Im Austausch mit den Lehrkräften und in Abstimmung mit der Sprachbeauftragten in Firma A wurde der Fragebogen im Unterricht und nicht
online ausgefüllt. Wegen möglicher unregelmäßiger Teilnahme sollte er
einmalig im Unterricht ausgeteilt werden, auch um den weiteren Unterrichtsablauf nicht zu stören. Das Ausfüllen sollte auch als Anregung gesehen
werden, über den eigenen Lernprozess nachzudenken. Die Bilanz der Lehr-

kräfte war, dass die meisten Lerner offen und positiv auf den Fragebogen reagierten und teilweise die Gelegenheit nutzten, in der Gruppe über ihr Lernen zu diskutieren.

Nach Beendigung der Datenerhebung durch den Fragebogen erfolgte ein Kurzbericht über den Verlauf in einem persönlichen Treffen mit den firmeninternen Ansprechpartnern, bei dem auch über die weitere Vorgehensweise im Forschungsprojekt informiert wurde.

Die Vorgehensweise in Firma B war dieselbe wie in Firma A. Nach Beendigung der Befragung in Firma B wurden ebenfalls persönliche Feedbackgespräche mit den Ansprechpartnern über den Verlauf der Datenerhebung geführt. Die Lerner reagierten genau so offen und positiv auf den Fragebogen wie in Firma A.

In Firma C wurde die Erhebung teilweise im Unterricht, teilweise online von der für Sprachentraining zuständigen Ansprechpartnerin durchgeführt. Auch in dieser Firma wurde die Fragebogenerhebung mit einem persönlichen Gespräch über den Verlauf abgeschlossen.

5.2.2 Lerner- und Lehrkraftinterviews

Im Sommer 2010 wurden dreizehn Lerner- und sieben Lehrkraftinterviews durchgeführt. Auf der Basis der aus der Auswertung des Fragebogens gewonnenen Erkenntnisse und den Rückmeldungen der Lehrkräfte wurde ein halb-strukturierter Interviewleitfaden entwickelt, welcher nach Prüfung durch die Firmen mit einigen Probanden pilotiert wurde. Alle drei Firmen genehmigten die Interviewleitfäden und die Aufzeichnung bzw. die Protokollierung der Interviews.

Bei der Zusammenstellung der Interviewpartner wurde entsprechend der Grundgesamtheit der Stichprobe auf eine ausgewogene Verteilung bezüglich Alter, Geschlecht, Firmen, Kursformen, Lernstufen und Lernsituationen, z. B. Schichtarbeit, geachtet, um einen möglichst tiefen Einblick in die Vielfältigkeit des Lernens im betrieblichen Kontext zu erhalten. Die Auswahl der Interviewpartner erfolgte durch die von der Forscherin angesprochenen Lehrkräfte. Auf Wunsch der Forscherin waren es mehr Personen als interviewt werden konnten. Sie wurden nach dem Zufallsprinzip angerufen und telefonisch über Ziele und Ablauf des Interviews informiert. Die Interviews fanden am Arbeitsplatz oder in den Räumen der Weiterbildung statt.

Der Interviewleitfaden für die Lehrkräfte war ebenfalls halb-strukturiert und wurde ebenfalls den Ansprechpartnern in den Firmen zugeleitet. Anschließend wurde er mit einer erfahrenen und einer weniger erfahrenen Lehrkraft pilotiert.

Die Auswahl der Interviewpartner erfolgte wie bei den Lernern entsprechend der Grundgesamtheit der Stichprobe. Es sollten alle Firmen und Kursformen vertreten sein, erfahrene und weniger erfahrene Lehrkräfte, Muttersprachler und Nicht-Muttersprachler und beide Geschlechter interviewt werden, um auch aus der Perspektive der Lehrkräfte ein breites Spektrum an Sichtweisen abzudecken. Alle Interviews wurden auf Audio-datei aufgenommen und wörtlich niedergeschrieben.

5.3 Auswertung

5.3.1 Fragebogen

Die Datenerfassung in SPSS (Programm zur statistischen Datenanalyse) erfolgte durch die Forscherin selbst. Dadurch konnten erste Erkenntnisse über die Art, wie der Fragebogen ausgefüllt wurde, gewonnen werden, z. B. unbeantwortete Fragen, Umfang der offenen Antworten, Orthographie oder Ausdrucksfähigkeit. Eine große Anzahl von Probanden hatte den Fragebogen sehr sorgfältig und vor allem ehrlich ausgefüllt.

Die zahlenmäßige Auswertung des Fragebogens wurde von dem Diplom Soziologen durchgeführt, der Messwerte entsprechend der Zielsetzungen nach den Vorgaben der Forscherin miteinander oder mit neuen Variablen wie z. B. Lernstufe oder Kursform in Beziehung setzte. In der Diskussion über die Einzelergebnisse war immer der Blick aus einem anderen Fachgebiet auf das Datenmaterial gewährleistet. Das half, Abstand zum Forschungsfeld zu halten und andere Sichtweisen auf den Untersuchungsgegenstand zu berück-sichtigen.

5.3.2 Lerner- und Lehrkraftinterviews

Die Auswertung der Interviews erfolgte mittels quantitativer Inhaltsanalyse in Anlehnung an Lamnek (2005: 405 ff.) in mehreren Schritten. Nach dieser Methode wurden die Aussagen aller Interviewpartner zu verschiedenen Themen miteinander verglichen. Ziel war, Grundtendenzen des Lernver-haltens herauszuarbeiten.

Alle Interviews wurden transkribiert, um die Ausdrucksfähigkeit der Lerner in ihrer Muttersprache im Blick zu haben und das Material für weitere Analysen offen zu halten. Anschließend wurden die Interviews zerlegt, die angesprochenen Themen zu Kernaussagen zusammengefasst und in der Reihenfolge der Fragen im Interviewleitfaden sortiert. Dann wurden die interviewten Lerner unter Angabe von Kursart, Lernstufe, Firma, Alter und Beruf in acht Kurse, z. B. Kurs 1, Kurs 2, etc. eingeteilt. Da in einigen Fällen zwei Lerner auch in Wirklichkeit zusammen in einem Kurs lernen, war es möglich, einen Einblick aus verschiedenen Lernerperspektiven in die Unter-richtsrealiät zu erhalten. Die Lehrkräfte wurden unter Angabe des Alters, Geschlechts und der Muttersprache mit Nummern versehen. Danach wurden die Kernaussagen aus den Lerner- und Lehrkraftinterviews herausgelöst und in zwei Tabellen (Lerner und Lehrkräfte) eingetragen. Jedes für die Zielsetzungen der Studie relevante Thema wurde aus der Sicht der Lehrkräfte und aus Sicht der Lerner beleuchtet. Mit Hilfe dieser Vorgehensweise sollte durch den Vergleich subjektiver Meinungen zu einem Thema höchstmögliche Objektivität erzeugt und die Gefahr der einseitigen Interpretation durch die Forscherin gemindert werden.

Es folgte die Zusammenführung der Fragebogenauswertung mit der Auswertung der Interviews zu einem Forschungsbericht, anschließend die Analyse mit Hilfe der Literatur. Die Hauptbefunde werden im nachfolgenden Teil III dargestellt und durch Tipps für den Unterricht ergänzt.

Teil III: Darstellung der Hauptbefunde

Alle Ergebnisse, die in diesem Teil dargestellt werden, beziehen sich auf die Fragen des Fragebogens, des Datenblatts für Lehrkräfte und weiterer präzisierender Nachfragen durch die in Kapitel 5 beschriebenen Forschungsmethoden.

6 Demografische Daten

Um einen Überblick über die Zusammensetzung der Probandengruppe zu erhalten, wurden Angaben zur Person und zur Lerngeschichte erhoben.

6.1 Alter

Die am häufigsten belegte Altersgruppe bilden die 36–50-Jährigen mit einem Prozentsatz von 60 %, gefolgt von den über 50-Jährigen, denen jeder Vierte angehört. Die jungen Erwachsenen sind schwächer vertreten. Sie umfassen insgesamt nur 15 % aller Teilnehmer (siehe Abb. 2).

Gemäß der Psychologie der Lebensspanne gehört die Mehrheit der Befragten dem mittleren Erwachsenenalter (35–65) an, der Gruppe, die nach dem 6. Altenbericht (2010: VIII) in vielen Unternehmen besonders stark vertreten ist. Gemäß der OECD Definition (siehe Einleitung) kann ein Großteil der Lerner als „ältere Mitarbeiter" bezeichnet werden. Die Verteilung der Englischlerner über alle Altersklassen hinweg deutet darauf hin, dass die englische Sprache inzwischen in fast alle Bereiche vorgedrungen ist und es kaum Möglichkeiten gibt ihr auszuweichen und vor allem ältere

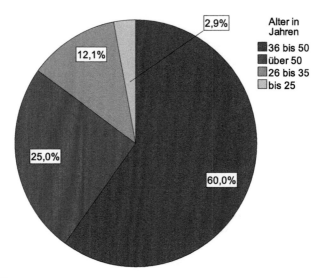

Abb. 2: Alter

Mitarbeiter Nachholbedarf haben. Die geringe Anzahl von Englischlernern in der Altersklasse bis 25 zielt auf die Annahme, dass heute in allen Schultypen zumindest Basiskenntnisse in der englischen Sprache vermittelt werden. Der Faktor Alter hat einige Zusammenhänge hervorgebracht, die in den entsprechenden Kapiteln dieses Buchs genauer betrachtet werden.

6.2 Geschlecht

Die Auswertung ergab, dass zwei Drittel der Untersuchungsteilnehmer männlich sind. Nur ein Drittel der Befragten sind Frauen. Diese Geschlechterverteilung ist auf die Struktur der drei an der Studie beteiligten Unternehmen zurückzuführen. Da zwei Unternehmen der Chemieindustrie und ein Unternehmen der Metallindustrie angehören, überwiegen die technisch orientierten Berufe, die traditionell von Männern ausgeübt werden. An den Volkshochschulen ist das Verhältnis umgekehrt (vgl. Quetz 2010: 294). Dort lernen mehr Frauen als Männer Fremdsprachen, was möglicherweise darauf zurückzuführen ist, dass Frauen häufig Teilzeit arbeiten und das Angebot der Volkshochschulen eher wahrnehmen können oder der Besuch eines Kurses in der Freizeit mit einer höheren Motivation zusammenhängt, Englisch zu lernen. Auch der Faktor Geschlecht hat einige Zusammenhänge hervorgebracht, die in den entsprechenden Kapiteln dieses Buchs näher betrachtet werden.

6.3 Muttersprache

Die meisten Befragten gaben Deutsch als Muttersprache an. 19 Lerner haben einen Migrationshintergrund. Russisch, Polnisch und Türkisch wurden am häufigsten als Muttersprache genannt.

6.4 Schulabschluss

Alle Befragten haben einen Schulabschluss erworben. 44 % besuchten die Hauptschule, 48 % der Lerner die Realschule. 43 % dieser Lerner haben auch die Berufsschule besucht. Auf dem Gymnasium waren nur 8 % aller Befragten, eine Fachhochschule haben 7 % und eine Hochschule 2 % durchlaufen. Rund ein Viertel der Teilnehmer haben in den offenen Antworten noch weitere Abschlüsse angegeben. Dabei dominieren technische und handwerkliche Abschlüsse. Das sind dieselben schulischen Voraussetzungen wie die von Lernern anderer Studien (vgl. Düker, Spekker, Vielau 1985: 283, Böttger 1992: 162 f., Quetz 1992: 78 ff., Morfeld 1997: 115) an Volkshochschulen und im betrieblichen Kontext (vgl. Böttger 2009: 17). Diese Lerner scheinen damit eine größere Gruppe des Erwachsenenunterrichts Englisch zu bilden.

6.5 Beruf

Danach wurden die Teilnehmer nach ihrer ausgeübten Tätigkeit befragt. Diese Beschreibungen wurden nach der Klassifizierung der Berufe 1992 (vgl. Statistisches Bundesamt Wiesbaden: 1992) eingeteilt und in Abb. 3 zusammengefasst.

Den größten Anteil machen technische Berufe aus. Dazu zählen auch Büroberufe, die in den technischen Bereich fallen. Laboranten zählen hier zu den technischen Sonderfachkräften, Assistenten zu den übrigen Gesundheitsberufen. Rechnungskaufleute und Informatiker umfassen den Bereich Buchhaltung, aber auch sämtliche Berufe, die erst mit der zunehmenden Ausstattung von Unternehmen mit Netzwerken und Computern entstanden sind. Die Verteilung der Lerner über alle Bereiche hinweg zeigt, dass es einen Bedarf an fremdsprachlicher Weiterbildung in allen Berufsgruppen und auf allen Hierarchieebenen gibt. Der Befund korreliert mit der Altersstruktur (siehe 6.1). Daraus kann geschlossen werden, dass heute auch in Berufen Englisch benötigt wird, in denen dies früher nicht der Fall war. Die Aufgaben sind anspruchsvoller geworden (siehe Einleitung).

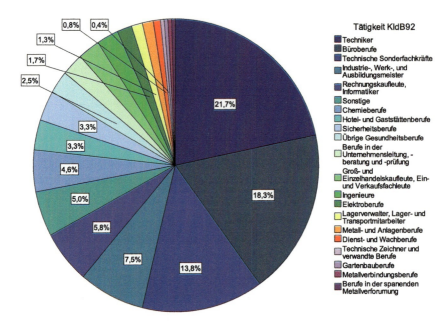

Tätigkeit KldB92

- Techniker
- Büroberufe
- Technische Sonderfachkräfte
- Industrie-, Werk-, und Ausbildungsmeister
- Rechnungskaufleute, Informatiker
- Sonstige
- Chemieberufe
- Hotel- und Gaststättenberufe
- Sicherheitsberufe
- Übrige Gesundheitsberufe
- Berufe in der Unternehmensleitung, -beratung und -prüfung
- Groß- und Einzelhandelskaufleute, Ein- und Verkaufsfachleute
- Ingenieure
- Elektroberufe
- Lagerverwalter, Lager- und Transportmitarbeiter
- Metall- und Anlagenberufe
- Dienst- und Wachberufe
- Technische Zeichner und verwandte Berufe
- Gartenbauberufe
- Metallverbindungsberufe
- Berufe in der spanenden Metallverformung

Abb. 3: Tätigkeiten der Befragten

6.6 Früherer Englischunterricht

Im Anschluss daran wurden die Probanden zu ihrer bisherigen Lerngeschichte befragt.

Letzter Unterricht

Unter den Befragten sind 19 Erstlerner, die in ihrem Leben noch keinen Sprachkurs für Englisch besucht haben. Von diesen 19 Personen gehören 14 zu der Altersgruppe der über 50-Jährigen. Das kann darin begründet sein, dass Englisch als Schulfach an Haupt- und Realschule erst seit 1964 ab der 5. Klasse Pflicht ist und eine zweite Fremdsprache an der Realschule Wahl- oder Wahlpflichtfach ist (vgl. Christ, de Cilla 2007: 78). Die Lebenswelt verändert sich. Die Lehrpläne in den Schulen werden den veränderten Bedingungen immer wieder neu angepasst. Heute wird bereits in der Grundschule Englisch gelernt.

Für die weitere Auswertung des früheren Sprachunterrichts wurde nur der zuletzt absolvierte Kurs in den Analysen berücksichtigt. 57 % der Befragten hatten ihren letzten Unterricht in der Schulzeit. 16 % der Befragten gaben die Berufsschule als letzten Englischunterricht an. Die übrigen Befragten haben einen anderen letzten Unterricht in englischer Sprache besucht.

Dieser Sprachunterricht geht bei den meisten Personen auf den Abschluss als Techniker zurück, gefolgt von der VHS und dem Studium.

Dauer

Der Schulunterricht dauerte etwa fünf Jahre (Realschulabschluss), der Berufsschulunterricht knapp drei Jahre (Berufsausbildung 2,5 – 3,5 Jahre) und der andere Unterricht gut zwei Jahre. Die kurze Dauer und die unterschiedliche Intensität des früheren Englischunterrichts deuten auf eine geringe Nachhaltigkeit der Englischkenntnisse hin.

Lernabstand

Hinzu kommt der große Lernabstand. Der Unterricht liegt bei den Schülern im Durchschnitt 26 Jahre zurück, bei den Berufsschülern sind es noch fast 15 Jahre und bei dem anderen Unterricht 12 Jahre. Der Schulunterricht liegt bei den Lernern maximal 42 Jahre zurück, 40 Jahre bei den Berufsschülern und 25 Jahre bei dem anderen Unterricht. Der große Lernabstand ist gleichzusetzen mit der Berufserfahrung, die sie in dieser Zeit erworben haben, d. h. sie verfügen über ein breites personenspezifisches pragmatisches Wissen (siehe 1.3.1) bzw. „Expertenwissen" (siehe 1.4.2), das sie überwiegend durch informelles Lernen erworben haben.

Gründe für die Lernpause

Die Lerner wurden auch nach den Gründen für die Lernpause befragt. Knapp ein Drittel der Teilnehmer machten keine Angabe dazu. 42 % der Befragten haben keinen Bedarf oder keine Notwendigkeit gesehen, 11 % haben in der Vergangenheit keine Zeit für einen Englischsprachkurs gehabt, sei es aus beruflichen, familiären oder anderen Anforderungen heraus. 8 % gaben an, dass sich keine Gelegenheit mehr geboten habe. Einige Teilnehmer haben individuell unterschiedliche Gründe für ihre Lernpause genannt. Weitere Personen gaben ein „Motivationsproblem" an, eine kleine Gruppe war durch andere Weiterbildungen verhindert. Die Globalisierung hat erst in jüngerer Zeit verstärkt zugenommen. Studien des Instituts der deutschen Wirtschaft Köln (vgl. Schöpper-Grabe 2000: 29) belegen, dass Fremdsprachenkurse sich in früheren Jahren an bestimmte Mitarbeitergruppen, vor allem Fach- und Führungskräfte, Sekretärinnen und technische Fachkräfte richteten, aber kaum für gewerbliche Berufe angeboten wurden, weil damals für sie noch keine Notwendigkeit bestand, Englisch zu lernen. Heute dagegen gibt es kaum noch Berufe, bei denen keine Englischkenntnisse erforderlich sind (siehe Abb. 3).

Unterrichtsanteile im früheren Unterricht

Anschließend wurden die Lerner zu den Unterrichtsanteilen in ihrem früheren Schulunterricht befragt. Nicht alle Befragten hatten dieselben Unterrichtsbestandteile. Deswegen ergeben sich unterschiedliche Zahlen. Die Befragten gaben an, dass Grammatik einen Anteil von knapp 26 %, Lesen einen Anteil von 23 % hatten, Sprechen 20 %, Übersetzen knapp 17 % und Sonstiges ca. 14 % des Unterrichts eingenommen haben. Daran wird deutlich, dass viele Lerner den früheren Schulunterricht mit Grammatiklernen verbinden.

Frühere Lehrkraft

Danach wurden die Lerner aufgefordert, ihre damalige Lehrkraft zu bewerten. Ein Viertel der Lerner, die diese Frage beantworteten, hielten ihre frühere Lehrkraft für streng bzw. autoritär, rund die Hälfte hielten sie teilweise, ein weiteres Viertel hielt ihre damalige Lehrkraft gar nicht für streng oder autoritär. Ein Drittel der Lerner fanden sie verständnisvoll bzw. fair, die Hälfte fanden sie teilweise und die übrigen Befragten hielten sie für gar nicht verständnisvoll bzw. unfair.

Auf die Frage, wie sie ihre damalige Englischlehrkraft sonst beschreiben würden, gewährten einige Befragte in einer offenen Antwortmöglichkeit Einblick in individuelle Erfahrungen. Dabei verdichteten sich hauptsächlich negative Eigenschaften neben persönlichen Eigenschaften, die positiv wie negativ ausfielen. Für viele Befragte lag der Gegenstand dieser Frage zu weit in der Vergangenheit.

Die Hälfte der Lerner, die die Frage zum damaligen Unterricht beantworteten, empfanden im damaligen Unterricht Druck. Ein Viertel dieser Lerner gab an, dass der damalige Unterricht Spaß gemacht hat. Von den Personen, die eine andere Unterrichtsatmosphäre beschrieben haben, äußerten sich die meisten eher negativ über den Unterricht von damals.

Aktivitäten, die schwer fielen.

Dann sollten die Teilnehmer die Aktivitäten benennen, die ihnen im früheren Schulunterricht schwer gefallen sind (siehe Abb. 4). Dabei stellte Grammatik den größten Problembereich dar und nahm gleichzeitig die im Durchschnitt größten Unterrichtsanteile im zuletzt besuchten Unterricht ein. Probleme mit Grammatik, Sprechen und Vokabeln lernen bedingen hier wahrscheinlich einander.

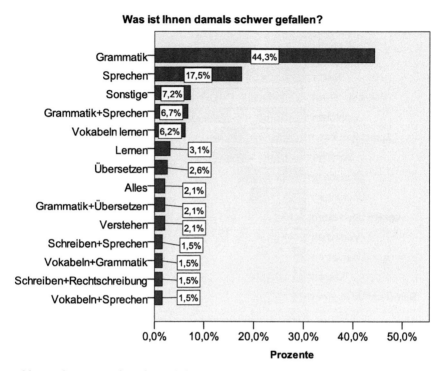

Abb. 4: Aktivitäten, die schwer fielen.

Aktivitäten, die leicht fielen.

Bei der Frage nach den Aktivitäten, die leicht fielen (siehe Abb. 5), antwortete ein Viertel der Befragten, dass Lesen leicht fiel, jedoch ist 13,6 % nichts leicht gefallen. Interessant ist, dass wesentlich mehr Personen angaben, dass ihnen nichts leicht gefallen ist, während in der vorhergehenden Frage nur 2,1 % angaben, dass alles schwer gefallen ist.

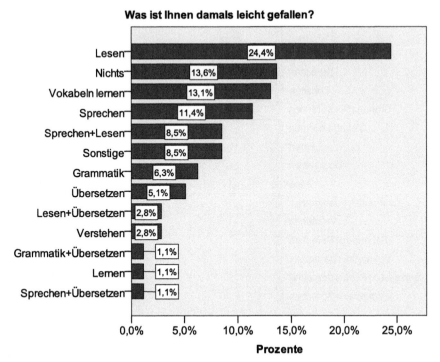

Abb. 5: Aktivitäten, die leicht fielen.

6.7 Zusammenfassung

Zwei Drittel der Teilnehmer dieser Untersuchung sind Männer, ein Drittel Frauen. Die meisten Befragten gehören dem mittleren Erwachsenenalter an. Sie haben entweder die Haupt- oder Realschule besucht und eine Ausbildung angeschlossen, die lange zurückliegt. Der große Lernabstand ist gleichzusetzen mit dem „Expertenwissen", das sie in dieser Zeit erworben haben. Die informell erworbenen Anteile ihres Wissens nehmen im Verhältnis zur Dauer der formalen Ausbildung einen breiten Raum ein. Viele Lerner haben eher negative Erinnerungen an den früheren Englischunterricht und die damalige Lehrkraft und verbinden ihn vor allem mit Grammatiklernen. Die Daten lassen darauf schließen, dass Grammatik und der korrekte Gebrauch der Sprache eine wichtige Rolle eingenommen haben und die Befragten möglicherweise nach der Grammatik-Übersetzungs-Methode (Definition in Neuner 2007: 227 f.) unterrichtet wurden.

7 Teilnahmemotive

Anschließend wurden die Lerner gefragt, warum sie jetzt wieder Englisch lernen. Danach sind 70 % der Befragten aus Eigeninitiative im Kurs, 45 % nehmen auf Vorschlag des Vorgesetzten am Englischkurs teil und 29 % haben andere Gründe für die Teilnahme am Kurs. Zwei Drittel der Personen, die in der offenen Antwortmöglichkeit andere Gründe angegeben haben, besuchen den Englischkurs wegen der gestiegenen beruflichen Anforderungen, andere Personen nehmen mit hohem Eigeninteresse teil, wollen Wissen erweitern, festigen oder auffrischen. Weitere Befragte sehen sich allgemein und im Zuge der Globalisierung immer öfter mit Englisch konfrontiert.

Hohe Motivation

Die Lehrkräfte bestätigten die hohe Motivation der Lerner. Die meisten Teilnehmer haben den Termin für den Englischunterricht fest eingeplant. Wenn Lerner allerdings mehrere Male hintereinander wegen betrieblicher Belange fehlen, ist es manchmal schwer, den Anschluss an den Unterricht nicht zu verlieren.

Im Interview gaben manche Lerner an, sogar an den arbeitsfreien Tagen der Schicht oder im Urlaub in die Firma zu kommen, um den Englischkurs zu besuchen. Andere treffen sich außerhalb des Unterrichts, um gemeinsam zu lernen.

90 % aller Befragten benötigen die Englischkenntnisse für den Beruf, gut ein Viertel gab an, die Sprache in privaten Kontexten einsetzen zu wollen. 8 % wollen damit für zukünftige Stellenangebote gerüstet sein.

Das bedeutet, die meisten Lerner sind extrinsisch motiviert. Sie lernen die Sprache, um ihren beruflichen Alltag bewältigen zu können.

Tätigkeiten in der Fremdsprache

Eine offene Frage zielte auf die Benennung der Tätigkeiten in der Fremdsprache und führte zu den Antworten in Abb. 6.

Bei den Tätigkeiten in der englischen Sprache handelt es sich um das Führen von Telefonaten, das Lesen und Beantworten von E-Mails oder anderen Texten, die an die Lerner weitergeleitet werden, Geschäftsreisen, das Verstehen von Softwareprogrammen in englischer Sprache oder Kommunikation mit Besuchern, Gästen und Kunden. Die Häufigkeit der Anwendung ist sehr unterschiedlich. Manche Interviewpartner benötigen Englisch täglich, andere mehrmals wöchentlich oder nur ab und zu.

Wie werden Sie Ihre Englischkenntnisse einsetzen?

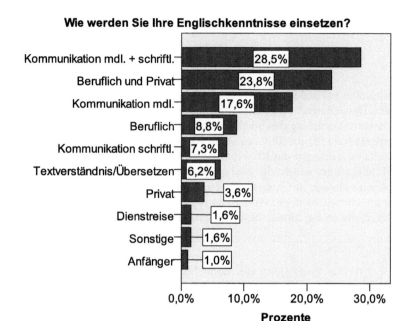

Abb. 6: Wie werden Sie die Englischkenntnisse einsetzen?

Die Einschätzung von Funk (2010 a: 317), dass Sprache stärker als in der Vergangenheit „in mündlicher und informell-schriftlicher Kommunikation" verwendet wird, bestätigt sich. Das sollte entsprechend der didaktischen Zielsetzungen des berufsorientierten Fremdsprachenunterrichts bei der Durchführung des Englischunterrichts berücksichtigt werden.

8 Selbsteinschätzung und Lernbereitschaft

Die Antworten auf die Frage nach der Selbsteinschätzung ergaben, dass die Hälfte der Befragten sich selbst als mittelmäßig sprachbegabt einschätzt. Ein weiterer Anteil von 44 % sieht bei sich keinerlei Sprachbegabung. Nur wenige Personen schätzen sich als sprachbegabt ein.

Ein Vergleich mit der Muttersprache führte zu dem Ergebnis, dass fast alle Lerner, die sich nicht für sprachbegabt halten, Deutsch als Muttersprache haben. Lerner mit einer anderen Muttersprache schätzen sich im Verhältnis dazu deutlich häufiger als sprachbegabt ein. Das ist wahrscheinlich damit erklärbar, dass Englisch neben Deutsch mindestens die zweite Fremdsprache ist, die sie lernen. Das führt wahrscheinlich zu mehr Selbstvertrauen in die eigene Sprachlernfähigkeit.

Die Gründe für die Selbsteinschätzung wurden auch in den Interviews angesprochen. Sie sind vielfältig und können auf interne und externe Faktoren zurückgeführt werden, einzeln oder in verschiedenen Kombinationen auftreten und sich möglicherweise gegenseitig beeinflussen.

8.1 Kindheit

Manche Lerner führen die negative Selbsteinschätzung auf frühere Bedingungen und Anforderungen zurück. Die Ursachen liegen in der Familie oder bei Schulkameraden, wenn beispielsweise Geschwister besser in der Schule waren oder eine Freundin leichter und schneller lernte. Andere haben keine guten Erinnerungen an den Schulunterricht, beschreiben ihn als ungeliebtes Muss oder konnten aufgrund familiärer Umstände nur selten am Englischunterricht teilnehmen.

8.2 Überzeugungen und Altersbilder

Wieder andere sind davon überzeugt, dass sie im Alter nicht mehr so gut lernen können. Sie berichteten, dass der Stoff mehrmals gelesen oder als Gedächtnisstütze mehrmals aufgeschrieben werden muss, kontinuierliches Lernen aber hilft, den Stoff zu verinnerlichen. Auch die mangelnde Anwendung des Gelernten wird dafür verantwortlich gemacht, dass Wörter nicht haften bleiben.

Die Lehrkräfte bestätigten, dass Ältere im Vergleich zu den Jüngeren zwar langsamer lernen, allerdings häufig motivierter und gründlicher sind, nach wörtlichen Übersetzungen verlangen und manchmal *pattern drills* und Dik-

tate einfordern. Manche Lehrkräfte siedelten die Schwierigkeiten der Älteren im eigenen Selbstbild an und berichteten, dass mit dem Englischlernen viele negative Gefühle verbunden sind. Eine Lehrkraft gab an, dass manche Lerner wegen ihres Alters kein Vertrauen in ihre eigene Lernfähigkeit haben.
Die Erfahrungen der Lerner passen zu dem Forschungsstand. Die Merkfähigkeit nimmt mit zunehmendem Alter ab, kann aber bis ins hohe Alter trainiert werden.

Tipp: über die veränderten Lervoraussetzungen sprechen

Es ist ratsam, Aussagen zu Altersbildern aufzugreifen und mit den Lernern über die veränderten Lernvoraussetzungen im Erwachsenenalter zu sprechen. An eigenen konkreten Beispielen können ihre Strategien weiterentwickelt werden. Das Einprägen der Vokabeln kann durch den Einsatz von Lern- und Arbeitstechniken deutlich verbessert werden. Beispiele dazu sind in 11.2 – 11.4 zu finden.

8.3 Arbeitsumfeld

Eine Gruppe von Lernern gründet ihr Selbstbild auf das gegenwärtige Arbeitsumfeld. Die Interviewpartner verglichen ihre Sprachkenntnisse mit denen von Kollegen oder Vorgesetzten, haben Hemmungen, weil diese bessere Sprachkenntnisse haben als sie selbst. Ein Lerner, berichtete, dass er gut mit Menschen umgehen kann, aber in der Fremdsprache eher schüchtern ist und in Gegenwart von Muttersprachlern mehr Hemmungen hat als bei Nichtmuttersprachlern, da diese auch nicht perfekt sprechen. Hier zeigt sich die in 2.5.2 thematisierte soziale Angst.

8.4 Persönlichkeitsmerkmale

Persönlichkeitsmerkmale wirken ebenfalls auf die Selbsteinschätzung der Lerner ein. Manche haben Angst vor Blamage. Lerner, die gerne kommunizieren, haben weniger Hemmungen und ein eher positives Bild von sich als Englischlerner. Das sind extrovertierte und introvertierte Lerner (siehe 2.3), die auch Quetz (1992: 79) und Rampillon (1995: 81 f.) beschreiben.

8.5 Einstellungen

8.5.1 Lernen

Die Mehrheit der Interviewpartner gab an, Spaß am Sprachenlernen zu haben. Als Gründe wurden genannt, dass im Unterricht zusammen mit der Kollegin und der Lehrkraft Hemmungen abgebaut werden, dass Reden im Kurs gut gelingt, außerhalb jedoch schwerfällt. Das bedeutet, dass eine gute Lernatmosphäre sowie ein gutes Miteinander im Kurs sich positiv auf das Lernen auswirken. Die Aussagen der Lerner bestätigen die unter 1.4.4 referierten Forschungsergebnisse zum Lernen Älterer. Danach sind die Gedächtnisleistungen bei positiver emotionaler Befindlichkeit eher besser als unter neutralen Bedingungen.

8.5.2 Sprache

Die Interviewpartner meinten, dass es schön sei, sich mit Menschen aus einem anderen Land verständigen zu können, im Ausland ohne Englischkenntnisse kaum weiterzukommen oder es interessant zu finden, wenn zwei Nicht-muttersprachler sich in Englisch unterhalten können. Ein Lerner hingegen erzählte nach dem Interview, dass er lieber Spanisch oder Italienisch lernen würde, weil ihm die Länder gut gefallen.

8.6 Zusammenfassung und Ausblick

Das Englischlernen der Befragten ist von hoher Motivation geprägt. Die Mehrheit ist extrinsisch motiviert und benötigt Englisch, um ihren berufli-chen Alltag besser bewältigen zu können. Gut ein Viertel der Lerner gab auch private Motive für das Englischlernen an. Die hohe Motivation zeigt sich darin, dass viele bereit sind, den Unterricht außerhalb der Arbeitszeit zu besuchen, an schichtfreien Tagen in die Firma kommen und sich auch außerhalb des Unterrichts mit der Sprache befassen. Demgegenüber steht häufig eine geringe Einschätzung der eigenen Lernfähigkeit, deren Ursachen teilweise in der Kindheit begründet liegen und von manchen Lernern auf das damalige soziale Umfeld oder negative Schulerfahrungen zurückgeführt werden. Andere gründen ihr Selbstbild auf das gegenwärtige Arbeitsumfeld oder auf das noch weit verbreitete Bild vom Alter und die Überzeugung, nicht mehr so gut lernen zu können. Dem Forschungsstand zufolge kann jeder unabhängig von Alter und Bildungsstand Fremdsprachen lernen. Das sollte mit den Lernern besprochen werden. Die geringe Einschätzung der eigenen Lernfähigkeit hat einige Befunde hervorgebracht, die in den entsprechenden Teilen des Buchs weiter betrachtet werden.

9 Lernsituation

Anschließend wurden Daten zur Lernsituation in den Betrieben erhoben und weitergehend betrachtet.

9.1 Englisch einzige Fremdsprache

Zunächst wurden die Probanden gefragt, ob Englisch, die einzige Sprache ist, die sie im Moment lernen. Bei nahezu allen Lernern ist das der Fall. Einzelne Lerner lernen außerdem Französisch, Italienisch und Spanisch.

Dieses Ergebnis bestätigt die herausragende Stellung der englischen Sprache für alle Berufsgruppen. Es gibt kaum noch Arbeitsplätze, an denen keine Englischkenntnisse erforderlich sind. Wie bei den Grundschulkindern ist Englisch für die Mehrheit der Lerner wahrscheinlich auch die erste Fremdsprache, die sie lernen. Dafür spricht, dass über 90 % der Lerner Deutsch als Muttersprache haben, Englisch an der Hauptschule einzige Fremdsprache war und eine zweite Fremdsprache an der Realschule nicht obligatorisch war (vgl. Christ, de Cilla 2007: 78). Außerdem gaben die Lerner als Gründe für die lange Lernpause häufig an, dass lange kein Bedarf an Fremdsprachkenntnissen bestand.

9.2 Lerndauer

Danach sollten die Lerner angeben, wie lange sie in der Firma Englisch lernen. Aus der Verteilung der Werte kann abgelesen werden, dass viele Personen erst seit kurzem an Englischkursen teilnehmen. Zieht man die Ergebnisse zum zuletzt besuchten Englischunterricht hinzu, kann man feststellen, dass ein Großteil seit zwei und weniger Jahren erneut Englisch lernt.

9.3 Stundenkontingent für laufende Kurse

Dann wurden die Lerner gefragt, wie viele Stunden für den aktuellen Kurs vorgesehen sind. Etwa 75 % der Personen, die diese Frage beantwortet haben, haben über 40 Stunden Unterricht, 25 % liegen darunter. Das arithmetische Mittel liegt bei knapp 60 Stunden Unterricht. Die Stundenzahl steht in Zusammenhang mit der Firmenphilsosophie bezüglich des Fremdsprachenlernens ihrer Mitarbeiter. Darüber hinaus wird der Wert von der geringen

Kursdauer (< 20) einiger Berufsgruppen (Hotel- und Gaststättengewerbe, Sicherheitsberufe und Dienst- und Wachberufe) beeinflusst. Die Kurse anderer Berufsgruppen liegen im Bereich über 20 Stunden. Ursache dafür ist, dass im Hotel- und Gaststättengewerbe in verschiedenen Schichtmodellen gearbeitet wird. Die Organisation und Durchführung von Englischunterricht ist schwierig, wenn Tag- und Nachtschichten der Lerner wechseln und die Termine auch mit der Lehrkraft abgestimmt werden müssen.

Geht man von einem Stundenkontingent von etwa 50 Stunden für einen Kurs aus, dann bedeutet das, dass Lerner bei 90 Minuten Unterricht pro Woche, an etwa 30 Terminen im Jahr Englisch lernen, wenn man sechs Wochen Urlaub und arbeitsbedingte Fehlzeiten berücksichtigt. Bei Kontingenten von etwa 30 Stunden wird an 20 Terminen Englisch gelernt. Den Lernern steht demnach, abhängig von der Firmenzugehörigkeit und der Berufssituation, unterschiedlich viel Zeit zum Ausbau ihrer Englischkenntnisse zur Verfügung. Diese Daten passen zu den Befunden anderer Studien, die in Firmen durchgeführt wurden (vgl. Tamchina 1997: 117 ff., Schöpper-Grabe 2007: 23, 2009: 158).

9.4 Lerngruppengröße und Zufriedenheit

Die Lerngruppengröße ist ebenfalls abhängig von der Firmenphilosophie zum Sprachenlernen ihrer Mitarbeiter. Mehr als die Hälfte der Befragten hat Unterricht in vier bis sechs Personen großen Lerngruppen. Darauf folgen Gruppen mit zwei bis drei Teilnehmern sowie sieben und mehr Lernern. Die Gruppengröße der Kategorie mit mehr als sieben Personen variiert zwischen acht und 15 Teilnehmern. Zusammengefasst schwankt die Gruppengröße und reicht von Gruppen von 2, 2 – 3, 4 – 6, 7 und bis zu 14 Teilnehmern bei Blended-Learning-Kursen.

Nach den Antworten auf die Frage nach der Zufriedenheit mit der Gruppengröße sind über 90 % der Befragten zufrieden oder sogar sehr zufrieden mit der Gruppengröße. Die offenen Antworten dazu sind stark zusammengefasst. Es lässt sich aber eine Tendenz zu kleineren Gruppen ablesen. Das gibt der Lehrkraft die Möglichkeit, jeden Lerner individuell zu fördern.

In den Interviews gaben Lerner ebenfalls an, sehr zufrieden zu sein. Einige betonten die angenehme oder sehr gute Lernatmosphäre, fanden, dass der Kurs eine schöne Größe hat, die Lerner sich sehr gut verstehen, miteinander vertraut sind und keine Hemmungen voreinander haben. Im Unterricht wird nachgefragt, wenn etwas nicht verstanden wird. Wünsche werden ausgesprochen und durchgesetzt.

Hohe soziale Kompetenz

Die Fähigkeit, mit anderen zusammenzuarbeiten, wird im Alltag sehr häufig gefordert, von vielen Firmen gezielt gefördert und ist daher gut trainiert. Teamarbeit gehört zu den Stärken erfahrener Mitarbeiter. Die hohe soziale Kompetenz (vgl. Lehr 2007: 216) der Lerner, die in der Studie in altersgemischten Kursen[16] zusammen lernen, zeigt sich auch beim Englischlernen.

Neigung zur "Arbeitsteilung"

Die Lerner unterstützen sich gegenseitig, indem z. B. ein Kollege das Bearbeiten von Grammatikübungen übernimmt, wenn ein anderer das ablehnt. Eine Lernerin, die nicht so gut vorlesen kann, bittet eine Kollegin, das für sie zu tun. Eine andere Lernerin erstellt Vokabellisten und verteilt sie an alle Mitlerner. Weiterhin wurde berichtet, dass jeder ein bisschen mitschreibt und die Mitschriebe ausgetauscht werden. Die Lehrkräfte gaben ebenfalls an, dass häufig ein Lerner für alle mitschreibt. Außerdem werden Fehler von Mitlernern korrigiert und mit der Kollegin über das Lernen gesprochen. Bei Lernproblemen wird emotional unterstützt und bei Schwierigkeiten mit Hausaufgaben wird ebenfalls die Kollegin gefragt.

Hohe Empathiefähigkeit

Diese Vorgehensweisen deuten auf eine hohe Empathiefähigkeit der Lerner hin. Falsch verstandene Kollegialität kann allerdings für den Einzelnen lernhinderlich sein. Das beschriebene Lernverhalten bestätigt darüber hinaus die Beobachtung von Lehr (2007: 216), wonach Ältere im Vergleich zu Jüngeren häufiger „Strategien der Energieeinsparung" nutzen und versuchen, etwas „mit weniger Aufwand" zu erreichen. Aus der Sicht der Fremdsprachenforschung betrachtet, zeigt sich einerseits der Verhaltensaspekt des Lernstils, d. h. die Neigung, sich aktiv Situationen zu suchen, die dem eigenen Lernstil entsprechen, und andererseits der exekutive Aspekt, der den Grad beschreibt, in dem eine Person versucht, ihren Lernprozess zu organisieren. Der Anspruch der Arbeitswelt, Arbeitsabläufe und -prozesse stetig zu optimieren, wird unbewusst auf das Englischlernen übertragen.

Tipp: Herangehensweisen aufgreifen und besprechen

„Arbeitsteilung" ist beim Englischlernen nicht immer effektiv, denn dabei kann der Einzelne wenig lernen. Es empfiehlt sich daher, das am konkreten Beispiel mit den Lernern zu besprechen und weiterzuentwickeln.

---

[16]   Bei den Interviewpartnern gibt es Altersunterschiede von 2 (Kurs 4, 5), 6 (Kurs 2), 12 (Kurs 3) und 25 Jahren (Kurs 1). Das entspricht in etwa der Realität in eigenen Kursen.

Tendenz interaktiv vorzugehen

Bei anderen Aktivitäten zeigt sich vor allem der Verhaltensaspekt des Lernstils, nämlich durch Interaktion mit anderen zu lernen, so wie die Lerner es
vom Arbeitsplatz her gewohnt sind (siehe 1.4.3). Das Trainieren von Hörverstehen scheint z. B. auch auf Zusammenarbeit mit einem Lernpartner
abzuzielen, denn ein Lerner im Blended-Learning-Kurs fühlt sich durch den
am Bildschirm mit ihm sprechenden Online-Tutor Tim motiviert. Ein anderer
Lerner möchte für das Üben von Hörverstehen lieber mit einem Lernpartner
als mit einer CD arbeiten, weil dieser nicht abgeschaltet werden kann. Weitere
Lerner wünschen sich CDs, auf denen jemand etwas fragt und sie darauf
antworten müssen.

Vorliebe für kooperative Lernformen

Unterrichtsaktivitäten, die kooperatives Lernen fördern, sind ebenfalls
beliebt. Eine Lernerin findet Rollenspiele gut und gab an, nicht gerne alleine
zu lernen. Eine andere Lernerin findet Spiele und Diskutieren gut, weil in
Gruppenarbeit zusammen gelernt wird. Auch außerhalb des Unterrichts
lernen die Befragten gerne mit anderen zusammen. Zwei Lerner treffen sich
in der Freizeit und üben zusammen. Ein Lerner schreibt Vokabeln mit selbst
erfundener Lautschrift auf Karteikarten und lässt sich von seiner Frau und
seiner Tochter abhören. Derselbe Lerner spielt mit seiner 6-jährigen Tochter
englisches Memory. Andere kaufen sich zusammen Kindermaterial zum
Lernen. Weitere Lerner können gar nicht alleine lernen. Eine Lernerin meinte:
„Alleine lernen geht nicht, habe keinen, der mich piesackt, keine Kinder."
Eine andere Lernerin äußerte sich in ähnlicher Weise: „Ich kann alleine nicht
gut lernen." Dieses Verhalten deutet auf feldabhängige Lerner hin, die gerne
im Austausch mit anderen lernen (siehe 2.3).

Die Lehrkräfte bestätigten, dass kooperative Lernformen beliebt sind und
auch außerhalb des Unterrichts im Familienkreis stattfinden. Sie beschrieben,
dass Spiele gerne gespielt und eingefordert werden und Lerntipps, wie
beispielsweise englische DVDs schauen, gut angenommen werden, wenn
Lerner Kinder haben. Eine Lehrkraft meinte, dass der soziale Faktor für viele
Lerner sehr wichtig ist, Rollenspiele aber manchmal an der geringen Teilnehmerzahl scheitern. Eine andere Lehrkraft bestätigte das und meinte, dass
der Spaßfaktor ebenfalls eine wichtige Rolle für den Englischunterricht spielt.
Sie räumte aber auch ein, dass der Begriff Spaß bei Vorgesetzten und
Kollegen, die nicht am Kurs teilnehmen, falsche Vorstellungen auslösen
könnte. Diese Unsicherheit in Bezug auf das Thema Spaß kann dazu führen,
dass Aktivitäten, die nicht der traditionellen Vorstellung von Lernen entsprechen, wie beispielsweise Spiele spielen (siehe 11.8), im Unterricht nicht
angeboten werden. Die Lehrkräfte berichteten darüber hinaus, dass sich
Lerner, die sich nur vom Telefon her kennen, im Englischunterricht persönlich treffen und sich bei der Gelegenheit fachlich austauschen. Dabei

lernen sie sich näher kennen und das trägt zu einem guten Miteinander in
einer Firma bei.

Tipp: Teamarbeit als Ausgangsbasis nehmen

Kooperative Lernformen sind eine gute Ausgangsbasis für das Englischlernen
Erwachsener. Der Unterricht sollte nicht frontal, sondern aufgabenorientiert
gestaltet werden. Das entspricht den Lernvoraussetzungen Erwachsener und
ermöglicht ihnen, in ihrem eigenen Tempo zu arbeiten, zu lernen und ihr Wissen
einzubringen. Die kleinen altersgemischten Kurse bieten eine gute Plattform für
einen vielfältigen informellen Austausch über das eigene Arbeitsgebiet hinaus.
Dieser fachliche Austausch kann im Unterricht durch das Sprechen über reale
Themen aus den Arbeits- und Interessengebieten der Lerner gezielt gefördert bzw.
weitergeführt werden, denn nach dem Forschungsstand wird Lernerfolg vor allem
bei Aufgaben erzielt, die trainiert werden oder den trainierten Aufgaben sehr
ähnlich sind. Teilnehmer können z. B. gemeinsam ihr Arbeitsgebiet im Englischunterricht vorstellen.

9.5 Länge einer Unterrichtseinheit

85 % der Lerner besuchen Kurse mit einer Länge von 90 Minuten. Die anderen Befragten haben andere Zeiteinheiten angegeben. Diese anderen Zeiteinheiten liegen in einem Bereich zwischen 60 und 360 Minuten, wobei eine
Dauer von 60 Minuten den Schwerpunkt der Verteilung bildet. Nur wenige
Personen gaben an, längeren Unterricht als 90 Minuten zu haben.

In den Interviews gaben die Lehrkräfte an, dass Taktung und Länge einer
Unterrichtseinheit mit den Lernern abgesprochen werden. In manchen Fällen
findet der Unterricht zwei Mal wöchentlich 90 Minuten statt. Andere Tak-
tungen sind möglich. Manchmal werden für Einzelunterricht oder Mini-
projekte 180, 120 Minuten oder ganze Tage für Gruppenkurse eingeplant,
wenn die Lerner es wünschen. Diese Daten bestätigen Teilnehmerorientierung als Leitprinzip der allgemeinen Erwachsenenbildung (Böttger 2009:
13 f.). Die Lehrkräfte orientieren sich an den Wünschen der Lerner.

9.6 Teilnahmeregelmäßigkeit

Die Antworten auf diese Frage ergaben, dass etwa zwei Drittel der Befragten
an 95–100 % der Unterrichtstermine teilnehmen können. Knapp ein Drittel
kann 75 % der Termine besuchen. Nur wenige Personen können 50 % der
Kursdauer anwesend sein. Die Lehrkräfte berichteten, dass Absagen grup-
penabhängig sind und sich im Sommer wegen der Urlaubszeit häufen. Es

wurde geschätzt, dass die Anwesenheit in jeder Unterrichtseinheit etwa 60 % beträgt. Bei vier Lernern fehlen häufig zwei.

In der Praxis bedeutet dies, dass Lehrkräfte sich mit ihrer Unterrichtsplanung nicht selten spontan auf neue Unterrichtssituationen einstellen müssen. Das erfordert Flexibilität und Improvisationsgeschick. Zu dieser Einschätzung kommt auch Funk (2010 a: 319) in seinen Ausführungen zu den unterschiedlichen Anforderungen an die Lehrkraft. Für die Lerner ist es ebenfalls nicht immer leicht den Anschluss zu halten, wenn sie ein paar Mal gefehlt haben. Das kann sehr heterogene Gruppen zur Folge haben, ist aber eine Realität, auf die sich der Fremdsprachenunterricht in der Erwachsenenbildung in Vorbereitung und Ablauf einstellen muss.

9.7 Anwesenheit von Anfang bis Ende

Nahezu alle Befragten können immer oder meistens von Anfang bis Ende an den Veranstaltungsterminen teilnehmen. Lediglich einzelne Teilnehmer können nur manchmal die komplette Zeit dabei sein. Dass der Unterricht selten oder nie besucht werden kann, ist in keinem Fall vorgekommen. Jeder Zehnte gab in der offenen Antwortmöglichkeit eine Begründung dafür ab, warum er an einer Unterrichtseinheit (nicht) von Anfang bis Ende teilnehmen kann. Als Gründe, die dagegen sprechen, wurden die Arbeit, andere Termine oder Betriebsstörungen bei Anlagen genannt. Andere Befragte haben den Englischkurs fest eingeplant oder er ist ihnen wichtig und deswegen versuchen sie, an jeder Unterrichtseinheit in vollem Umfang teilzunehmen.

9.8 Unterbrechungen

Über 90 % der Befragten werden während ihres Englischkurses selten oder nie gestört. Einige Teilnehmer haben von Störungen berichtet, die manchmal vorkommen. Die häufigsten Gründe sind laut der Personen, die diese Frage beantwortet haben, Kollegen, die ein dringendes Anliegen haben und Anrufe auf dem Handy. Danach folgen andere Gründe und der Vorgesetzte. Die anderen Ursachen für eine Störung im Unterricht erfolgen durch wichtige Arbeiten. Auch Kunden und Termine beeinträchtigen den Verlauf des Sprachkurses.

Die meisten Interviewpartner bestätigten, während des Unterrichts nicht gestört zu werden. Einzelne Lernsituationen sind schwieriger. Ein Lerner berichtete von Konzentrationsschwierigkeiten, weil er bis zu Beginn des Unterrichts viele Aufgaben erledigen muss und ihm das schnelle Umschalten auf die englische Sprache schwerfällt. Für einen anderen Lerner fällt der Unterricht in die Zeit des Schichtwechsels und damit in die Übergabe. Das wirkt sich ebenfalls nachteilig auf die Konzentration aus. In arbeitsintensiven Phasen wird der Unterricht deshalb verkürzt oder abgesagt. Die Ausführungen zeigen, dass betriebliche Belange Vorrang vor dem Englischlernen haben. In Einzelfällen ist es ratsam, mit den Lernern über eine Veränderung der bestehenden Lernsituation nachzudenken und eventuell auf einen anderen Termin auszuweichen.

Verbesserte Resilienz

Die zahlenmäßige Auswertung ergab auch, dass Lerner sich durch ungünstige Lernbedingungen kaum in ihrem Lernfortschritt beeinträchtigt fühlen, denn auch Lerner, die im Unterricht gestört werden, gaben an, durch die Teilnahme am Englischkurs die Scheu beim Sprechen abgebaut und Erfolgserlebnisse in der Praxis zu haben. Diese Befunde passen zu den Beobachtungen von Lehr (2007: 216), die bei Älteren „ein herabgesetztes Erleben von Eigenbetroffenheit in potenziell belastenden Situationen; [...];" feststellt und von einer „Leichtigkeit im Umgang mit komplexeren Sachverhalten [...]" spricht. Die Daten bestätigen, dass Ältere emotional schwierige Situationen weniger stark beeinträchtigen. Das liegt an der Resilienz, die sich über die Lebensspanne hinweg positiv verändert (siehe 1.4.4).

9.9 Unterrichtsort

Drei Viertel der Befragten hat in einem Seminarraum Unterricht. Bei gut jedem Zehnten findet der Sprachkurs in einem Büro statt. Weitere Befragte gaben an, Unterricht in einem Labor, in einer Werkstatt oder an anderen realen Orten zu haben.

Tipp: reale Orte nutzen

Büros, Labore, und andere reale Orte sind genau die Orte, an denen die Alltagskommunikation stattfindet, auf die der betriebliche Fremdsprachenunterricht seine Teilnehmer vorbereitet. Sie können daher als reale Lerngelegenheiten angesehen werden. Das entspricht dem Forschungsstand. Danach wird Lernerfolg vor allem bei Aufgaben erzielt, die trainiert werden oder den trainierten Aufgaben sehr ähnlich sind. Bilder, Informationstafeln, Schilder, Schaukästen und Modelle animieren zum Sprechen. Der Lehrkraft ermöglicht der Unterricht in der Erfahrungswelt der Teilnehmer, viele Fragen zu stellen. Fehlende Vokabeln können mit Hilfe internetfähiger Handys schnell gefunden werden. Das ist eine gute Vorbereitung auf reale Alltagssituationen, bei denen die Lerner sich auf dieselbe Weise austauschen und vorhandene Hilfsmittel (externe Hilfen) flexibel einsetzen müssen.

9.10 Taktung des Unterrichts

Über 90 % der Befragungsteilnehmer hat regelmäßig Englischunterricht. Dieser findet meistens wöchentlich statt, ein kleiner Teil besucht einen Sprachkurs in 14-tägigem Turnus. Wenige Personen haben unregelmäßig Unterricht. Der wöchentliche Unterricht ermöglicht regelmäßiges kontinuierliches Lernen und lässt sich für die meisten Lerner gut in den Arbeitsalltag integrieren. Die Antworten auf diese Frage ergaben weiterhin, dass über die Hälfte der Lerner, die zu den nachfolgenden Punkten Angaben machten, am Vormittag und rund ein Fünftel am Nachmittag Unterricht hat. Eine weitere Gruppe hat ihren Sprachkurs in der Mittagspause und einige direkt danach. Einzelne Personen haben abends oder zu anderen Uhrzeiten Unterricht. Demnach lernt ein Großteil der Lerner zu einer Uhrzeit, die dem Biorhythmus der meisten Menschen entgegenkommt.

9.11 Unterstützung durch den Vorgesetzten

Die Antworten auf die Frage nach der Unterstützung durch den Vorgesetzten ergaben, dass etwa zwei Drittel der Befragten sehr stark oder stark, die anderen weniger stark für ihren Englischkurs gefördert werden. Das deutet auf unterschiedliche Einstellungen zum Sprachenlernen der Mitarbeiter hin. Darüber wird auch in der Literatur berichtet (vgl. Tamchina 1997: 117 ff., Schöpper-Grabe 2007: 23, 2009: 158). Das bestätigt die hohe Komplexität des betrieblichen Lernkontexts.

Ein Lerner erzählte im Interview, dass sein Vorgesetzter einmal wöchentlich eine Stunde *English Conversation* ohne Lehrkraft für seine Mitarbeiter organisiert und manchmal selbst dabei ist. Dafür muss jeder einmal etwas vortragen und wer Deutsch spricht, muss Geld in eine Kasse einbezahlen. Ein anderer Interviewpartner gab an, dass manche Mitarbeiter auf Geschäftsreisen ins Ausland mitgenommen werden.

Tipp: Englischlernen fördern

Im ersten Beispiel müssen sich die Mitarbeiter für den Vortrag ein Thema überlegen, das alle interessiert. Sie müssen Material zusammenstellen, den Inhalt adressatengerecht aufbereiten, Vokabeln suchen, den Inhalt präsentieren und Fragen dazu beantworten. Die Situation kommt einer realen Situation sehr nahe. Das motiviert, sich Zeit für die Vorbereitung und für die Teilnahme an der Diskussionsrunde zu nehmen.

Im zweiten Beispiel begleiten Mitarbeiter ihren Vorgesetzten und erhalten Einblick in die realen Situationen, die später auf sie zukommen werden. Dabei beobachten sie ihren Vorgesetzten in Meetings und anderen Situationen und erhalten wertvolle Tipps. Sie lernen ihre ausländischen Kollegen oder Geschäftspartner kennen, mit denen sie später zusammenarbeiten werden. Beim geselligen

Beisammensein im Restaurant und bei anderen Aktivitäten können sie persönliche Kontakte aufbauen. Dabei stellen sie häufig fest, dass andere auch nicht perfekt Englisch sprechen und niemand lacht, wenn sie Fehler machen. Das hilft die in Kapitel 8 beschriebenen Ängste abzubauen und einer neuen Aufgabe gelassener entgegenzusehen.

Beide Lernformen passen zu den Lernvoraussetzungen Erwachsener. Sie ermöglichen den Mitarbeitern in realen oder realitätsnahen Situationen Englisch zu lernen. Sprachliche und kulturelle Aspekte, die sich aus den beschriebenen Beispielen ergeben, können im Englischunterricht aufgegriffen und weiter bearbeitet werden. Informelles und non-formales Lernen können auf diese Weise harmonisch miteinander verknüpft werden.

9.12 Zusammenfassung und Ausblick

Die Lernsituationen sind sehr unterschiedlich und durch die jeweilige Firmenphilosophie zum Fremdsprachenlernen ihrer Mitarbeiter geprägt. Darüber hinaus sind unterschiedliche Auffassungen vom Lernbegriff zu erkennen. Hohe Arbeitsbelastung führt phasenweise und kursabhängig zu unregelmäßiger Teilnahme oder Absagen des Unterrichts. Das wirkt sich aber kaum negativ auf die Motivation der Lerner aus. Das liegt auch an der Resilienz, die über die Lebensspanne zunimmt. Hohe soziale Kompetenz und Empathiefähigkeit gehören zu den Stärken Erwachsener in Unternehmen, wahrscheinlich weil Teamarbeit über die Lebensspanne hinweg ständig trainiert und in den Unternehmen gezielt gefördert wird. Das sind sehr gute Voraussetzungen für das Englischlernen, die sich für den Einzelnen aber auch lernhinderlich auswirken können. Die Daten zeigen, dass Lerner sehr stark durch ihren Arbeitsstil geprägt sind und dazu tendieren, Abläufe und Prozesse auch beim Englischlernen zu verkürzen und unangenehme Aktivitäten untereinander aufzuteilen (z. B. ein Teilnehmer schreibt für alle mit oder ein anderer liest vor, weil er das besser als sein Kollege kann). Gelernt wird überwiegend in kleinen, altersgemischten, abteilungsbezogenen und abteilungsübergreifenden Kursen mit gutem Lernklima. Die Kurse bilden eine gute Plattform für einen vielfältigen informellen Austausch über reale Themen aus ihren Arbeits- und Interessengebieten. Dieser Austausch kann im Englischunterricht gefördert werden.

10 Lernmaterial

Im Anschluss daran wurden Fragen zum Umgang mit Lehr- und Lernmaterial gestellt. Die Antworten wurden mit den Lernvoraussetzungen der Lerner verglichen und weitergehend betrachtet.

10.1 Lehrwerk

Rund vier Fünftel der Befragten gaben an, mit Verlagsmaterial zu lernen. Von diesen Lernern arbeiten die meisten mit einem Lehrwerk, etwa ein Sechstel mit mehreren. Die anderen Lerner lernen mit von der Lehrkraft zusammengestelltem Arbeitsmaterial. In zwei der drei Firmen werden Lehrwerke von der Sprachenabteilung empfohlen und von einer Firma kostenlos zur Verfügung gestellt. Die Lehrkräfte sagten aus, dass manche Lerner das Buch kaufen, für andere Kopien angefertigt werden. Sie gaben weiterhin an, dass die Kopien in vielen Fällen nicht abgeheftet werden und dies aus Lehrkraftsicht unbefriedigend ist.

Mit Hilfe des Auswertungsprogramms SPSS wurde versucht, Lerner, die nur mit Arbeitsblättern arbeiten, und Lerner, die mit Lehrwerken arbeiten, in den beiden nachfolgenden Tabellen getrennt darzustellen. Dabei werden Lehrwerke, die in verschiedenen Lernstufen vorkommen, nur einmal angegeben. Problematisch ist bei dieser Vorgehensweise, dass nicht alle Lerner den Titel des Lehrwerks benennen können und „Englischbuch" oder „Pons" in die Antwort schreiben.

Tab. 2: Zusammengestelltes Material

		Häufig-keit	Prozent	Gültige Prozente	Kumulierte Prozente
Gültig	Arbeitsblätter	6	2,5	16,7	16,7
	Lektüre, Arbeitsblätter	3	1,3	8,3	25,0
	Bücher	1	0,4	2,8	27,8
	Arbeitsblätter, freies Reden	2	0,8	5,6	33,3
	Kopien	14	5,8	38,9	72,2
	Internet, PC	7	2,9	19,4	91,7
	Sonstige	3	1,3	8,3	100,0
	Gesamt	36	15,0	100,0	
Fehlend	System	204	85,0		
Gesamt		240	100,0		

Tab. 3: Lehrwerke

		Häufig-keit	Prozent	Gültige %	Kumulierte Prozente
Gültig	Tech Talk	13	5,4	7,8	7,8
	Technical English	6	2,5	3,6	11,4
	Business Elements	13	5,4	7,8	19,2
	Sonstige, Unterschiedlich*	31	12,9	18,6	37,7
	Bridges	1	0,4	0,6	38,3
	(New) Headway	23	9,6	13,8	52,1
	Business English	3	1,3	1,8	53,9
	In Company	11	4,6	6,6	60,5
	English Elements	5	2,1	3,0	63,5
	First Choice	3	1,3	1,8	65,3
	Pass Cambridge	2	0,8	1,2	66,5
	English Network	5	2,1	3,0	69,5
	New Start	9	3,8	5,4	74,9
	Technical Milestones	5	2,1	3,0	77,8
	Business Basics	5	2,1	3,0	80,8
	Business Startup	2	0,8	1,2	82,0
	Market Leader	2	0,8	1,2	83,2
	Innovations	6	2,5	3,6	86,8
	New Focus	3	1,3	1,8	88,6
	Gruppe A**	10	4,2	6,0	94,6
	Pons	7	2,9	4,2	98,8
	Spotlight	2	0,8	1,2	100,0
	Gesamt	167	69,6	100,0	
Fehlend	System	73	30,4		
Gesamt		240	100,0		

*   Im Fragebogen Angaben wie z. B. „Englischbuch" oder Werke mit nur einer Nennung.
** Gruppe A: BBC Learning English, Business Spotlight, Englische Handelskorrespondenz im Griff, Englische Grammatik, Cornelsen (Die Lehrkraft gab während der Datenerhebung die Rückmeldung, dass sie die Titel an die Tafel geschrieben hat.)

Die Auswertung zeigt, dass in vielen Kursen mit Lehrwerken gearbeitet wird. In wenigen Kursen wird nur mit Arbeitsblättern gearbeitet.

10.1.1 Zufriedenheit

Für die Auswertung nach der Zufriedenheit mit der Vorgehensweise wurde der Datensatz geteilt. In die Analyse kamen nur die Personen, die mit Lehrwerken arbeiten. Die Mehrheit der Benutzer von Lehrwerken ist mit dieser Vorgehensweise zufrieden oder sogar sehr zufrieden. Eine kleine Gruppe von Teilnehmern sieht dabei Vor- und Nachteile. In den Interviews gaben die Lerner an, das Buch gut zu finden, weil ihnen die Inhalte und die Hörübungen gut gefallen oder weil das Buch abwechslungsreich gestaltet ist.

10.1.2 Handhabung

Danach wurden die Lerner gefragt, wie sie mit dem Lehrwerk zurechtkommen. Knapp zwei Drittel der Personen, die diese Frage beantwortet haben, kommen gut mit dem Buch oder den Büchern zurecht. Knapp ein Viertel kommt sogar sehr gut zurecht. Die übrigen Lerner gaben an, nur teilweise mit dem Lehrwerk umgehen zu können.

Die stichprobenartige Überprüfung der Lehrwerkkenntnis in den Interviews ergab, dass eine Reihe von Lernern den Titel des Buchs nicht nennen konnten. Andere konnten Fragen zum Aufbau oder zu den einzelnen Teilen ihres Lehrwerks nicht beantworten. Der Umgang mit den Lehrwerken und den Kopien lässt auf feldabhängige Lerner schließen. Diese Lerner gehen eher intuitiv vor. Das Planen und Organisieren von Lernprozessen gehört nicht zum natürlichen Lernverhalten dieser Lernertypen (siehe 2.3).

Die Angaben der Lerner zu der Zufriedenheit mit dem Lehrwerk und die mangelnde Lehrwerkkenntnis scheinen im Widerspruch zueinander zu stehen. Um genauere Aussagen zum Umgang mit den Lehrwerken treffen zu können, wurden weitere Daten erhoben und analysiert, wie die Lerner innerhalb und außerhalb des Unterrichts damit arbeiten.

10.1.3 Inhalt

Drei Viertel der Lerner, die diese Frage beantwortet haben, finden die Inhalte der Lehrbücher interessant. Ein Viertel findet sie teilweise interessant. Nahezu alle Lerner finden, dass die Inhalte zumindest teilweise zum Sprechen anregen. Aus den Antworten auf weitere Fragen im Fragebogen geht hervor, dass im Unterricht über die Themen im Buch gesprochen wird (siehe 11.4.1).

10.1.4 Grammatikübungen

Die nachfolgenden Fragen betrafen die Grammatikübungen im Lehrwerk. Für mehr als die Hälfte der Lerner sind die Grammatikübungen im Buch nur teilweise oder gar nicht verständlich. Drei Viertel der Lerner verstehen die

Grammatikbegriffe nur teilweise oder gar nicht. Das ist damit erklärbar, dass ihre Schulzeit lange zurückliegt und Grammatik und die grammatische „Denkweise" über die Lebensspanne hinweg kaum trainiert wurden. Die Lerner sind vielmehr durch die „Denkweise" ihres eigenen Berufs geprägt. Genaueres Nachfragen in den Interviews bestätigte, dass zahlreichen Lernern die Terminologie unbekannt ist.

Das hat zur Folge, dass viele Lerner bei den Grammatikübungen Hilfe benötigen. Präzisierendes Nachfragen in den Interviews ergab, dass Lehrkräfte die Grammatikbegriffe und die Anweisungen für die Übungen im Buch erklären, damit die Lerner die Aufgaben bearbeiten können. Teilweise werden die Übungen für die Lerner angepasst oder Grammatik im Kontext oder auf der Basis von anderen Materialien geübt, d. h. die Lehrkräfte versuchen die Schwierigkeiten mit dem Lehrwerk durch Zusatzmaterial und ihren Unterrichtsstil auszugleichen. Die Antworten auf die Frage nach den Hausaufgaben zeigen, dass Grammatikübungen hauptsächlich im Unterricht und weniger zu Hause bearbeitet werden (siehe 11.7.3.). Das bedeutet, der Grammatikteil des Buchs wird außerhalb des Unterrichts nur von wenigen Lernern bearbeitet.

10.1.5 Hörübungen

Anschließend wurden die Lerner gefragt, ob sie Spaß an Hörübungen haben. Fast alle Lerner, die diese Frage beantwortet haben, haben Spaß oder teilweise Spaß daran. Nur sehr wenige Lerner mögen keine Hörübungen.

Dieser Befund deutet auf auditiv orientierte Lerner hin und das wird durch die Antworten auf weitere Fragen zum Hörverstehen gestützt (siehe 11.1.2, Hören ist nach Sprechen am wichtigsten, 11.5.2, im Auto oder bei der Hausarbeit Musik hören, 11.12, mit Kindern Filme schauen). Das ist damit erklärbar, dass der mündliche Austausch, der Zuhören und Sprechen umfasst, über die Lebensspanne hinweg gut trainiert wird. Hörübungen werden daher gerne durchgeführt.

Allerdings finden zahlreiche Lerner Hörübungen teilweise schwierig. Manche Befragte führen die Schwierigkeiten auf die Sprechgeschwindigkeit zurück, weitere Lerner auf Dialekte. Einige Personen gaben in der offenen Antwortmöglichkeit Gründe für Schwierigkeiten mit Hörübungen an. Als Schwierigkeiten wurden unbekannte Wörter und akustische Probleme wie undeutliche Aussprache oder Hörprobleme genannt. Ein statistischer Zusammenhang zu den Altersklassen konnte aber nicht festgestellt werden. In Lerner- und Lehrkraftinterviews wurde angegeben, dass manche Lerner Hörgeräte tragen, der Umgang im Unterricht damit schwierig ist.

Vermutlich liegen die Schwierigkeiten bei der Gestaltung der Hörübungen im Lehrwerk. Möglicherweise werden Aspekte wie das Nachlassen des akustischen und diskriminierenden Hörens kaum berücksichtigt. Vielleicht sind aber auch die Hörübungen für Erwachsene weniger geeignet, weil zu schnell gesprochen wird oder die Lerner werden mit vielen Akzenten und Dialekten konfrontiert, um die Situationen möglichst authentisch erscheinen zu lassen. Die Schwierigkeiten sind wahrscheinlich lehrwerk- und lerner-abhängig

---

Tipp: über Veränderungen der Hörfähigkeit sprechen

Ein Lückentext kann Anlass sein, um über Veränderungen der Hörfähigkeit zu sprechen. Die Übung stellt hohe Anforderungen an die kognitive Leistungsfähig-keit. Die Lerner müssen den Text während des Zuhörens mitlesen, ihn verstehen und gleichzeitig fehlende Wörter unter Zeitdruck ergänzen. Das fällt mit zuneh-mendem Alter schwerer. Lückentexte sind daher weniger geeignet, um Hörver-stehen zu trainieren.

Manchmal wird das Zuhören durch Hintergrundgeräusche zusätzlich er-schwert. Das sollte mit den Lernern in konkreten Situationen besprochen werden. Meistens gibt es auch in realen Situationen Maßnahmen, die jeder leicht ergreifen kann, um das Zuhören zu erleichtern, wie die folgenden Beispiele zeigen:

- – Wenn möglich, Lärmquellen ausschalten, z. B. den Raum wechseln.
- – Möglichst einen Raum mit Teppich und Gardinen wählen. Beides dämpft den Schall.
- – Kollegen in ein Gespräch mitnehmen, Notizen anfertigen und im Austausch ergänzen,
- – andere bitten, deutlich zu sprechen
- – und wenn die Bedingungen schwierig sind, eine E-Mail schreiben.

Außerhalb des Unterrichts üben die Lerner Hörverstehen weniger mit dem Lehrwerk, sondern auf andere Art und Weise, z. B. indem sie Radio hören oder TV schauen. Das bedeutet, auch für die Hörübungen wird das Buch hauptsächlich im Unterricht benutzt.

10.1.6 Vokabelteil im Lehrwerk

Um die Daten zu der Frage nach dem Lehrwerk zu vervollständigen, wurden die Lerner aufgefordert, den Vokabelteil zu bewerten. Bereits bei der Erfas-sung der Fragebogenantworten war aufgefallen, dass Lerner in diesem Teil häufig Möglichkeiten angekreuzt haben, die sich gegenseitig ausschließen. Ohne Buchtitelangabe war eine Überprüfung nicht möglich. Bei der Aus-wertung wurde daher folgendermaßen vorgegangen: Es wurden nur die Fälle berücksichtigt, die <u>ein</u> Buch angegeben hatten. Es wurde außerdem davon ausgegangen, dass die Vokabeln in den Büchern auf drei verschiedene Arten dargestellt werden: <u>entweder</u> als zweisprachige <u>oder</u> als einsprachige Liste <u>oder</u> als Datei im Internet. Die Lerner durften also nur eine Frage bejahen, um den Vokabelteil richtig zu beantworten. Der hohe Prozentsatz „falsch beant-wortet" zeigt, dass viele Lerner einfach geraten und mehrere oder alle Möglichkeiten angekreuzt haben (siehe Abb. 7).

Wissen über den Vokabelteil im Lehrwerk

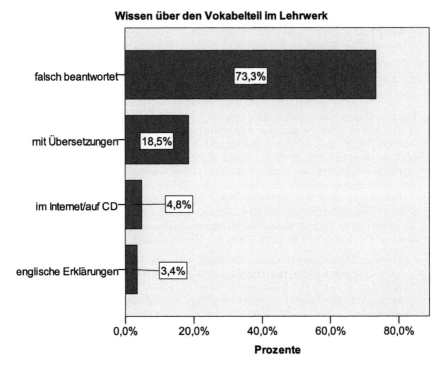

Abb. 7: Vokabelteil Lehrwerk

Die mangelnde Vertrautheit mit den Vokabelteilen deutet darauf hin, dass diese nicht den Lerngewohnheiten zahlreicher Lerner entsprechen. Die Antworten auf die Fragen zum Umgang mit den Vokabeln bestätigen das. Sie zeigen, dass Vokabeln in zweisprachigen Online-Wörterbüchern nachgeschaut und Übersetzungen von unbekannten Vokabeln in den englischen Text geschrieben (siehe 11.2), Vokabeln aber selten oder gar nicht mit dem Buch, sondern eher beim Sprechen gelernt werden (siehe 11.2.2). Das bedeutet: auch für die Vokabelarbeit wird das Lehrwerk meist nur im Unterricht benutzt.

10.1.7 Anmerkungen zum Lehrwerk

In den offenen Anmerkungen zum Buch werden die Inhalte und Hörübungen gut gefunden. Einige Lerner begründen ihre mangelnde Lehrwerkkenntnis damit, im Unterricht nur teilweise mit dem Buch zu arbeiten. In den Interviews gaben Lehrkräfte an, ein Buch auf den unteren Lernstufen wichtig zu finden, um Basiswissen zu vermitteln. Eine Lehrkraft setzt nur das *Workbook* eines Lehrwerks ein, da es manchmal sehr lange dauert, bis das Buch durchgearbeitet ist. Eine andere Lehrkraft arbeitet mit zwei Büchern und zusätzlichen Kopien. Es wurde auch die Meinung vertreten, dass es schwer ist, sich auf ein Buch zu stützen, da die Bücher nicht den Bedürfnissen der Lerner entsprechen, entweder zu einfach oder zu überfrachtet sind, Grammatikübungen zu schwer sind und die Lerner mit den Fragen des Buchs nicht zurechtkommen. Von einer Lehrkraft wurden die Themen und Texte der Lehrbücher als weit entfernt von der Wirklichkeit empfunden.

Der Widerspruch zwischen der Zufriedenheit der Lerner mit dem Lehrwerk und den Schwierigkeiten im Umgang damit ist möglicherweise darauf zurückzuführen, dass die Lehrkräfte die Schwächen des Lehrwerks durch anderes Material und ihren Unterrichtsstil ausgleichen. Möglicherweise betrachten die Lerner die Lehrwerke aber auch aus einem ganz anderen Blickwinkel als die Lehrkräfte. Sie scheinen im Gegensatz zu den Lehrkräften vor allem den Inhalt, weniger die Grammatikübungen und den Vokabelteil zu beurteilen, da sie für sie weniger Bedeutung haben (siehe 11.1.2). Wahrscheinlich spielt auch die in 1.4.4 beschriebene erhöhte Toleranz Älterer gegenüber unpassendem Material eine Rolle.

Die Interviewaussagen von Lernern und Lehrkräften zu der Frage, welches Lernmaterial hilfreich ist, stützen die Befunde von Camp (1981: 715 ff.) und Cavanaugh, Blanchard-Fields (2002: 224 ff.). Danach gehen Ältere eher ganzheitlich vor (siehe 1.4.3). Manche Lerner gewährten während der Interviews Einblick in selbst erworbenes zusätzliches Lernmaterial wie z. B. ein Kinderbuch mit CD, Kinderspiele mit CD, ein Bildwörterbuch und eine fertige Lernkartei, welche aber noch nicht benutzt wurde oder in die selten hineingeschaut wird. Ein Lerner wünschte sich Material in Form von Geschichten oder Lernromanen. Einige Lehrkräfte berichteten von guten Erfahrungen mit leichten Lektüren und kleinen Projekten mit CD und integrierten Grammatik- und Vokabelübungen. Diese Lernmaterialien lassen eine Tendenz in Richtung vereinfachtes, weniger umfangreiches Lernmaterial erkennen, bei dem Grammatik und Vokabeln in einen Zusammenhang eingebettet sind.

Tipp: die ganzheitliche Lernweise berücksichtigen

Es ist ratsam, bei der Auswahl, bei der Erstellung und bei der Nutzung von Lehr- und Lernmaterial, die ganzheitliche Vorgehensweise der Lerner zu berücksichtigen. Das gilt besonders für Übungen zum Hörverstehen. Wenn Hörtexte ganzheitlich präsentiert und zusätzlich durch Bilder veranschaulicht werden, wie das bei Videos der Fall ist, dann können Erwachsene Schwierigkeiten mit Hörverstehensübungen leichter ausgleichen (siehe 11.5.1, Tipp: Hörverstehen mit Videos trainieren).

10.1.8 Zusammenfassung und Ausblick

Die Auswertung der Fragen zu den Lehrwerken zeigt, dass viele Lerner nicht die Voraussetzungen erfüllen, um selbstständig damit zu arbeiten oder die didaktische Aufbereitung weniger zu ihren Lernvoraussetzungen und Lerngewohnheiten passt. Das hat zur Folge, dass die Lerner das Lehrwerk außerhalb des Unterrichts kaum benutzen. Trotzdem sind viele Lerner zufrieden bis sehr zufrieden während die Lehrkräfte eher unzufrieden mit den Lehrwerken sind. Lerner und Lehrkräfte sind durch unterschiedliche „Denkweisen" geprägt. Die Lerner bewerten vor allem den Inhalt und die Hörübungen, weil sie Anlass zum Sprechen geben. Sprechen und Hören sind die beiden Fertigkeiten, die beim informellen Lernen gut trainiert werden. Die Lehrkräfte hingegen bewerten vor allem die Grammatikübungen und die Vokabelteile. Damit haben viele Lerner Schwierigkeiten, weil der Umgang damit beim informellen Lernen kaum gefordert wird. Die Auswertung ergab aber auch, dass Lernen mit Verlagsmaterial erfolgreich ist, wenn es einfach und wenig umfangreich gestaltet ist, Vokabeln und Grammatik in einen Zusammenhang eingebettet sind und bei den Übungen die ganzheitliche Vorgehensweise der Lerner berücksichtigt wird. Das sollte bei der Auswahl, beim Einsatz und bei der Erstellung von Lehr- und Lernmaterial berücksichtigt werden.

10.2 „Echtes" Material

10.2.1 Arbeiten mit „echtem" Material

Im nächsten Fragenkomplex wurden die Lerner nach dem Einsatz von „echtem" Material befragt. „Echtes" Material wurde im Fragebogen definiert als firmen- bzw. arbeitsplatzspezifisches Material oder Material aus dem persönlichen Alltag.

Auf die Frage, ob die Lerner im Unterricht auch mit „echtem" Material aus dem Arbeitsalltag arbeiten, gab ein Drittel der Teilnehmer an, solches überhaupt nicht zu verwenden. 46 % gaben an, teilweise mit „echtem" Material zu arbeiten. Das bedeutet, dass in manchen Kursen nur mit einem Buch gearbeitet wird und in anderen Fällen die Arbeit mit dem Buch durch „echtes" Material ergänzt wird.

Ein Vergleich der Frage nach beliebten Unterrichtsaktivitäten mit den Lernstufen bekräftigt die Vermutung. Das Arbeiten mit „echtem" Material wird in Kursen höherer Lernstufe häufiger gut gefunden als in Kursen niedriger Lernstufe. Ursache dafür ist wahrscheinlich, dass in Kursen niedriger Lernstufe das Arbeiten mit „echtem" Material weniger häufig angeboten wird, weil Lehrkräfte und Lerner der Meinung sind, dass zuerst Grundkenntnisse erworben werden sollen. Das deutet darauf hin, dass eigene

Lernerfahrungen aus der Schulzeit (siehe 2.8, Raasch 2007: 219 f.) auf den heutigen Unterricht übertragen werden.

10.2.2 Verhältnis „echtes" Material zu Lehrwerk

Im Anschluss daran wurden die Lerner gefragt, ob sie häufiger mit „echtem" Material oder mit dem Lehrwerk arbeiten. In die Auswertung kamen nur Personen, welche die vorherige Frage mit ja oder teilweise beantwortet haben. Drei Viertel dieser Personen verwenden vermehrt das Lehrwerk und ein Viertel eher das Alltagsmaterial im Unterricht. Das bestätigt die Vermutung in 10.2.1. Das Lehrwerk wird in vielen Fällen als Grundlage verwendet und durch „echtes" Material ergänzt. Dem Forschungsstand nach müsste das Verhältnis umgekehrt sein, da Lernerfolg vor allem bei Aufgaben erzielt wird, die trainiert werden oder den trainierten Aufgaben sehr ähnlich sind und unverändert in den Alltag übernommen werden können (siehe 1.3.3). Dazu passen die guten Erfahrungen der Lehrkräfte mit Verlagsmaterial, das einfach und wenig umfangreich gestaltet ist (siehe 10.1.7).

10.2.3 Bereitstellung von „echtem" Material

Gut ein Drittel der Lerner, die diese Frage beantwortet haben, gaben an, dass das „echte" Material sowohl von der Lehrkraft als auch von den Teilnehmern in den Unterricht mitgebracht wird, tendenziell etwas häufiger von den Teilnehmern.

Tipp: Lerner motivieren, „echtes" Material mitzubringen

Da Lernerfolg vor allem bei Aufgaben erzielt wird, die unverändert in den Alltag übernommen werden können, sollten die Lerner auf allen Lernstufen immer wieder dazu motiviert werden, eigenes Material in den Unterricht einzubringen. Bei Texten aus den eigenen Arbeitsgebieten wie Laborberichten, Spezifikationen, Arbeitsplänen, Handbüchern, Verträgen oder Normenregelungen können Lerner auf vorhandene Wissenselemente zurückgreifen, die Sprachenlernen erleichtern. Der effektive Umgang mit diesen Texten kann durch die Vermittlung von Lesetechniken gefördert werden (siehe 11.6.3).

10.2.4 Nur Bearbeitung von „echtem" Material

Die Probanden wurden danach gefragt, ob sie sich vorstellen können, nur mit „echtem" Material zu arbeiten. Gut ein Drittel der Lerner, die diese Frage beantwortet haben, kann sich das vorstellen, fast zwei Drittel sind diesem Gedanken gegenüber nicht aufgeschlossen. Nur eine geringe Anzahl der Lerner, die im offenen Teil der Frage eine Begründung für ihre Antwort abgegeben haben, können sich vorstellen nur mit „echtem" Material zu arbeiten. Unterschiedliche berufliche Interessen, Vertraulichkeit oder der unterschiedliche Kenntnisstand, die Möglichkeit, Übungen machen zu wollen oder in einem Buch nachschlagen zu wollen sowie die Meinung, dass der Unterricht dann zu wenig abwechslungsreich oder zu berufsbezogen ist, sprechen dagegen. Das deutet wieder auf eigene Lernerfahrungen in der Schulzeit hin (siehe 2.8, Raasch 2007: 219 f.), die auf den heutigen Unterricht übertragen werden. Manche lehnen das Lernen mit einem Lehrwerk ab, andere suchen darin Anleitung und Lenkung für ihr Lernen.

10.2.5 „Echte" Situationen nachspielen

Bei knapp zwei Dritteln der Lerner, die diese Frage beantwortet haben, spielen die Lehrkräfte Situationen wie Fabrikführungen oder Ähnliches aus dem Arbeitsalltag mit den Kursteilnehmern nach, um sie auf die Arbeitssituation in der englischen Sprache vorzubereiten. Bei den meisten Befragten, die eine Begründung gegeben haben, hat sich eine Situation für ein Rollenspiel noch nicht ergeben, bei weiteren wird das Rollenspiel nur manchmal eingesetzt. Dazu werden, wie weitere Teilnehmer beschreiben, Beispiele aus dem Arbeitsalltag verwendet.

Präzisierendes Nachfragen bei den Lernern ergab, dass sie es schätzen, vorformulierte E-Mails an die Lehrkraft schicken zu dürfen und korrigiert zurück zu erhalten. Manche finden das Arbeiten mit englischsprachigen Schautafeln, das Beschreiben von Geräten, das Durchführen von Fabrikführungen vor Ort, das Nachstellen von „echten" Situationen, z.B. einen typischen Tag in einer Produktionsanlage, oder das Sprechen über arbeitsplatzbezogene Situationen gut. Zwei Lerner meinen, dass sie sich da am besten einbringen können.

Diese Vorlieben deuten auf einen konkreten kommunikativen und kinästhetisch orientierten Lernstil hin. Der mündliche Austausch an realen Orten wird über die Lebensspanne ständig trainiert. In allen Berufen eines Unternehmens treffen sich Mitarbeiter zu Fachgesprächen in Meetings mit Kollegen verschiedener Abteilungen. Sie tauschen sich mit Geschäftspartnern, Zulieferern und Kunden an unterschiedlichen realen Orten aus, z.B. im Restaurant, auf Messen, Ausstellungen oder bei Sportveranstaltungen. Das trifft ebenso auf den Alltag außerhalb der Unternehmenswelt zu. Lerner treffen sich mit der Familie und mit Freunden an realen Orten, um Neuigkeiten auszutauschen. Das Sprechen in Alltagssituationen wird auch bei Tätigkeiten im Ehrenamt trainiert. Die Daten stützen die Vermutung von Rossi-Le (1995: 121), nach der Lerner in der Berufswelt häufig kinästhetisch orientiert sind. In diesem Punkt sind Parallelen zum Lernverhalten von Kindern zu erkennen. Das widerlegt die Vermutung von Grotjahn (2007: 328). Er geht davon aus, dass kinästhetische Lerner eher bei jungen Lernern zu finden sind. Die Daten passen auch zu dem Befund von Singleton und Ryan (2004: 218 f.), nach dem Ältere die Fremdsprache „real" anwenden wollen.

10.2.6 „Echte" Situationen in realer Umgebung

Für die Beantwortung dieser Frage wurden nur die Fälle berücksichtigt, die „echte" Situationen nachspielen. Knapp zwei Fünftel dieser Befragten, die mit „echtem" Material arbeiten und Rollenspiele im Unterricht durchführen, spielen diese Szenarios auch vor Ort in einer realen Umgebung durch. Drei Fünftel spielen ihre Rollenspiele nicht vor Ort. Dies wurde damit begründet, dass der Dienstbetrieb dadurch gestört wird, Sicherheitsgründe dagegen sprechen oder kein freier Arbeitsplatz zur Verfügung steht, dass es organisatorisch nicht möglich ist oder die Seminarräume zu weit vom Arbeitsplatz entfernt sind. Es liegt folglich an den Rahmenbedingungen, wenn „echte" Situationen nicht in der realen Umgebung durchgeführt werden.

Tipp: Lernen an allen Orten fördern

Viele Lerner wollen an realen Orten in konkreten Situationen sprechen lernen. Das ist nach dem Forschungsstand am effektivsten und entspricht dem kommunikativen und kinästhetisch orientierten Lebens- und Arbeitsstil vieler Lerner. Es sollte daher gezielt gefördert werden. Manche Firmen betreiben ein Besucherzentrum. Das bietet die Möglichkeit in Bewegung und an Exponaten aus der Firmenwelt Englisch zu lernen.

10.2.7 Wunsch nach Bearbeitung von „echtem" Material

Die Personen aus 10.2.1, die nicht mit „echtem" Material arbeiten, wurden abschließend gefragt, ob sie gerne damit arbeiten würden. Drei Fünftel würden dies gerne tun. Für knapp zwei Fünftel kommt diese Möglichkeit nicht in Frage. Die meisten Befragten, die im offenen Antwortteil eine Begründung abgegeben haben, wollen praxisnah lernen, andere hingegen erst Grundkenntnisse erwerben. Auch wird im Kurs verwendetes Material als ausreichend bewertet, die eigenen Arbeitsaufgaben als Grund für das Arbeiten mit „echtem" Material angeführt oder angegeben, dass mit „echtem" Material besser gelernt werden kann.

Unterschiedliche Einstellungen

Die unterschiedlichen Einstellungen zu der Frage, ab welcher Stufe „echtes" Material im Fremdsprachenunterricht bearbeitet werden sollte, wurden in den Interviews mit den Lernern und Lehrkräften angesprochen. Bei der Verwendung von authentischem Material im Anfangsunterricht gibt es zwei Positionen:

Einige Lehrkräfte arbeiten auf Anfängerniveau mit „echtem" Material und begründen es damit, dass es im Vergleich zum Buch motivierender ist, weil es persönlich und relevant für die Lerner ist. Sie meinen, je mehr die

Lerner in den Unterrichtsablauf involviert werden und je spezifischer das Thema ist, desto höher sind die Motivation und der Lernerfolg.

Andere finden, dass die Lerner zuerst Grundlagen in Grammatik erlernen sollten, bevor sie mit „echtem" Material arbeiten, wobei Befürworter und Gegner „echtes" Material unterschiedlich zu definieren scheinen. Die Gegner beziehen den Begriff ausschließlich auf authentisches Textmaterial vom Arbeitsplatz, welches sie viel zu schwer finden. Für die Befürworter ist der Begriff weiter gefasst. Sie beziehen ihn auch auf arbeitsplatzbezogene Situationen, Alltagssituationen und Gegenstände aus dem Arbeitsalltag der Lerner und in englischer Sprache veröffentlichtes Firmenmaterial. Der Einsatz von „echtem" Material in Form von Texten ist nach Meinung einer Lehrkraft in abteilungsübergreifenden Kursen sehr schwierig, da Lerner aus unterschiedlichen Abteilungen und Fachgebieten zusammenkommen und die von einem Lerner mitgebrachten Texte nur für ihn persönlich und nicht für die anderen Lerner relevant sind, weil sie zu fachspezifisch sind. In abteilungsbezogenen Kursen dagegen sind die Interessen meist gleich und das Arbeiten mit „echtem" Material für alle relevant. In der Realität kann es allerdings auch vorkommen, dass Lerner eines abteilungsbezogenen Kurses zwei völlig verschiedene Arbeitsgebiete haben und dieselbe Situation wie oben beschrieben entsteht.

Im Gegensatz zu den Lehrkräften wollen alle interviewten Lerner von Anfang an mit „echtem" Material arbeiten und verstehen darunter dasselbe wie die Befürworter unter den Lehrkräften. Für eine Lernerin hat das Arbeiten mit „echtem" Material Vorrang vor dem Lernen von Grammatik, welche sich ihrer Meinung nach anschließend besser einprägt (siehe Auswertung Grammatik). Der Forschungsstand zu diesem Thema ist eindeutig. Lernen ist erfolgreich, wenn trainierte Aufgaben unverändert in den Arbeitsalltag übernommen werden können (siehe 1.3.3). Auch die Fremdsprachenforschung (vgl. Finkbeiner 2001: 121 ff.) hat nachgewiesen, dass Wissen Fremdsprachenlernen erheblich erleichtern kann.

Unterschiedliche „Denkweisen"

Die Daten zum Lehrwerk zeigen, dass es vielen Lernern an einer grammatischen "Denkweise" und an Abstraktionsfähigkeit bezogen auf das Sprachenlernen fehlt. Betrachtet man die Begriffe aus der Perspektive der Lerner, dann könnte man ebenso sagen, dass Fremdsprachenlehrkräfte Schwierigkeiten mit der „Denkweise" der von den Lernern ausgeübten Berufe haben und es ihnen in diesem Punkt ebenfalls an Abstraktionsvermögen fehlt. Für einen Lerner stellt z. B. der Umgang mit einer Datenbank in englischer Sprache ein reales Alltagsproblem dar, das er mit Hilfe der Lehrkraft lösen möchte. Für die Lehrkraft ist das ein abstraktes Problem, in das sie sich erst hineindenken muss. Grammatikübungen wiederum können für einen Lerner abstrakt sein, weil sie nicht seine Erfahrungswelt betreffen. In diesem Punkt ähneln die Lerner Grundschulkindern, die ebenfalls (noch) nicht abstrahieren können (vgl. Böttger 2010: 28) mit dem Unterschied, dass diese Input bekommen, der genau ihrer Erfahrungswelt entspricht (vgl. Böttger 2010: 65 ff.). Das liegt wahrscheinlich daran, dass Erwachsene den Überblick über die Erfahrungswelt der Kinder haben.

Tipp: das Internet in den Unterricht integrieren

Da gemäß der Psychologie der Lebensspanne im mittleren Erwachsenenalter ein Transfer geübter Fertigkeiten auf andere schwer möglich ist, ist der Ansatzpunkt zur Initiierung und Entwicklung des Lernprozesses ebenso in ihrer Erfahrungswelt zu sehen.

Das kann durch die Integration des Internets und Intranets in den Unterricht erreicht werden. Anwendungen wie *YouTube*, Google *Maps* etc. ermöglichen Lernen in der Realität vor Ort. Datenbanken, Baustellen, Geräte, Maschinen und Unterlagen aus dem Alltag können am Bildschirm betrachtet und besprochen werden. Bilder erzeugen Aufmerksamkeit und Neugier. Abstrakte Sachverhalte werden konkret. Häufig sind dabei viele Details zu sehen, die ohne Bild kaum erwähnt würden und mit Sprache allein kaum beschrieben werden können.

Im Interview gab ein Lerner an, das Lernen mit „echtem" Material gut zu finden und am meisten dabei zu lernen. Die Lehrkraft greift das auf, knüpft im Gespräch an sein berufliches Fachwissen an und ermöglicht ihm durch bildhafte, akustische oder kinästhetische Vorstellungen einen leichteren Zugang zur Sprache bis hin zum Flowzustand.

Interviewausschnitt (Elektriker)

Interviewer: Welche Aktivitäten im Unterricht gefallen Ihnen am besten?

Person 1: Die fachbezogenen. Wenn wir fachbezogene Sachen machen.

Interviewer: Also arbeitsplatzbezogen?

Person 1: Ja, arbeitsplatzbezogene Gespräche führen sozusagen. Wenn wir versuchen, irgendwas, weil die Trainerin ist da immer ziemlich, die will immer alles ziemlich genau wissen, weil sie sich in Technik überhaupt nicht auskennt – und das ist immer das Schönste, wenn wir dann probieren, das zu erklären...mit Händen und Füßen und allen englischen Worten, was wir haben (lacht), probieren wir, ihr als das zu erklären – auf Englisch natürlich. (lacht)

Interviewer: Und das macht Spaß?

Person 1: Das macht Spaß, ja. Weil sie weiß ja wirklich nicht, von was wir reden, will es aber verstehen, und wir erklären es dann und dann kann sie sich das zusammenreimen und hilft uns dann weiter, weil sie sagt, das könnte das und das sein. Wenn sie uns dann das Wort sagt, dann fällt uns das meistens ein – ja, das ist es und so, dann geht es weiter...ja, und das macht Spaß.

Interviewer: Und das bringt Sie auch weiter?

Person 1: Ja.

Die Lernsituation kommt einer realen Situation sehr nahe. Der Lerner kann vorhandene Wissenselemente für das Sprechen in der Fremdsprache nutzen. Er wird dabei in seinem Selbstbild gestärkt. Das Gespräch wird effektiver, wenn er zusätzlich

Objekte, Skizzen oder Bilder z. B. aus dem Internet/Intranet zu dem Thema zeigt. Diese externen Hilfen unterstützen den Lerner beim Sprechen. Sie helfen der Lehrkraft und den Mitlernern, den Inhalt besser zu verstehen, gezielt Fragen zu stellen und fehlende Wörter im Gespräch zu ergänzen.

Nutzen für den Arbeitsplatz und für weiteres Lernen

In realen Situationen helfen Visualisierungstechniken, komplexe Sachverhalte für Fachfremde (auch unabhängig von der Fremdsprache) verständlich darzustellen. Das trägt dazu bei, Missverständnisse zu vermeiden und Kommunikation zwischen Gesprächspartnern mit unterschiedlichem Vorwissen zu einem Thema sicherzustellen.

Ausgehend vom Lerner und seinem konkreten Erfahrungswissen können neue Fertigkeiten (in diesem Beispiel die Fremdsprache, Visualisierungstechniken und Medienkompetenz) erlernt und im Laufe des Kurses spiralförmig erweitert werden. Das erfordert aktive Mitarbeit auf ganzheitlicher Ebene und ist motivierend, weil Neues unverändert angewendet werden kann. Reale Themen werden im Unterricht von den Mitlernern und der Lehrkraft aus unterschiedlichen Blickwinkeln betrachtet, hinterfragt, bestätigt und erweitert. Das fördert gemäß der didaktischen Vorgaben von Funk (2010 b: 1150) kritisches Denken (siehe 3.1.3).

Die Vorgehensweise passt für alle Lerner.

Diese Vorgehensweise bietet sich in abteilungsbezogenen und abteilungsübergreifenden Kursen und im Fremdsprachenunterricht außerhalb von Unternehmen an. Sie ist geeignet für Lerner aller Stufen einschließlich Erstlerner und für Lerner, die sich nicht für sprachbegabt oder zu alt zum Sprachenlernen halten. Sie bietet sich vor allem für sprachlich und altersmäßig heterogene Gruppen an, weil das Wissen der Lerner im Mittelpunkt steht. Der Unterricht wird dadurch interessant und niemand wird bloßgestellt, wenn er ein paar Stunden des Kurses versäumt hat.

Bezogen auf die Einschätzung von Funk (2010 a: 317) und die Einstellung mancher Lerner und Lehrkräfte, dass „allgemein-kommunikative Szenarien [...] im Verlauf berufsbezogener Kurse eher ab(nehmen) und im engeren Sinne berufs- und arbeitsplatzbezogene Szenarien und Inhalte eher zu(nehmen)", müsste es bei Erwachsenen genau umgekehrt sein. Das entspräche der Vorgehensweise im Grundschulunterricht, ebenso dem biografischen Ansatz von Berndt (2007: 473) für Senioren, der auch in anderen Kontexten, z. B. bei einem Projekt mit bildungsbenachteiligten Englischlernerinnen in Österreich (vgl. Kastner 2006: 23 f., Zürcher 2007: 47 ff.) oder beim Sprachenlernen von Reinigungskräften und Fabrikarbeitern in den USA (vgl. Orr 2002: 147 ff.), erfolgreich war, weil von den persönlichen Lebens- und Lernerfahrungen der Lerner ausgegangen wurde.

Alltagsnahe Materialien wie Prospekte, Reiseunterlagen und englischsprachige Kochbücher eröffneten den bildungsbenachteiligten Englischlernerinnen in Österreich den Zugang zum Englischlernen. Bei den Reinigungskräften und Fabrikarbeitern in den USA waren die Arbeitsaufgaben und die damit verbundenen Arbeitsmittel Ausgangsbasis für das Fremdsprachenlernen. Bei den hochtechnisierten Arbeitsplätzen der modernen Arbeitswelt und bei der Vorbereitung auf Auslandseinsätze an globalen Orten kann der Zugang zu realen Situationen auch mit Hilfe des Internets in den Unterricht realisiert werden (siehe Tab. 4).

Tab. 4: Reale Situationen in den Seminarraum holen

Reale Situationen	Internet/Intranet
Finding the Way	den Weg vom Flughafen zum Ort des Auslandseinsatzes und zum Hotel virtuell erkunden
At a hotel	ein Hotel und seine Angebote für eine Geschäfts- oder Urlaubsreise im Unterricht betrachten und einen virtuellen Rundgang unternehmen
Centrifugal pump	ein Bild aus dem Internet herunterladen
Hobby	ein Bild oder Video im Internet suchen

10.2.8 Zusammenfassung und Ausblick

Dieser Abschnitt zeigt, dass viele Lerner am besten in realen Alltagssituationen im Austausch mit anderen lernen, so wie das auch im Alltag der Fall ist. Dabei können sie sogar in den Flowzustand gelangen. Das bestätigt, dass Wissen Fremdsprachenlernen erheblich erleichtern kann und nach dem Forschungsstand für Erwachsene im mittleren Alter effektiver ist, da der Transfer geübter Fertigkeiten auf andere schwer möglich ist. Die Befunde zeigen aber auch, dass frühere Lernerfahrungen in unterschiedlicher Weise auf das Lehren und Lernen im betrieblichen Kontext einwirken, denn eine Gruppe von Lernern und Lehrkräften möchte zunächst Grundkenntnisse erwerben bzw. vermitteln, bevor mit „echtem" Material gearbeitet wird, während eine andere Gruppe von Lehrkräften und die Mehrheit der Lerner von Anfang an damit lernen möchte. Bei der ersten Gruppe ist ein Umdenken erforderlich, um das Englischlernen effektiver zu gestalten. Das kann auch durch das Lernen an realen Orten und die Integration des Intranets/Internets in den Unterricht erreicht werden. Das Internet bietet die Möglichkeit, reale Alltagssituationen in den Seminarraum zu holen und die Sprache im Austausch mit der Lehrkraft und der Lerngruppe zu lernen. Die Vorgehensweise ist besonders für heterogene Gruppen geeignet, weil nicht das Sprachenlernen, sondern der Austausch über reale Themen im Mittelpunkt des Unterrichts steht. Das gibt jedem Teilnehmer die Möglichkeit, sich aktiv in den Unterricht einzubringen und nicht nur die Sprache, sondern auch neues Wissen zu erwerben.

11 Unterricht

11.1 Erwartungen

11.1.1 Unterrichtsinhalte

Um festzustellen, ob der Unterricht den Vorstellungen der Lerner entspricht, wurden die Probanden gefragt, welche Erwartungen sie an die Inhalte des Englischunterrichts haben. Dazu sollten sie die angegebenen Themen in eine Rangfolge bringen. Am wichtigsten ist es für die Befragten, das Sprechen in Alltagssituationen zu üben. Darauf folgen berufsbezogenene Einsatzmöglichkeiten wie Prozesse und Abläufe erklären, Fachbegriffe im Zusammenhang verwenden und Fachvokabular lernen. Andere Erwartungen an den Unterricht spielen eher eine untergeordnete Rolle wie Abb. 8 zeigt, in der die Themen nach Mittelwerten geordnet sind. Die Spannweite der Werte spiegelt die hohe Komplexität des betrieblichen Lernkontextes wieder.

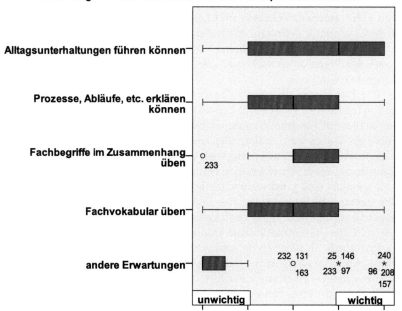

Abb. 8: Erwartungen an den Unterricht

Die Daten passen zu den Forschungsbefunden von Schmidt (2009: 317), der feststellt, dass der mündliche Austausch, besonders für bildungsferne Mitarbeiter eines Unternehmens, wichtig ist. Hier zeigt sich der Verhaltensaspekt des Lernstils. Sprechen in Alltagssituationen und Diskutieren über Prozesse und Abläufe werden beim informellen Lernen im Alltag ständig trainiert und auf das Englischlernen übertragen. Die Annahme, dass es bei der hohen Sprechbereitschaft Parallelen zwischen erwachsenen Fremdsprachenlernern und Grundschulkindern gibt, bestätigt sich.

Prozesse beschreiben ist den Frauen wichtiger.

Ein Vergleich dieser Frage mit den Geschlechtern stützt die Vermutung von Kugler-Eberle (1998: 253), nach der Frauen mehr an spezifischen Themen interessiert sind als Männer. Der Befund besagt, dass etwa doppelt so viele Frauen wie Männer das Beschreiben von Prozessen im betrieblichen Fremdsprachenunterricht trainieren wollen. Das deutet darauf hin, dass Frauen motivierter Sprachen lernen.

11.1.2 Wichtigkeit einzelner Fertigkeiten

Eine zweite Frage zielte auf die Gewichtung einzelner Fertigkeiten im Unterricht ab. Am wichtigsten finden die meisten Befragten Sprechen, gefolgt von Hörverstehen, Vokabeln und Lesen. Schreiben und die damit verbundene Grammatik befinden sich auf den hinteren Plätzen.

In Abb. 9 sind die Fertigkeiten nach Mittelwerten geordnet. Die Spannweite der Werte zeigt auch hier wieder die hohe Komplexität des betrieblichen Lernkontexts.

Die Daten bekräftigen die Ergebnisse der vorherigen Frage. Kommunikation hat für die Lerner einen extrem hohen Stellenwert, wahrscheinlich weil sie sich beim informellen Lernen im Alltag überwiegend mündlich austauschen. Dabei werden Sprechen und Hörverstehen gut trainiert. Für den Austausch mit anderen benötigen sie Vokabeln, die infolgedessen den dritten Rang einnehmen. Schreiben wird beim informellen Lernen weniger gefordert und trainiert und wird wahrscheinlich deshalb weniger wichtig gefunden. Die geringe Bedeutung, die die Lerner Grammatik beimessen, kann auf negative Schulerfahrungen zurückzuführen sein. Sie kann auch damit erklärbar sein, dass Grammatik beim informellen Lernen kaum eine Rolle spielt. Lesen wurde in der Schule und wird im aktuellen Unterricht als leicht empfunden. Das liegt daran, dass das Wiedererkennen von Wörtern weniger Informationsverarbeitung erfordert als das Abrufen von Wörtern aus dem Gedächtnis und das führt wahrscheinlich zu der Einschätzung, dass Lesen weniger trainiert werden muss. Hinzu kommt, dass diese Fähigkeit kaum von alterskorrelierten Veränderungen betroffen ist (vgl. Lang 2012: 67).

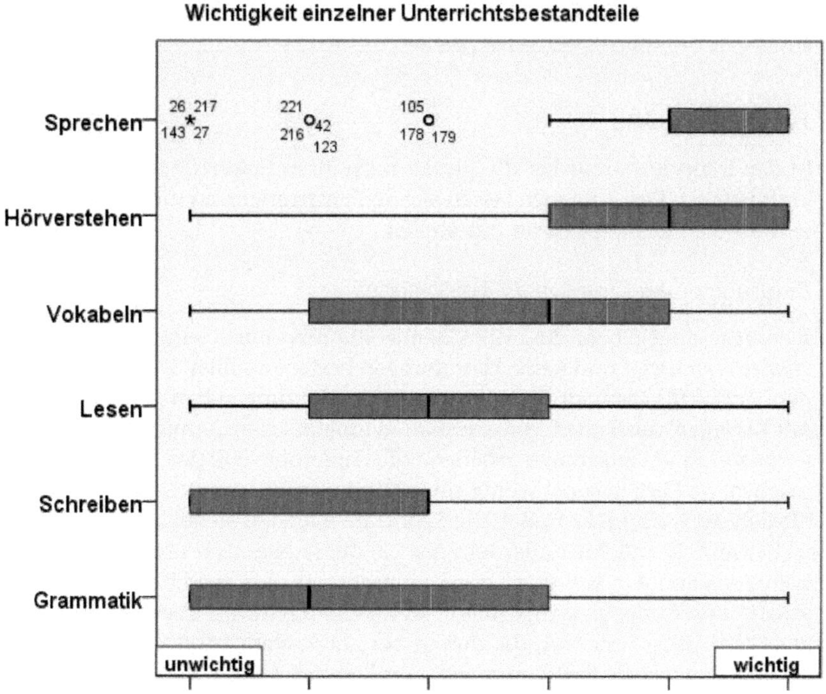

Wichtigkeit einzelner Unterrichtsbestandteile

Abb. 9: Wichtigkeit Unterrichtsbestandteile

Vokabeln lernen ist den Frauen wichtiger.

Ein Vergleich der Frage nach der Wichtigkeit der Unterrichtsanteile mit den Geschlechtern stützt die Vermutung von Schröder (1996: 5), Payne, Lynn (2011: 434 ff.), dass Frauen motivierter Fremdsprachen lernen als Männer. Der Zusammenhang besagt, dass Vokabeln lernen im Unterricht für Frauen im Vergleich zu den Männern wichtiger ist.

Lesen ist den Männern wichtiger.

Ein weiterer Vergleich mit den Geschlechtern stützt die Vermutung von Missler (1999: 157 ff.), nach der Männer weniger Strategien beim Fremd-sprachenlernen einsetzen. Er besagt, dass für Männer das Lesen im Unterricht im Vergleich zu den Frauen wichtiger ist. Lesen ist eine typische Aktivität des informellen Lernens. Es wird in allen in 1.4.3 beschriebenen Studien genannt (siehe Dellenbach: 2008, Schmidt: 2009, Werner: 2008). Als Beispiele werden dort das Lesen von Zeitungen, Zeitschriften, Bedienungsanleitungen und Handbüchern, weniger das Lesen von Büchern und Fachliteratur aufgeführt.

Viele Lerner in den Betrieben lesen Bedienungsanleitungen, E-Mails und andere Texte, die an sie weitergeleitet werden.

11.1.3 Lehrkräfte

In den Interviews wurden die Lerner nach ihren Erwartungen an die Lehrkraft befragt. Ihre Angaben lassen sich in Erwartungen an die Persönlichkeit und an die Fachkompetenz unterteilen.

Erwartungen der Lerner an die Lehrkräfte

Es wurde angegeben, dass die Chemie stimmen muss, eine lockere Atmosphäre wichtig ist und keine Hemmungen bestehen sollen. Des Weiteren soll die Lehrkraft Verständnis zeigen und Unterstützung geben. Sie wurde auch mit Kollegen verglichen, die ebenfalls sympathisch sein müssen, wenn man gerne mit ihnen zusammenarbeiten will. Außerdem soll der Unterricht Spaß machen, da Lernen sonst wenig sinnvoll ist. Einem Lerner ist Vertrauen und Ehrlichkeit wichtig. Er findet, die Lehrkraft soll dazu stehen, wenn sie etwas nicht weiß. Er möchte außerdem das Gefühl haben, dass er mit jeder Frage kommen kann. Ein weiterer Lerner wünscht sich eine „geschäftliche Freundschaft" und findet es sympathisch, wenn eine Lehrkraft über Missgeschicke aus dem Alltag berichtet, die ihm selber auch schon passiert sind.

Bezogen auf die Fachkompetenz wird erwartet, dass die Lehrkraft sich in ihrem Fachgebiet auskennt, es wird aber nicht erwartet, dass sie mit dem Arbeitsgebiet der Lerner vertraut ist. Sie sollte im Zielland gelebt haben, muss aber kein Muttersprachler sein. Lerner wollen alles korrekt lernen. Es soll auf Fehler eingegangen und Stärken sollen erkannt werden. Die Lehrkraft soll erfolgsorientiert unterrichten und die Lerner motivieren. Sie soll auf ihre Bedürfnisse eingehen und den Stoff so erklären, dass es Spaß macht zu lernen. Lerner wünschen sich, dass die Lehrkraft Anreize schafft, Engagement von den Lernern einfordert, Blätter einsammelt und benotet. Sie soll Sprechen üben und den Kurs abwechslungsreich gestalten.

Ein offener, ehrlicher und respektvoller Umgang auf Augenhöhe ist den Lernern und den Firmen wichtig, wie weiteres Nachfragen ergab. Das ist eine Grundvoraussetzung für die Zusammenarbeit in Betrieben. Diese Eigenschaften zeichnen die Lerner selbst aus, wie die Interviewaussagen und die offenen Antworten der Fragebögen zeigen. Sie deuten auf feldabhängige Lerner hin. Dieser Lernertyp ist sensibel für menschliche Beziehungen und Interaktionen (Reid: 1995). Nach Chapelle (1995: 159) orientiert er sich an Autoritäten, ist offen für Anregungen und Ideen. Das bedeutet, dass die Lehrkräfte für das Fremdsprachenlernen von feldabhängigen Lernern eine Schlüsselrolle haben.

Persönlichkeit und Fachkompetenzen der Lehrkräfte

Aus dem von den Lehrkräften ausgefüllten Datenblatt geht hervor, dass alle Lehrkräfte ein Sprachenstudium absolviert und drei Viertel davon in den letzten drei Jahren an Fortbildungen teilgenommen haben. Auch wenn die Lehrkraft für die Lerner kein Muttersprachler sein muss, trifft das auf acht von 21 Lehrkräften zu. Obwohl nicht erwartet wird, dass die Lehrkraft sich im Fachgebiet der Lerner auskennt, ist die Mehrheit der Lehrkräfte mit den Abläufen in den Firmen gut vertraut. Aus ihren Angaben geht weiterhin hervor, dass sie im Durchschnitt seit zehn Jahren in verschiedenen Firmen unterrichten. Die meisten Lehrkräfte sind zwischen 36 und 50 Jahre und entsprechen hinsichtlich des Alters, ihrer lebensweltlichen Situation und ihrer Lebenserfahrung der größten Gruppe der Befragten. Das führt zu einem guten Verständnis für die Lerner einerseits und hoher Akzeptanz der Lehrkräfte andererseits. Das zeigt sich beispielsweise in der Zufriedenheit der Lerner mit der Gruppe (siehe 9.4). Das bedeutet, dass die Lehrkräfte eine hohe Sozialkompetenz haben und in diesem Punkt auch den Anforderungen von ERFA Wirtschaft Sprache entsprechen (vgl. ERFA Qualitätskriterien – Referenzrahmen für Trainerinnen und Trainer). In den nachfolgenden Kapiteln wird der Englischunterricht näher betrachtet.

11.2 Vokabeln

In einer Frage mit Mehrfachauswahl wurden die Probanden gefragt, welche Möglichkeiten der Wortschatzarbeit sie nutzen (siehe Abb. 10). Die meisten Nennungen für die Arbeit mit den Vokabeln entfallen auf Wörterbücher, die sich im Internet finden lassen. Das deutet zum einen auf die schnelle Verfügbarkeit dieser Wörterbücher am Arbeitsplatz hin und zum anderen auf den Umgang damit. Meist ergibt sich aus der Alltagssituation heraus ein unbekanntes Wort, das zur schnellen Schließung der Wissenslücke im Internet gesucht wird.

Die am zweithäufigsten genannte Art mit Vokabeln zu arbeiten, besteht darin, die deutsche Übersetzung direkt in den englischen Text hineinzuschreiben. Ein Vokabelheft wird von 44,6 % geführt. Rund ein Viertel der Befragten verwalten die Vokabeln auf dem PC. Darauf folgt die fertige Lernkartei, wie sie von verschiedenen Verlagen angeboten wird.

In der offenen Antwortmöglichkeit gaben einige Personen andere Möglichkeiten an, mit Vokabeln zu arbeiten. Am beliebtesten bei den anderen Möglichkeiten ist die selbst erstellte Lernkartei. Außerdem werden das Buch aus dem Unterricht und elektronische Möglichkeiten beim Vokabellernen eingesetzt. Englische Medien jeglicher Form sowie Wörterbücher dienen ebenfalls dazu, den Wortschatz zu festigen oder zu erweitern.

Abb. 10: Vokabelarbeit

Wortschatzarbeit innerhalb und außerhalb des Unterrichts

In den Interviews wurde die Arbeit mit den Vokabeln präzisiert. Lerner gaben an, dass neue Vokabeln durch Umschreibung eingeführt werden und die deutsche Übersetzung auf Wunsch immer gegeben wird. Sie gaben weiterhin an, dass neue Vokabeln in einem Vokabelheft, auf dem PC verwaltet, auf lose Blätter, in das Buch oder auf Karteikarten geschrieben werden. Fertige Lernkarteien werden ebenfalls genannt, allerdings wird kaum oder gar nicht damit gearbeitet. Am Arbeitsplatz werden Vokabeln in Online-Wörterbüchern wie Altavista, *DCC* oder Leo nachgeschlagen oder es wird mit Übersetzungsprogrammen wie Google Übersetzer gearbeitet. Dabei werden die Wörter nicht aufgeschrieben, sondern bei wiederholtem Vorkommen mehrmals nachgeschaut.

Die Lehrkräfte bestätigten, dass Vokabeln auf Englisch erklärt und auf Wunsch die deutschen Übersetzungen auch aus den Reihen der Lerner gegeben werden. Sie gaben weiterhin an, dass die meisten Lerner die Vokabeln entweder in den Computer, auf Karteikarten, in ein Heft oder Ringbuch schreiben. Meistens handelt es sich um zweisprachige Vokabellisten. Manche Lerner schreiben die Vokabeln in das Lehrwerk, andere schreiben kaum Vokabeln auf.

Die Lehrkräfte gaben an, Vokabellernstrategien wie den Umgang mit Karteikarten oder die Nutzung einer Vokabelbox, einer Mindmap zu vermitteln und bei den Lernern auch nachzufragen. Das Arbeiten mit Gegensätzen, Synonymen, Wortfeldern, Bildern, „falschen Freunden", Cartoons, Vokabelübungen mit Bildern, Diagrammen, Karten wurde ebenso genannt. Die Daten zeigen allerdings, dass die Arbeit der Lerner mit den Vokabeln eher unsystematisch erfolgt.

Vokabelhefte

Viele Lerner führen ein Vokabelheft. Dabei werden Verben häufig in der gebeugten Form oder als einzelne Wörter mit Übersetzungen aufgeschrieben, denn vielen Lernern fehlt eine grammatische „Denkweise". Beispiele wie *invoice, demand, include* oder *deactivate* zeigen, dass das Erkennen von Wortbildungsgesetzen nicht immer möglich ist, weil Vorsilben nicht als solche erkannt werden.

Eher auf niedriger Stufe

Ein Vergleich mit den Lernstufen zeigt, dass Lerner auf niedriger Lernstufe eher ein Vokabelheft führen als Lerner auf höherer Lernstufe. Die Auswertung ergab außerdem, dass auf höherer Stufe keine anderen Strategien angewendet werden. Der Grund dafür ist wahrscheinlich, dass das Vokabelheft vollgeschrieben ist und andere Vokabellernstrategien nicht ausprobiert werden, weil sie eine grammatische „Denkweise" erfordern oder Lerner Alltagsgespräche mit dem vorhandenen Vokabular und mit Umschreibungstechniken gut bewältigen können.

Abhängig von der Lernkultur und der Ausrichtung der Kurse

Weitere Befunde ergaben, dass in einer Firma weniger Lerner ein Vokabelheft führen als in den anderen beiden Firmen. Stattdessen verwalten mehr Lerner ihre Vokabeln auf dem Computer. Das deutet auf eine medienorientierte Lernkultur hin. Beobachtungen während der Durchführung der Studie sprechen dafür. Einige Probanden waren Lerner in Blended-Learning-Kursen und eine Lehrkraft hat ein Studium Medien und Fotografie absolviert. Des Weiteren erfolgte die Durchführung des Fragebogens bei dieser Firma teilweise online, in den anderen beiden Firmen im Unterricht. Das bedeutet, die Lernkulturen der Firmen und die Ausrichtung der Kurse haben einen Einfluss auf die Wahl bestimmter Lernstrategien (siehe 11.9, „Beliebte" Unterrichtsaktivitäten).

Neigung Älterer zu fertigen Lernkarteien

Schließlich zeigt ein Vergleich dieser Frage mit den Altersgruppen, dass ältere Lerner (ab 50) deutlich häufiger eine fertige Lernkartei erwerben als die jüngeren Altersgruppen. Im Interview wurde allerdings angegeben, dass damit kaum gearbeitet wird. Das bestätigt die Feststellung von Lehr (2007: 99), nach der Ältere eher auf externe Hilfen zurückgreifen. Der Erwerb der

Lernkartei erfolgt wahrscheinlich aus dem Wunsch heraus, Wörter systematisch lernen zu wollen. Dann wird vermutlich festgestellt, dass die Vokabeln kaum in Zusammenhang mit der eigenen realen Lernsituation stehen und das Vorhaben wird aufgegeben.

Zusammengefasst lässt sich sagen, dass die meisten Lerner eher auf die Methoden des früheren Schulunterrichts, das zweisprachige Vokabelheft, die moderne zweisprachige elektronische Variante oder die Lernkartei zurückgreifen. Die Wahl scheint von den Lernkulturen der Firmen, der Ausrichtung der Kurse, dem Lehrstil, der Lernstufe und dem Alter abhängig zu sein. Im Unterricht werden zwar Vokabellernstrategien vermittelt, aber kaum angenommen, weil vielen Lernern eine grammatische „Denkweise" fehlt oder weil sie Vokabeln lieber in der Kommunikation lernen wollen.

11.2.1 Medien- und Informationskompetenz

An der starken Nutzung der Online-Wörterbücher (70 %) lässt sich ablesen, dass viele Lerner dazu tendieren, sich das Sprachenlernen mit Hilfe der neuen Medien zu vereinfachen. Diese Neigung bestätigt den Forschungsbefund von Lehr (2007: 216), der besagt, dass Ältere danach streben, „etwas mit weniger Aufwand" zu erreichen. Die Lerner zeigen dasselbe Verhalten wie Mitarbeiter in anderen Unternehmen. Auch dort wird zur schnellen Schließung einer Wissenslücke auf das Internet zurückgegriffen. Es wird aber eher intuitiv genutzt (vgl. Schmidt 2009: 317). Das bedeutet, viele Erwachsene benötigen Anleitung für den effektiven Einsatz der neuen Medien.

Tipp: Internet/Intranet systematisch nutzen

Da in der modernen Arbeitswelt fast jeder Arbeitsplatz mit einem Computer ausgestattet ist, nahezu jeder Mitarbeiter über ein internetfähiges Handy verfügt und Laptops und Tablet PCs ebenfalls weit verbreitet sind, bietet es sich an, die vorhandenen Möglichkeiten des mediengestützten Englischlernens aufzugreifen, in den Unterricht zu integrieren und den Umgang damit weiterzuentwickeln, damit die Lerner diese in realen Situationen zielführend einsetzen können.

- **Online-Wörterbücher**
  Im Unterricht können unbekannte Vokabeln z. B. in Online-Wörterbüchern wie Leo, DCC oder Linguee nachgeschaut und der Umgang damit an realen Beispielen der Lerner trainiert werden. Dabei sollte über den Aufbau, die Nutzung (z. B. Lautsprecher als Aussprachehilfe) und über Vor- und Nachteile einzelner Anbieter gesprochen werden. Darüber hinaus kann auf firmeninterne Wörterbücher hingewiesen werden.
- **Internet als Bibliothek**
  Vokabeln müssen nicht immer einzeln nachgeschaut werden. Sie stehen häufig schon in dem Zusammenhang zur Verfügung, in dem sie benötigt werden. Das kommt Lernern entgegen, die eher ganzheitlich vorgehen und dazu tendieren, „etwas mit weniger Aufwand" zu erreichen. Dafür kann im Unterricht der

Umgang mit dem „Internet als Bibliothek" trainiert werden. Für die systematische Suche ist es wichtig, über den Aufbau und die Arbeitsweise von Suchmaschinen, Online-Enzyklopädien und sozialen Medien zu sprechen und Medienformate wie z. B. Wikis zum Unterrichtsgegenstand zu machen.

- **Homepage = Inhaltsverzeichnis einer Internetseite**
  Die Startseite einer Internetseite lässt sich mit dem Inhaltsverzeichnis eines Buchs vergleichen, das auf dahinter liegende Kapitel verweist. Viele Internet- und Intranetseiten, z. B. Firmen- und Abteilungsseiten, können in Englisch und weiteren Sprachen aufgerufen werden. Lerner finden dort häufig genau die Vokabeln im Zusammenhang, die sie benötigen, um über reale Arbeitsaufgaben zu sprechen. Sie können die Seiten ausdrucken, wichtige Passagen markieren und sie beim Sprechen über ihre Aufgaben als Gedächtnishilfe nutzen.
- **Schlagworte**
  Das Arbeiten mit Schlagworten kann mit den Lernern an eigenen realen Aufgaben geübt werden. Die Schlüsselbegriffe aus ihren Arbeits- und Interessengebieten können als Ausgangsbasis dienen.
- **Filter**
  Durch das Setzen von Filtern wie z. B. Bilder oder Videos und weiterer präzisierender Angaben wie z. B. Sprache oder Erscheinungsdatum lassen sich Inhalte und reale Situationen über Text-. Ton-, Bild- und Filmmaterial gezielt in den Seminarraum holen[17]. Auf diese Weise kann ein *Tutorial* (kurzes Lehrvideo) zu einem Gerät, einer Maschine oder einer Theorie aus dem Internet heruntergeladen werden. Mit der Eingabe einer Vokabel in Google und dem Filter Bilder kann die Richtigkeit einer gefundenen Übersetzung überprüft werden. In diesem Fall dient das Internet als Bildwörterbuch. Dasselbe Wort kombiniert mit der Filterfunktion Video führt zu einem kurzen Film.
- **Wikipedia (eine Enzyklopädie im Wikiformat)**
  Wikipedia ist eine weitere Möglichkeit, Vokabular im authentischen Zusammenhang zu finden und einen Bezug zu der realen Arbeitssituation der Lerner herzustellen. Alle Wikipedia-Artikel sind mit den entsprechenden Artikeln in den anderssprachigen Wikipedias verlinkt. Der Vergleich zwischen deutscher und fremdsprachiger Version bietet einen guten Einstieg in fachspezifische Themen. Die Artikel sind nach wissenschaftlichen Prinzipien aufgebaut. Jeder Artikel beginnt mit der Definition des Begriffs, dem der Artikel gewidmet ist. Die Wikipedia-Einträge enthalten viele Querverweise auf weiterführende Literatur und damit auf weiteres fremdsprachiges Lern- und Arbeitsmaterial. Zuverlässigkeit und Aktualität der Inhalte können mit Hilfe des eigenen Fachwissens und der angegebenen Quellen überprüft und kritisch bewertet werden. Das schult die Lesekompetenz, ist interessant und motiviert zum Weiterlernen. Am Ende eines Wikipedia-Artikels wird auf verwandte Kategorien und Unterkategorien verwiesen. Jeder Unterkategorie sind mehrere Wikipedia-Artikel zugeordnet. Das ermöglicht die systematische Suche nach sehr spezifischen Themen und damit Vokabeln im Zusammenhang.

---

[17] Das kann branchenübergreifend in Fremdsprachenkursen in Großunternehmen, in kleinen und mittleren Unterrnehmen (KMUs), in VHS, in Schule und Ausbildung erfolgen.

– **Eigene Unterlagen**
Schließlich bietet die Integration des Internets/Intranets in den Unterricht die Möglichkeit spontan auf eigene Arbeitsunterlagen zuzugreifen ohne den Seminarraum zu verlassen. Dieses Lernen kommt dem Lernen am Arbeitsplatz sehr nahe.

Nutzen für den Arbeitsplatz und für weiteres Lernen

Der Nutzen für den Arbeitsplatz ist hoch. Die Vertrautheit mit den Techniken des wissenschaftlichen Arbeitens (z.B. Literaturrecherche, wissenschaftliches Schreiben) ist nicht nur Voraussetzung für ein Studium, sie gewinnt auch in der Arbeitswelt zunehmend an Bedeutung, z.B. um Sachverhalte systematisch zu recherchieren und Ergebnisse für Vorgesetzte nachprüfbar zu machen. Die Beispiele zeigen, dass ebenso wie früher mit Wörterbüchern, Enzyklopädien, Schlagworten, etc. gearbeitet wird mit dem Unterschied, dass sie in elektronischer Form viel mehr Menschen zur Verfügung stehen und an flexiblen Orten genutzt werden können.

11.2.2 Vokabeln lernen

Die Lerner wurden weiterhin gefragt, ob sie sich Zeit nehmen, Vokabeln zu lernen. Zwei Drittel der Befragten nimmt sich laut eigenen Angaben Zeit, Vokabeln zu lernen. Das andere Drittel gab an, dies nicht zu tun. Knapp die Hälfte der Lerner gaben in der offenen Antwortmöglichkeit Begründungen für das eigene Verhalten an. Gut die Hälfte davon nannte Zeitmangel als Grund. Zeitmangel als vorgeschobener Grund ist wahrscheinlich die leichtere Antwortmöglichkeit als das Eingeständnis, dass man nicht motiviert ist, Vokabeln zu lernen. Eine kleine Gruppe der Befragten nannte dagegen unumwunden mangelnde Motivation – teils auch mit den Worten „Faulheit" oder „keine Lust" – als Grund, warum Vokabeln nicht gelernt werden. Eine weitere Gruppe von Befragten, die mit ja oder nein geantwortet hat, begründete diese Aussagen damit, nicht genug zu lernen und nicht noch mehr für den Sprachkurs arbeiten zu können. Einige Personen arbeiten auch unregelmäßig an ihrem Wortschatz. Nur wenige Lerner, die sich geäußert haben, gaben an gezielt zu lernen.

Präzisierendes Nachfragen bei den Lernern weist in dieselbe Richtung wie die offenen Antworten. Die Vokabeln werden nie, selten oder wenn man nicht zu müde ist gelernt. Sie werden durch mehrmaliges Lesen und Schreiben oder nur durch mehrmaliges Lesen gelernt. In manchen Fällen werden die Bedeutungen von Wörtern noch einmal nachgeschaut und Hausaufgaben damit gemacht, auf den Bildschirmschoner des Computers geschrieben oder von Frau und Tochter abgehört. Die Lehrkräfte gaben an, dass Vokabeln in den wenigsten Fällen gelernt werden. Sie werden im besten Fall gelesen.

Kaum Wiederholungsstrategien

Die Interviewaussagen relativieren die Aussagekraft der zahlenmäßigen Auswertung dieser Frage. Die wenigsten Lerner wenden Wiederholungsstrategien an und lernen systematisch Vokabeln. Das stützt die Forschungsergebnisse von Lehr (2007: 99), die besagen, dass Ältere weniger häufig Wiederholungsstrategien einsetzen. Die Daten deuten auf feldabhängige Lerner hin, die Vokabeln eher im Austausch mit anderen lernen, so wie sie auch beim informellen Lernen im Alltag im Gespräch miteinander lernen. Das kann im Unterricht gefördert werden, wie die Tipps zu der Arbeit mit den Vokabeln im nachfolgenden Abschnitt zeigen.

11.2.3 Lernschwierigkeiten Vokabeln

Bei der Frage nach den Lernschwierigkeiten gab jeder dritte Befragte an, sich Vokabeln nicht so gut merken zu können. Die Ursachen dafür sind vielfältig, wie die nachfolgenden Ausführungen zeigen:

Zweisprachige Vokabellisten

Das Auswendiglernen von Vokabellisten stellt hohe Anforderungen an die Merkfähigkeit, eine Fähigkeit, die mit zunehmendem Alter nachlässt, mehr Anstrengung erfordert und umso schwerer fällt, wenn die Vokabeln wie bei den Vokabelheften als einzelne Wörter aufgeschrieben und zum besseren Merken nicht sortiert werden.

Fertige Lernkartei

Bei den fertigen Lernkarteien sind die Vokabeln zwar häufig nach Sachgebieten sortiert, aber der Rückgriff auf vorhandenes Wissen ist kaum oder nur schwer möglich. Die Anwendungsmöglichkeiten im Alltag sind für den Lerner nicht unmittelbar erkennbar. Daher ist die Motivation, die Vokabeln zu lernen gering.

Altersbilder

Altersbilder können eine weitere Ursache dafür sein, dass Lerner Schwierigkeiten haben, sich Vokabeln zu merken, denn ein Vergleich dieser Frage mit den Altersgruppen ergab, dass Jüngere im Vergleich zu Älteren weniger Probleme mit dem Vokabellernen zu haben scheinen. In Wirklichkeit ist die geringe Merkfähigkeit weniger auf das Alter, als vielmehr auf ineffektive Lerntechniken zurückzuführen, denn Sprachenlernen ist unabhängig von Alter und Bildungsstand bis ins hohe Alter möglich, wie die Befunde der Psychologie der Lebensspanne und der Fremdsprachenforschung zeigen.

Selbsteinschätzung

Ein Vergleich der Frage nach den Lernschwierigkeiten Vokabeln mit der Frage nach der Selbsteinschätzung Sprachbegabung ergab, dass Lerner, die sich nicht für sprachbegabt halten, am häufigsten angaben, sich Vokabeln nicht merken zu können. Ursache dafür kann sein, dass Lerner Lerntechniken einsetzen wollen, die nicht zu ihren Lernvoraussetzungen und zu ihrem Lernstil passen. Dazu gehören Vokabellernstrategien, die eine grammatische „Denkweise" erfordern, die vielen Lernern fehlt. Das kann dazu führen, dass Lerner mit geringer Selbsteinschätzung noch mehr an ihrer Lernfähigkeit zweifeln und Vokabeln tatsächlich nicht behalten. Daneben gibt es Lerner-typen, die Vokabeln lieber beim Sprechen mit anderen lernen. Dazu scheinen Männer zu gehören, denn es wurde festgestellt, dass sie Vokabeln lernen im Vergleich zu den Frauen weniger wichtig finden (siehe 11.1.2).

Da die Gedächtnisleistung durch den Einsatz von Strategien zum Lernen und Erinnern deutlich erhöht werden kann (siehe 1.4.3), vielen Lernern aber eine grammatische „Denkweise" fehlt, können manche der in den Zielset-zungen des berufsbezogenen Fremdsprachenunterrichts genannten Arbeits-techniken und Lernstrategien (siehe 3.1.3) nicht angewendet werden. Der Ansatz zum Ausbau der Sprachkenntnisse ist daher bei den sprachüber-greifenden Lern- und Arbeitstechniken (siehe 2.4) und den neuen Medien zu sehen. Der effektive Einsatz dieser Techniken kann in allen Lebensbereichen nützlich sein.

Tipp: die Arbeit mit den Vokabeln weiterentwickeln

Es ist ratsam, die Strategien der Lerner aufzugreifen, an realen Beispielen zu besprechen und weiterzuentwickeln (vgl. Tönshoff 2010: 195 ff.).

- **Übersetzungsprogramme**
  Zur schnellen Schließung einer Wissenslücke werden häufig Übersetzungs-programme wie Google Übersetzer aufgerufen. Manchmal geben Mitarbeiter ganze Texte ein. Diese werden zum Übersetzen auf die externen Server der Anbieter ausgelagert und dabei können Rechte am Know-how der Firma verloren gehen. Computerübersetzungen helfen zwar, den Inhalt grob zu verstehen, aber häufig enthalten sie schwere Fehler, weil Computer die Fein-heiten menschlicher Sprache nicht erkennen können. Diese Strategie ist daher als lernhinderlich anzusehen. Von der Nutzung dieser Programme ist deshalb eher abzuraten. Abhängig von dem konkreten Beispiel kann eine der in 11.2.1 aufgeführten Möglichkeiten mit den Lernern ausprobiert werden.
- **Übersetzungen in den englischen Text schreiben**
  Weit verbreitet ist das Hineinschreiben von deutschen Übersetzungen direkt in den Text (siehe 11.2). Diese Strategie passt zu den Lernvoraussetzungen Er-wachsener und sollte gestärkt werden. Die Vokabeln stehen in dem Zusammen-hang, in dem sie benötigt werden und sie können schneller wiedergefunden werden. Wenn Lerner im Unterricht wichtige Punkte aus dem Text heraus-schreiben und diese z. B. in eine Tabelle sortieren, dann setzen sie sich intensiver

mit dem Inhalt und der Sprache auseinander. Das fördert auch das Einprägen der Vokabeln. Die Stichpunkte helfen, in der folgenden Stunde erneut über das Thema zu sprechen. Dabei werden die Vokabeln beim Sprechen in der Anwendung wiederholt und gelernt. Die Vorgehensweise passt zum Forschungsbefund von Kliegel (2003: 42 ff.). Dieser besagt, dass Erwachsene besonders von Organisationsstrategien profitieren können. Das sollte mit den Lernern besprochen und trainiert werden. Die nachfolgenden Beispiele weisen in dieselbe Richtung.

- **Lernkartei**
  Bei den fertigen Lernkarteien ist der Rückgriff auf vorhandenes Wissen kaum oder nur schwer möglich. Wenn Lerner sich die Karten selbst erstellen und eigene Kategorien entwickeln, kann das Arbeiten mit einer Lernkartei sehr hilfreich sein.
- **Vokabelhefte**
  Im Zusammenhang mit den Vokabelheften kann mit den Lernern überlegt werden, ob es effektiver ist, Vokabeln auf lose Blätter zu schreiben und diese zusammen mit den im Unterricht besprochenen Themen abzuheften. Die Lerner würden die Vokabeln schneller wiederfinden und sich leichter wieder in das Thema einarbeiten können. Der Lerntipp ist leicht durchführbar. Das motiviert, ihn auch anzuwenden. Im Laufe des Kurses kann die Lehrkraft mit neuen Aufgaben wieder auf die in den Kurszielen vereinbarten Themen zurückkommen. Dadurch wird das Vokabular zu einem Thema wiederholt und erweitert. Das kommt der ganzheitlichen Vorgehensweise vieler Lerner entgegen.
- **Glossare (Fachwörterbücher)**
  Der nachfolgende Vorschlag zeigt, wie der Umgang mit zweisprachigen Fachwortschatzlisten (siehe Tab. 5) weiterentwickelt werden kann. Für die Techniker einer Chemieanlage sind die Begriffe in der Liste Stichworte, mit denen sie ihr ganzes Wissen zu den Armaturen, Pumpen, etc. abrufen können. Sie verbinden damit reale Situationen in ihrem Alltag. Für die Lehrkraft dagegen sind die Begriffe eher abstrakt. Zur Vorbereitung auf ein Gespräch können die Lerner im Internet nach Bildern, Texten und Videos suchen oder Skizzen anfertigen, die sie mit englischen Vokabeln beschriften. Sie helfen im Gespräch beiden, über die Funktion, den Einbau und die Wartung einer Kreiselpumpe zu sprechen. Häufig fehlen Verben. Sie können im Gespräch mit den Lernern über das Thema ergänzt und eventuell in einer Liste festgehalten werden.

Tab. 5: Fachbegriffe aus einem Glossar der Chemietechnik

centrifugal pump	Kreiselpumpe
gear pump	Zahnradpumpe
distillation tower	Destillationskolonne
heat exchanger	Wärmetauscher
tube heat exchanger	Rohrbündelwärmeüberträger
condenser	Kondensator
ball valve	Kugelhahn

Allein oder im Team erarbeiten sich die Techniker die Verwendung der Fachbegriffe in der Fremdsprache. Dabei können sie in ihrem eigenen Tempo vorgehen. Sie lernen die Vokabeln beim Sprechen über das Thema. Damit wird eine Erwartung erfüllt, die sie an den Unterricht haben, nämlich die Verwendung von Fachbegriffen im Zusammenhang zu üben (siehe 11.1.1). Mit den selbst erstellten Arbeitsblättern können sich die Techniker gezielt und nachhaltig auf reale Situationen vorbereiten. Sie sind Gedächtnishilfe beim Sprechen und können als Vorlagen für weiteres Lernen und Arbeiten dienen.

11.2.4 Zusammenfassung und Ausblick

Die Befunde zeigen, dass viele Lerner Vokabeln eher intuitiv und in der Kommunikation mit anderen lernen. Das entspricht dem informellen Lernen im Alltag, bei dem sie im Gespräch voneinander lernen. Umschreibungstechniken spielen in beiden Sprachen eine wichtige Rolle, da sie helfen, sich auf unterschiedliche Gesprächspartner einzustellen. Der Rückgriff auf Vokabelhefte und andere Strategien zeigt, dass Erfahrungen aus dem Schulunterricht auf das heutige Lernen übertragen werden, aber nicht immer zu den veränderten Lernvoraussetzungen und Gewohnheiten passen. Faktoren wie die Lernstufe, die Lernkulturen der Firmen und der Lehrstil der Lehrkräfte sowie Altersbilder und Persönlichkeitsmerkmale beeinflussen zusätzlich die Art und Weise, wie mit den Vokabeln gearbeitet wird. Im Unterricht werden zwar Vokabellernstrategien vermittelt, aber kaum angenommen, weil vielen Lernern eine grammatische „Denkweise" fehlt oder weil Vokabellernen nicht dem Lernstil der Lerner entspricht. Bezogen auf die Arbeitstechniken und Lernstrategien des berufsbezogenen Fremdsprachenunterrichts können daher nur die sprachübergreifenden Lern- und Arbeitstechniken trainiert werden. Dazu gehört auch der Umgang mit den neuen Medien. Da Wissen Fremdsprachenlernen erheblich erleichtern kann, sollten reale Beispiele aus ihren Arbeits- und Interessengebieten Grundlage dafür sein. Mit den entsprechenden Suchstrategien können Vokabeln für nahezu jedes Fachgebiet gefunden werden. Der Nutzen dieser Techniken ist für die Lerner unmittelbar erkennbar. Das motiviert, sie auch im Alltag anzuwenden. Die Festigung (Wiederholung) und Erweiterung des Wortschatzes kann durch erneutes Sprechen über behandelte Inhalte und neues Material zu denselben oder angrenzenden Themen gefördert werden.

11.3 Grammatik

Anschließend wurden Daten zum Thema Grammatik erhoben. Die Teilnehmer wurden gefragt, ob sie Grammatik üben. Neun von zehn Befragten gaben an, im Unterricht Grammatik zu üben. Gut ein Drittel macht nach eigenen

Angaben weitere Übungen zu Hause, ein Zehntel übt keine Grammatik. Eine weitere Gruppe wählt andere Vorgehensweisen, um sich in der Grammatik zu verbessern. Auffällig sind im offenen Antwortteil die Übungen mit den Kindern, bei denen auch deren Schulmaterialien verwendet werden.

Einstellungen

Die Auswertung ergab weiterhin, dass von den Lernern, die Grammatikübungen im Unterricht bearbeiten, zwei Drittel Grammatikübungen gut finden, ein Drittel hingegen nicht. Die zweite Gruppe bearbeitet die Grammatikübungen daher wahrscheinlich eher widerwillig.

Einfluss der Persönlichkeitsmerkmale

Persönlichkeitsmerkmale wirken in unterschiedlicher Weise auf die Einstellung zu Grammatik ein. Lerner, die kaum Vertrauen in die eigene Lernfähigkeit haben, mögen Grammatikübungen im Unterricht am wenigsten. Auch Lerner, die Smalltalk im Unterricht gut finden, bearbeiten weniger gerne Grammatikübungen als Lerner, die Smalltalk nicht so gerne mögen. Das deutet auf extrovertierte und introvertierte Lerner hin, wie sie von Riemer (1996: 60 f.) beschrieben werden. Danach haben extrovertierte Lerner weniger Hemmungen zu sprechen und weniger Angst Fehler zu machen.

Umgang mit Grammatik im Unterricht

Die Datenlage zeigt, dass die meisten Lerner eine ablehnende Haltung gegenüber Grammatik haben. Das deutet auf feldabhängige Lerner hin, die eher intuitiv vorgehen und nach Abraham (1985: 689 ff.) von einem Unterricht profitieren können, in dem Grammatik nicht betont wird. Insgesamt sind viele Lerner aber der Ansicht, dass Grammatik wichtig ist und dazu gehört. Manche finden, dass Grammatik Übungssache ist. Nur wenige bearbeiten gerne Grammatikübungen. Die Einstellung der Lehrkräfte zu Grammatik weist in dieselbe Richtung. Sie versuchen ihren Lehrstil an den Lernstil der Lerner anzupassen und Grammatik auf die wesentlichen Aspekte zu beschränken. Sie verwenden keine ganze Unterrichtseinheit auf Grammatik und erklären sie manchmal auf Deutsch. Manche wandeln Übungen im Buch ab. Andere erklären vorher die Terminologie und die Anweisungen. Das ist für viele Lerner eher schwierig. Das wäre umgekehrt auch der Fall, wenn ein Lerner seiner Lehrkraft einige Fachausdrücke aus seinem Arbeitsgebiet erklärt und sie anschließend bittet, eine Maschine zu bedienen.

Umgang mit Grammatik zu Hause

Die Neigung der Lerner, mit Schulmaterialien der eigenen Kinder und anderen Materialien zu lernen, wurde schon im Zusammenhang mit der Auswertung der Lehrwerke (siehe 10.1.7) beobachtet.

Tipp: Lernen mit Schulmaterial stärken

Naheliegend ist, auch die lebensweltliche Situation der Lerner zu berücksichtigen, die informellen Aktivitäten aus dem Alltag, der Familie und der Freizeit aufzugreifen, mit den Lernern zu besprechen und weiterzuentwickeln. In diesem Fall können weitere Tipps zum gemeinsamen Lernen mit Kindern gegeben werden.

11.3.1 Lernschwierigkeiten Grammatik

Die Ursachen für die Schwierigkeiten mit Grammatikübungen liegen hauptsächlich an einer fehlenden grammatischen „Denkweise".

L2 = L1

In diesem Zusammenhang wurde ein interessantes Ergebnis erzielt. Ein Vergleich hinsichtlich Grammatik zu Hause üben mit den verschiedenen Lernergruppen ergab, dass in einer Firma erst auf höherer Stufe mehr Grammatikübungen zu Hause bearbeitet werden. Das kann daran liegen, dass in den anderen beiden Firmen Lehrwerke für den Sprachunterricht empfohlen oder zur Verfügung gestellt werden, welche eine bestimmte Vorgehensweise vorgeben und wahrscheinlich am Anfang mehr Grammatikübungen vorsehen.

In den Interviews zeigte sich, dass Lerner nicht immer bereit sind, sich mit Beginn des Sprachunterrichts gleich auf Grammatik einzulassen. Eine Lernerin gab an, zuerst Redewendungen für ihre Tätigkeit lernen zu wollen. Sie meinte, erst danach offen für Grammatik zu sein. Weitere Interviewpartner finden Grammatik „grausam" oder boykottieren sie sogar Auch in eigenen Kursen fragen Lerner häufig erst auf einer höheren Lernstufe verstärkt nach Grammatikregeln, vermutlich weil sie durch wiederholtes Korrigieren immer wieder auftretender Fehler ein Sprachbewusstsein und damit ein Bedürfnis nach korrektem Gebrauch der Sprache entwickeln.

Der Befund scheint zu bestätigen, dass die groben Entwicklungsstufen der Muttersprache (L1) und der ersten Fremdsprache (L2) gleich verlaufen (vgl. Klippel, Schmid-Schönbein 2001: 113, Ellis 2010: 105 ff.). Viele Lerner suchen den Zugang zur englischen Sprache über das Sprechen und das Zuhören (siehe 11.1.2) ebenso wie ein Kind, das sprechen lernt. Das Kind orientiert sich an seinen Bezugspersonen, spricht zuerst einzelne Wörter, dann kurze Sätze, die mit zunehmendem Wortschatz immer komplexer werden. Grammatik kommt erst in der Schule dazu. In Kindertagesstätten werden kleine Kinder auf dieselbe Weise an die erste Fremdsprache herangeführt. Manche Erzieherinnen sprechen nur in L1, andere nur in L2 mit den Kindern. Ausgangsbasis ist ihre Erfahrungswelt.

> *Tipp: viel mit den Lernern sprechen*
>
> Es bietet sich an, auch im Fremdsprachenunterricht mit Erwachsenen, möglichst viel mit den Lernern zu sprechen, Grammatik nicht überzubetonen und intensiver darauf einzugehen, wenn die Lernbereitschaft dafür vorhanden ist. Darüber hinaus gibt es Lernertypen wie z. B. feldabhängige Lerner, die von einem Unterricht profitieren können, in dem Grammatik nicht so stark gewichtet wird. Eine fehlende grammatische „Denkweise" muss kein Hindernis für das Sprachenlernen sein, wie die Beispiele der Kinder zeigen. Dem Forschungsstand zufolge kann Lernerfolg auch in kommunikativem, inhaltsbasiertem Unterricht und ebenso beim Zweitsprachenerwerb ohne Unterricht erzielt werden (vgl. Schlak 2010: 258). Um den korrekten Gebrauch der Sprache zu fördern, können Redewendungen eingeübt werden. Weitere Möglichkeiten bestehen darin, den Lernern im Unterricht möglichst viel fremdsprachiges Material aus ihren Arbeits- und Interessengebieten (Texte, Videos, Lernen an realen Orten, etc.) zu bieten und das *Language-Awareness-Konzept* anzuwenden (siehe 2.2). Das ermöglicht den Lernern, auf vorhandene Wissenselemente zurückzugreifen. Schließlich kann Grammatik anhand von realen Beispielen aus ihrer Erfahrungswelt trainiert werden. Davon können feldabhängige Lerner besonders profitieren (siehe 2.3).

11.3.2 Fehler

Eine weitere Frage zielte auf den Umgang mit Fehlern. Etwa die Hälfte der Lerner, die diese offene Frage beantwortet haben, gab an, aus Fehlern lernen zu wollen. Gut ein Viertel gehen offen mit ihren Fehlern um. Gut jeder Zehnte übt mehr und versucht dadurch das Richtige zu festigen. Einige Personen gaben an nachzufragen oder nachzuschauen, um den Fehlern zu begegnen. Wenige reagieren kritisch oder unsicher.

Unterschiedliche Vorgehensweisen

Im Umgang mit Fehlern gibt es bei den Interviewpartnern zwei Gruppen von Lernern: Die erste Gruppe arbeitet an ihren Fehlern, während die zweite Gruppe das nicht tut. Lerner, die an ihren Fehlern arbeiten, gaben an, immer wieder nachzufragen, sich die Korrekturen der Aussprache zu merken und Eselsbrücken zu verwenden. Andere markieren sich die Fehler im Buch, schreiben Hausaufgaben manchmal neu, schreiben Korrekturen zur Gedächtnisunterstützung ein paar Mal auf und schauen in anderen Materialien nach. Weitere Lerner streichen Fehler bei den Hausaufgaben an, um zu sehen, wie viele Fehler sie gemacht haben, vertiefen das aber nicht weiter. In dem Blended-Learning-Kurs werden Fehler durch das Programm korrigiert. In anderen Kursen erfolgt die Verbesserung von Fehlern auch durch Mitlerner. Lerner der zweiten Gruppe gaben an, keine Notizen zu Fehlern zu machen, zu wenig Unterricht zu haben oder aus zeittechnischen Gründen nicht an den Fehlern zu arbeiten.

Fehler korrigieren, die zu Missverständnissen führen

Die Lehrkräfte bezogen sich in ihren Äußerungen hauptsächlich auf mündliche Kommunikation und stimmen in ihrer Vorgehensweise weitgehend überein. Sie unterbrechen die Lerner nicht in ihrem Redefluss, um Fehler zu korrigieren, korrigieren nur typische Fehler oder Fehler, die in der Kommunikation zu Missverständnissen führen. Eine Lehrkraft bittet zuerst die Mitlerner um Korrektur, bevor sie selbst eingreift. Dieser Lehrstil passt zu dem Lernverhalten der meisten Lerner und kommt vor allem denen entgegen, die wenig Vertrauen in ihre eigene Lernfähigkeit haben.

11.3.3 Zusammenfassung und Ausblick

Die Daten zeigen, dass Grammatikunterricht mit vielen Gefühlen verbunden ist und Persönlichkeitsmerkmale und frühere Lernerfahrungen positiv wie negativ auf die Einstellungen zu Grammatik einwirken. Die Daten legen offen, dass Grammatik schwer vermittelt werden kann, wenn die Lernbereitschaft dafür fehlt. Der lockere Umgang mit Fehlern macht deutlich, dass für viele erfolgreiche Kommunikation wichtiger ist als die grammatikalische Richtigkeit der Sprache. Hier sind Parallelen zu den Grundschulkindern zu erkennen, die ebenfalls wenig Angst vor Fehlern haben. Der Umgang mit Grammatik deutet auf feldabhängige Lerner hin, die weniger von einem Unterricht profitieren können, in dem Grammatik betont wird. Einige Lehrkräfte üben Grammatik im Kontext und beschränken sie thematisch auf die Aspekte die die Lerner tatsächlich benötigen, so wie es in den Zielsetzungen des berufsorientierten Fremdsprachenunterrichts vorgesehen ist. Wichtig scheint es, viel mit den Lernern zu sprechen. Darüber hinaus kann das *Language-Awareness*-Konzept eingesetzt werden, um das Bewusstsein der Lerner für den korrekten Gebrauch der Sprache zu fördern. In allen Fällen wird Grammatik ganzheitlich durch Kommunikation vermittelt, die Aktivität, die den Lernern am wichtigsten ist.

11.4 Sprechen

Anschließend wurden Unterrichtsaktivitäten zur Förderung der Kommunikationsfähigkeit analysiert und weitergehend betrachtet.

11.4.1 Sprechen üben

Die Lerner wurden in einer Frage mit Mehrfachauswahl gefragt, wie im Unterricht Sprechen geübt wird (siehe Abb. 11). Knapp drei Viertel der Befragten üben Sprechen mit den Übungen im Lehrbuch. Gut zwei Drittel der Lerner gaben an, dass Englisch Unterrichtssprache ist. Knapp die Hälfte

übt Sprechen mit Texten aus dem Fachbereich oder Zeitungen. Rollenspiele
werden von über einem Drittel als Methode genannt, um die Sprechfertigkeit
in „echten" Situationen zu üben. Eine weitere Gruppe gab an, andere
Möglichkeiten zu nutzen, um Sprechen im Unterricht zu üben. Eine weitere
Gruppe von Lernern äußerte sich im offenen Antwortteil. Dabei wurden
Unterhaltungen und Diskussionen am häufigsten genannt. In manchen
Kursen werden auch Gesellschaftsspiele wie *Taboo* eingesetzt, um die Sprache
im spielerischen Umgang zu erlernen. Die nachfolgende Grafik gibt einen
Überblick über die Verteilung im Einzelnen.

Abb. 11: Sprechen üben im Unterricht

Es ist deutlich erkennbar, dass Sprechen im Unterricht auf vielfältige Weise
geübt wird und Englisch meistens Unterrichtssprache ist.

11.4.2 Englisch als Unterrichtssprache

Ein Vergleich der Frage, ob Englisch Unterrichtssprache ist mit den Erstlernern ergab, dass knapp drei Viertel der Lerner, die in der Schule schon mal
Englisch hatten, aber nur bei knapp zwei Drittel der Erstlerner im Unterricht
nur Englisch sprechen.

Englisch als Unterrichtssprache ist abhängig von der Zusammensetzung
der Gruppe. Aufgrund der Heterogenität ist es nicht immer möglich, nur
Englisch im Unterricht zu sprechen. In manchen Kursen wird etwa 50 %, in
anderen 60 % oder überwiegend Englisch gesprochen. Englisch sprechen ist

den Lernern sehr wichtig. Es wurde angegeben, dass es schwer ist, aber Spaß macht und am effektivsten ist.

Für die Lehrkräfte ist Englisch als Unterrichtssprache ebenfalls sehr wichtig, damit sich die Lerner an den Klang der Sprache gewöhnen. Je mehr Kenntnisse die Lerner haben, desto mehr wird Englisch im Unterricht gesprochen. Es wird aber auch die Ansicht vertreten, dass die Lerner nicht im Land der Zielsprache, sondern in Deutschland leben, im Berufsalltag zwischen Deutsch und Englisch gewechselt werden muss und dieser Wechsel im Unterricht geübt werden sollte. Die Daten zeigen, dass der Wunsch der Lerner, möglichst viel Englisch zu sprechen, im Unterricht umgesetzt wird, sobald das von den Sprachkenntnissen her möglich ist.

Tipp: den spontanen Wechsel zwischen den Sprachen trainieren

Angesichts der zunehmenden Globalisierung ist es sinnvoll, ebenso den schnellen Wechsel von der Muttersprache in die Fremdsprache zu trainieren. Das kann auf der Basis realer deutscher und fremdsprachiger Unterlagen erfolgen. Tagesaktuelle Meldungen aus den Medien eignen sich sehr gut dafür.

11.4.3 Methodenpräferenz

Gut die Hälfte der Befragten äußerte sich zu der Frage, welche Aktivität am besten gefällt, um Sprechen zu üben. Gut einem Viertel gefällt das Sprechen und Diskutieren im Unterricht am besten. Jedem Sechsten gefällt Englisch als Unterrichtssprache. Jedem Zehnten gefällt die lockere, vom Arbeitsalltag abweichende Unterrichtssituation. Rollenspiele gefallen etwa gleich vielen Lernern am besten, gefolgt von Gesellschaftsspielen und Übungen aus dem Lehrbuch. Lesen und die flexible Unterrichtsgestaltung – die auf die Lerner angepasst werden kann – gefallen weiteren Gruppen von Lernern am besten.

In den Interviews gaben die Lerner an, Sprechen durch Smalltalk und Diskussionen zu üben. In einem Fall wurde Wert auf den Unterschied zwischen beiden Aktivitäten gelegt, denn bei Diskussionen ist es wichtig zu argumentieren, bei Smalltalk hingegen nicht. Als weitere Übungsformen wurden das Vorlesen von Texten und Dialogen und das Nachspielen von Rollenspielen aus dem Buch genannt. Sehr positiv bewertet wurden Rollenspiele zu Situationen aus dem Arbeitsalltag oder darüber sprechen. Das Spielen von Lernspielen gefällt den Lernern ebenfalls sehr gut. Da sind die Anforderungen am höchsten und am anstrengendsten, man lernt am meisten. Beim Lesen ist der Satz schon da, man muss ihn lediglich übersetzen. Beim Spielen muss man viel selbst erbringen, es ist gut geeignet, um Grammatik zu wiederholen. Manchmal gibt es eine Bildunterstützung und das ist gut für das Gedächtnis. Manche Lerner würden gerne Lernspiele spielen, sie werden im Unterricht aber nicht angeboten.

Die Lehrkräfte gaben die gleichen Übungsformen wie die Lerner an und beschrieben, warum sie sie einsetzen. Vorlesen als Übung für das Sprechen dient dazu, die Scheu vor der Sprache abzubauen. Smalltalk, Erzählen vom Wochenende und Diskussionen sind motivierend für die Lerner. Bei den Dialogen in den Büchern und bei „echten" Rollenspielen besteht die Möglichkeit, einen persönlichen Bezug zu den Lernern herzustellen, wobei Rollenspiele aufgrund der geringen Teilnehmerzahl oft nicht stattfinden können. Spiele wie *Taboo, Trivial Pursuit* werden gespielt, um den Übergang vom Wort zum Satz zu schaffen, um Kommunikationsstrategien wie Umschreiben oder um Grammatikaspekte einzuüben, um Hemmungen abzubauen und um das freie Sprechen zu trainieren. Abwechslung ist sowohl aus der Sicht der Lerner als auch aus der Sicht der Lehrkräfte wichtig für das Lernen.

Vorliebe für interaktive Lernformen

Aktivitäten, die auf den Austausch mit anderen ausgerichtet sind gefallen am besten. Die Auswertung ergab, dass die Vorliebe für Smalltalk mit zunehmender Sprachkompetenz zunimmt. Das liegt wahrscheinlich an den besseren Sprachkenntnissen und an der Tatsache, dass sich die Gruppe besser kennt und es mehr Smalltalkthemen gibt. Die Vorliebe für Spielen, Rollenspiele oder das Nachspielen von Situationen aus dem Arbeitsalltag deutet auf Lerner hin, die kinästhetisch, haptisch und visuell orientiert sind. Das liegt wahrscheinlich daran, dass viele Tätigkeiten im Alltag mit Bewegung verbunden sind. Die Lernformen passen zu diesem Arbeitsstil. Sie werden aber überwiegend auf der Basis der Lehrwerke durchgeführt (siehe Abb. 11). Nach dem Forschungsstand sollten sich mehr Aktivitäten auf reale Themen aus dem Alltag der Lerner beziehen.

Tipp: reales Material nutzen und das Sprechen zur Sicherung von Ergebnissen trainieren

In global agierenden Unternehmen ist im Internet/Intranet veröffentlichtes Bild-, Text-, Ton- und Filmmaterial in Englisch und in weiteren Sprachen fester Bestandteil der Unternehmenskommunikation. Dieses vielfältige Material wird ständig aktualisiert und erweitert und ist eine gute Quelle, um firmen- und alltagsnah Sprachen zu lernen. Abhängig von den Kurszielen und der Zusammensetzung der Lernergruppe können die Themen mehr auf den Firmenalltag oder mehr auf die Arbeitsgebiete der Lerner bezogen sein.

Wichtig scheint es außerdem, das Sprechen zur Sicherung von Ergebnissen und zur Präzisierung von Gesagtem im Unterricht zu trainieren. Nach Funk (2007: 175) unterscheidet sich das berufsorientierte Fremdsprachenlernen genau in diesem Punkt von der allgemeinsprachlichen Kommunikation.

– **Präsentationen**
Fertige reale deutsche Präsentationen eignen sich, um zielgerichtet über ein Thema zu sprechen. Der Präsentierende kann auf vorhandene Wissenselemente zurückgreifen. Die Struktur ist vorgegeben. Er muss sich lediglich die Vokabeln erarbeiten. Die Folien bilden für ihn den roten Faden, um immer wieder auf das

Thema zurückzukommen. Bei der Diskussion betrachtet jeder Teilnehmer des Kurses das Thema aus seiner Perspektive, bringt sein Wissen in das Gespräch mit ein, so wie er es vom Arbeitsplatz gewohnt ist.
- **Definitionen von Fachbegriffen erstellen**
  Beim Sprechen können Lerner Fachbegriffe erklären und mit Beispielen erläutern. Das trägt zur Präzisierung des Gesagten bei und hilft den Mitlernern das Thema besser zu verstehen.
- **Bilder und Objekte**
  Manchmal ist es notwendig, verstärkt externe Hilfen (z. B. Bilder, Objekte, Skizzen, Modelle) und Mimik und Gestik einzusetzen, um Kommunikation sicherzustellen. Das kann der Fall sein, wenn viele Nationen in einem Projekt zusammenarbeiten und nicht immer davon ausgegangen werden kann, dass alle Gesprächspartner über ausreichende Englischkenntnisse verfügen oder die Themen sehr spezifisch sind.
- **Pläne**
  Da Ältere und feldabhängige Lerner besonders von strukturierten Unterlagen profitieren können, sind Pläne eine gute Ausgangsbasis für das zielgerichtete Sprechen.

Tab. 6: Pläne

Familie, Freizeit	Arbeitsalltag
Stammbaum	Organigramme, Tagesordnungen für Meetings
Zeitplan einer Urlaubsreise	Einsatz-, Ablauf-, Projekt-, Urlaubs-, Schichtpläne
Ablaufplan einer Familienfeier	Fließbilder, Schaltpläne, etc. zur Beschreibung von Prozessen
Grundriss eines Hauses	Grundriss Labor, Werkstatt, Büro, Firmengebäude

Mit Hilfe eines Plans können Lerner einen Überblick über ein reales Thema geben und anschließend auf einen Punkt genauer eingehen. Das hilft den Gesprächspartnern, das Thema einzuordnen und Fragen zu stellen. Zielgerichtetes Sprechen kann auch auf der Basis von Plänen aus der Lebenswelt der Lerner geübt werden, wie Tabelle 6 zeigt.

Nutzen für den Arbeitsplatz und für weiteres Lernen

Die Techniken können (unabhängig von der Fremdsprache) auch am Arbeitsplatz eingesetzt werden. Darüber hinaus sind sie für das weitere Lernen nützlich. Beim wissenschaftlichen Arbeiten z. B. müssen Begriffe ebenfalls definiert und Ergebnisse auch für Fachfremde verständlich dargestellt werden.

11.4.4 Sprechen außerhalb des Englischunterrichts

Die Frage, ob auch außerhalb des Unterrichts Englisch gesprochen wird, wurde von zwei Dritteln der Befragten bejaht. Das andere Drittel spricht nur im Unterricht Englisch. Die meisten Gelegenheiten, außerhalb des Unterrichts Englisch zu sprechen, ergeben sich am Arbeitsplatz. Genannt wurden Telefongespräche, Gespräche mit Kunden und Lieferanten sowie mit anderssprachigen Kollegen und Praktikanten. Am seltensten wird Englisch außerhalb des Unterrichts in Meetings gesprochen. In den offenen Antworten ist der Urlaub das häufigste andere Einsatzgebiet, um außerhalb des Unterrichts Englisch zu sprechen. Zudem wird die Sprache auch zusammen mit Familie, Freunden und Kollegen verwendet.

Die Daten zeigen, dass Englisch sprechen am Arbeitsplatz in den meisten Fällen manchmal bis selten notwendig ist, dann aber sehr gute Kommunikationsfähigkeit erforderlich ist. Seltene Anwendung der erlernten Sprachkenntnisse kann sich auf die Motivation der Lerner niederschlagen. Das legt nahe, ganzheitlich vorzugehen und im Unterricht auch die informellen Aktivitäten der Lerner aus dem Alltag, der Familie und der Freizeit aufzugreifen und die Sprache und ihre Lern- und Arbeitstechniken daran weiterzuentwickeln.

Tipp: auch auf Hobbys und Interessen eingehen

- **Über Hobbys und Interessen sprechen**
  Lerner können mit Hilfe von Suchbegriffen und Filtern gezielt nach Texten, Bildern und Videos zu ihren Hobbys und Interessen suchen. Reisen ist ein weiteres Thema, das für nahezu alle Lerner interessant ist. Auf der Basis von Landkarten, Bildern oder Speisekarten aus dem Internet können Lerner zielgerichtet von ihrem Urlaub oder ihrem Lieblingsrestaurant erzählen. Dabei lernen sie das Vokabular, das sie benötigen, um reale Alltagssituationen zu bewältigen.
- **Reale Situationen vorbereiten**
  Darüber hinaus können im Englischunterricht Arbeitsblätter für Situationen, die selten vorkommen, vorbereitet werden. Bilder, Pläne, Diagramme, etc. mit kurzen englischen Texten oder englischen Stichworten versehen, geben Handlungssicherheit, wenn Englisch sprechen am Arbeitsplatz nur manchmal oder selten notwendig, dann aber sehr gute Kommunikationsfähigkeit erforderlich ist.

11.4.5 Sprechschwierigkeiten

Bei der Frage nach den Lernschwierigkeiten gaben über 85 % der Befragten an, Vieles zu verstehen, aber nicht so sprechen zu können wie sie möchten. Das ist darauf zurückzuführen, dass das Wiedererkennen von Wörtern leichter fällt als das Abrufen aus dem Gedächtnis (vgl. Lang 2012: 67 f.). Eine genauere Auswertung ergab, dass Lerner mit der Muttersprache Deutsch mehr Hem-

mungen haben zu sprechen als Lerner mit anderer Muttersprache. Das liegt
wahrscheinlich daran, dass diese Lerner es bereits gewohnt sind, in einer
Fremdsprache zu kommunizieren und ihre Lernfähigkeit deshalb höher
einschätzen.

Smalltalk passt für alle Lernerpersönlichkeiten.

Ein Vergleich der Frage nach den Schwierigkeiten beim Sprechen mit der
Frage, ob Smalltalk im Unterricht gut gefunden wird, ergab, dass Lerner, die
Hemmungen haben zu sprechen, in den meisten Fällen auch Smalltalk
mögen. Smalltalk wird im Duden als beiläufige Konversation definiert. Es
ist jederzeit möglich, die Themen zu wechseln und Schwierigkeiten zu
meiden und wird wahrscheinlich deshalb auch von Lernern mit Hemmungen
zu sprechen gemocht. Die lockere Art der Kommunikation ist eine gute
Möglichkeit, das freie Sprechen zu üben und Erfolgserlebnisse bei den
Lernern zu erzielen. Dabei wird auf das sprachliche Wissen und die vorhandenen Fähigkeiten der Lerner zurückgegriffen. Außerdem ist Smalltalk
vor allem in englischsprachigen Kulturen und im Unterricht zur Stärkung der
Beziehung sehr wichtig, z. B. wenn ein Lerner aufgrund hoher beruflicher
Belastung längere Zeit nicht teilnehmen konnte.

Derselbe Vergleich bezogen auf die Geschlechter zeigt, dass die Ver-
teilungen sehr ähnlich sind (Männer: Frauen ≈ 2:1), bis auf den Unterschied,
dass bei den Frauen der Anteil höher ist, der Smalltalk nicht gut findet und
Lernschwierigkeiten beim Sprechen hat. Dieser Befund überrascht, da man
vermuten würde, dass Frauen lieber Smalltalk mögen als Männer. Er passt zu
dem Arbeitsstil der Lerner und zu den Befunden von Schmidt (2009: 317), der
ebenfalls feststellt, dass Männer sich gerne im Gespräch austauschen. Der
Befund scheint die Vermutung von Missler (1999: 157 ff.) zu stützen, die
besagt, dass Männer deutlich weniger Lernstrategien anwenden als Frauen.

Tipp: Notizentechniken einüben

Notizentechniken und andere externe Hilfen tragen dazu bei, das Sprechen zu
erleichtern. Dem Forschungsstand zufolge (vgl. Lang 2012: 67 f.) benötigen Ältere
dafür Hilfestellung, da sie diese Techniken kaum von sich aus einsetzen. Sie sollten
daher im Fremdsprachenunterricht dazu angeleitet werden. Notizen und andere
visuelle Hilfen verhelfen zur gedanklichen Klarheit und sie geben Lernern Handlungssicherheit.

Nutzen für den Arbeitsplatz und für weiteres Lernen

In allen Lebensbereichen werden Notizentechniken eingesetzt, um effektiver
vorzugehen. Zwei typische Beispiele dafür sind der Einkaufszettel und der
Terminkalender. Im Zeitalter der Digitalisierung sind Notizenfunktionen in Handys, Computerprogrammen und Datenbanken integriert. Das gilt auch für Orga-

nisationsstrategien, von denen Erwachsene besonders profitieren können. Suchmaschinen z. B. arbeiten mit Filtern. Das sind Kriterien, nach denen Nutzer Informationen organisieren und strukturieren können.

11.4.6 Dialekt

Die Teilnehmer wurden auch gefragt, ob sie Dialektsprecher sind und falls ja, ob sie sich beim Englischlernen von ihrem Dialekt beeinflusst fühlen. Nur jeder Zehnte Befragte spricht keinen Dialekt, alle anderen sprechen Dialekt. Über die Hälfte der Dialektsprecher gab an, keine Probleme dadurch zu haben. Etwa ein Viertel fühlt sich zumindest teilweise beeinträchtigt. Nur eine kleine Gruppe der Dialektsprecher fühlt sich durch ihren Dialekt beim Englischlernen beeinträchtigt. Das deutet auf positive wie negative Schulerfahrungen hin.

Tipp: Sprachbewusstsein entwickeln

Die Verwendung von Wörtern aus dem Dialekt kann im Unterricht eine Gelegenheit sein, um mit den Lernern über die Herkunft der Begriffe und über die regionale Kultur zu sprechen. Das fördert die Entwicklung des Sprachbewusstseins. Siehe dazu auch die Beispiele in 2.2.

11.4.7 Zusammenfassung und Ausblick

Die Daten zeigen, dass Sprechen einen breiten Raum im Unterricht einnimmt und auf vielfältige Weise trainiert wird. Frühere Lernerfahrungen und Persönlichkeitsmerkmale wirken negativ und positiv auf das Sprechen ein. Smalltalk ist eine Aktivität, die sich für alle Lernerpersönlichkeiten gut eignet, um das freie Sprechen zu entwickeln. Sie wird wahrscheinlich deshalb im Unterricht häufig geübt. Eine wichtige Zielsetzung des berufsorientierten Fremdsprachenunterrichts besteht darin, Kommunikation zur Sicherung von Ergebnissen und zur Präzisierung von Gesagtem zu trainieren. Deutsche und englische Unterlagen aus den Arbeits- und Interessengebieten der Lerner können das Abrufen von Informationen aus dem Gedächtnis und damit das zielgerichtete Sprechen erleichtern. Notizentechniken geben auch den Lernern Handlungssicherheit, die Englisch am Arbeitsplatz eher selten anwenden oder wenig Vertrauen in ihre eigene Lernfähigkeit haben. Sie können, unabhängig von der Fremdsprache, am Arbeitsplatz in der Zusammenarbeit mit Kollegen und Vorgesetzten eingesetzt werden.

11.5 Hören

Danach wurden die Aktivitäten zum Hörverstehen betrachtet. Die Lerner sollten angeben, wie sie Hörverstehen üben. Jeweils etwa 55 % üben Hörverstehen mit den Hörübungen aus dem Lehrwerk oder mit Hilfe von Radio, CDs und MP3. Eine weitere Gruppe von Befragten nutzt beide Möglichkeiten. 18 % trainieren ihr Hörverstehen auf andere Arten. 13 % führen gar keine Übungen durch. Die Hörübungen in den offenen Antworten sehen folgendermaßen aus: Speziell das englische oder amerikanische Fernsehen werden eingesetzt, um das Hörverstehen zu üben. Dabei handelt es sich in den meisten Fällen um die großen Nachrichtensender, die in Deutschland auch mit einem Kabelanschluss empfangen werden können. Diese Aktivitäten deuten auf die Vorliebe hin, mit realem Material zu arbeiten.

11.5.1 Hören im Unterricht

Alle Lerner gaben in den Interviews an, Hörverstehen mit dem Lehrbuch zu üben. Manche Lerner finden Hören wichtig, aber schwer und zu schnell, wollen den Text beim Hören mitlesen oder nach dem Hören als Kontrolle für das Verständnis lesen. Andere lehnen das Lesen des Textes nach dem Hören ab, sie wissen nicht, wo er im Lehrwerk zu finden ist und begründen ihre Einstellung damit, dass das in der Praxis auch nicht der Fall ist. Eine Lernerin möchte das Hören mit verschiedenen Stimmen trainieren, da sie im Unterricht nur die Stimme der Lehrkraft hört. Eine zweite Lernerin wünscht sich eine CD mit Fragen, auf die sie antworten muss. Ein dritter Lerner möchte einem Lernpartner zuhören, denn den kann man nicht abschalten wie eine CD und ein weiterer Lerner spricht laut mit sich selbst.[18]

Viele Lerner sind auditiv orientiert.

Die Lehrkräfte üben Hörverstehen auf verschiedene Arten. Sie sprechen viel mit den Lernern, lesen vor und üben diese Fertigkeit überwiegend mit dem Lehrbuch. Auch die Zeitschrift *Spotlight* wird eingesetzt, während Podcasts für Anfänger als zu schwer empfunden werden. In manchen Fällen werden zuerst neue Wörter eingeführt, anschließend die Situation vorgestellt, der Text gehört, eine Übung dazu bearbeitet und der Text zur Auflösung gelesen. Viele Lerner machen gerne Hörübungen und manche können sie sehr gut bewältigen. Andere Lerner haben ein Hörgerät, müssen es für die Hörübung ausschalten und den Text mitlesen. Die Lerner erhalten Lerntipps wie z. B. mit einem interaktiven Kurs arbeiten, *YouTube*, Radio, TV ausprobieren, CDs und Radio im Auto hören. Diese Tipps werden nach Aussagen der Lehrkräfte

---

[18]   Einige Interviewaussagen dieses Abschnitts wurden bereits bei der Auswertung in 9.4 im Zusammenhang mit kooperativen Lernformen zitiert.

gerne angenommen, denn es wird nach Vokabeln aus Liedern und Filmen gefragt. Filme schauen vor allem Lerner mit Kindern. Die Interviewaussagen von Lernern und Lehrkräften zeigen, dass viele Lerner Hören als Wahrnehmungskanal bevorzugen. Die Tatsache, dass das Lesen der gedruckten Hörtexte im Buch teilweise abgelehnt wird, bietet eine weitere Erklärung für die mangelnde Lehrwerkkenntnis (siehe 10.1). Die Bevorzugung von Hören als Wahrnehmungskanal ist damit erklärbar, dass viele Lerner in der Arbeitswelt durch Gespräche mit Kollegen voneinander lernen, die Fähigkeit des Zuhörens daher gut trainiert ist. Die Angaben der Lerner zu den Schwierigkeiten mit den Hörübungen decken sich mit den Angaben zu den Hörübungen im Lehrwerk und führen zu denselben Schlussfolgerungen (siehe 10.1.5). Hören scheint erfolgreich zu sein, wenn es wie beim Fernsehen oder bei Videos mit Bildern verbunden ist und ganzheitlich dargeboten wird. In beiden Fällen können Veränderungen der Hörfähigkeit mit Hilfe von Bildern und dem Kontext kompensiert werden.

Tipp: Hörverstehen mit Videos trainieren

Da Wissen Sprachenlernen erleichtern kann, bietet es sich an, zielgerichtetes Hörverstehen mit Videos, *Webcasts*, etc. aus dem Internet/Intranet zu trainieren. Experteninterviews, *Tutorials* (Lehrvideos), etc. zu den Arbeits- und Interessengebieten der Lerner sind dafür geeignet. Sie können mit Hilfe von Suchbegriffen und Filtern von den Lernern selbst gesucht werden (siehe 11.2.1). Das Lesen der Zusatzinformationen (Quelle, Hochladedatum, Länge des Videos, Untertitel) hilft das Video einzuordnen. Das fördert die kritische Auseinandersetzung mit Lern- und Arbeitsmaterial. Zielgerichtetes globales Hörverstehen kann in Verbindung mit Notizentechniken eingeübt werden. Nach dem Anschauen des Videos können die Lerner ihre Notizen vergleichen, ergänzen und den Inhalt diskutieren. Diese ganzheitliche Vorgehensweise kommt auch Lernern mit veränderter Hörfähigkeit entgegen, da sie Schwierigkeiten mit Hilfe ihres Wissens, der Bilder und den anderen Lernern ausgleichen können.

Nutzen für den Arbeitsplatz und für weiteres Lernen

Diese Vorgehensweise kann auch unabhängig von der Fremdsprache am Arbeitsplatz z. B. in Videokonferenzen angewendet werden. Außerdem ist die Übung eine gute Vorbereitung auf berufsbegleitendes Weiterlernen (Weiterbildungen und Studium), da Lerninhalte (Vorlesungen) zunehmend online und in englischer Sprache (z. B. MOOCs[19]) zur Verfügung gestellt werden.

---

[19] *Massive Open Online Courses* sind meist englischsprachige Bildungsangebote. Sie ermöglichen eine kostenlose Teilnahme an hochschulischen Vorlesungen und Seminaren und können häufig mit einem Zertifikat abgeschlossen werden (BIBB: 2014).

11.5.2 Hören außerhalb des Unterrichts

Ein Vergleich mit der Frage nach dem Befassen mit Englisch außerhalb des Unterrichts ergab, dass viele Lerner Hörverstehen mit Radio und CD außerhalb des Unterrichts üben.

In den Interviews gaben Lerner an, Hörverstehen zu trainieren, indem sie auf dem Weg zur Arbeit oder zu Hause englische Lieder im Radio hören. Einige achten auf die Melodie, andere übersetzen die Texte für sich und haben Spaß dabei, können Refrains mitsingen, erkennen in den Liedern Wörter aus dem Unterricht wieder oder laden sich die Liedtexte von guten Liedern aus dem Internet herunter. Das wird nicht als anstrengend empfunden, weil es interessiert.

Alle drei Unternehmen sind Global Player mit Standorten in Ballungsräumen mit großen ländlichen Einzugsgebieten. Viele Lerner haben einen längeren Anfahrtsweg zum Arbeitsplatz und nehmen den Lerntipp der Lehrkräfte gerne an, die Zeit im Auto zu nutzen und englische Lern-CDs und Lieder zu hören. Das Interesse, durch Lieder zu lernen, Refrains mitzusingen und Freude dabei zu empfinden, deutet auf auditive Lerner hin, ist auch Ausdruck der Gefühlslage, die sich über die Lebensspanne positiv verändert (siehe 1.4.4). Die Freude am Imitieren und die akustisch-motorisch bestimmte Art der Einprägung wird auch bei Grundschulkindern beobachtet.

Die Auswertung ergab weiterhin, dass nur eine kleinere Gruppe Hörverstehen mit anderen Medien, z. B. TV oder Internet übt. Das kann daran liegen, dass das Radio leicht verfügbar ist und parallel zur Ausführung anderer Tätigkeiten (Autofahren, Haushalt) gehört werden kann, während Internet und TV die volle Konzentration auf das Medium erfordern.

Tipp: Hörmaterial für mobiles Lernen empfehlen

Naheliegend ist, Medienformate zu empfehlen, die zu den Lerngewohnheiten, den vorhandenen Medien und den Lernvoraussetzungen Erwachsener passen. Das können z. B. Hörbücher sein. Weitere Hinweise zum Thema Hörverstehen und zur Gestaltung von Hörmaterial sind in den Abschnitten 1.1, 9.4, 10.1.5 und 11.5.3 zu finden. Lerner wünschen sich z. B. interaktive Hörübungen, bei denen sie auf eine Äußerung reagieren müssen.

11.5.3 Zusammenfassung und Ausblick

Hörverstehen und Sprechen sind Fertigkeiten, die beim informellen Lernen über die Lebensspanne gut trainiert werden. Viele wollen Hörverstehen daher mit Lernmaterial üben, das den Anforderungen im Alltag möglichst genau entspricht und auf den Austausch mit anderen abzielt. Ihre Äußerungen zu Methodenvorlieben deuten auf einen konkreten kommunikativen Lernstil hin, dem im Unterricht mit viel Sprechen Rechnung getragen wird.

Zielgerichtetes Zuhören wird im Unterricht meist mit Hilfe der Übungen in den Lehrwerken geübt. Damit haben Lerner Schwierigkeiten, wenn die didaktische Aufbereitung der Übungen nicht zu den Veränderungen der Hörfähigkeit passt oder wenn sie die Schwierigkeiten nicht durch ihr Wissen ausgleichen können. Hörverstehen ist erfolgreich, wenn es wie bei Filmen ganzheitlich erfolgt und Inhalte durch Bilder zusätzlich veranschaulicht werden. Da Wissen Sprachenlernen erleichtern kann, kann globales Hörverstehen im Unterricht mit fremdsprachigen Videos zu den Arbeits- und Interessengebieten der Lerner eingeübt werden. Diese Aktivität kann in Videokonferenzen unverändert angewendet werden. Außerdem ist sie eine gute Vorbereitung auf weiteres Lernen.

11.6 Lesen

Da viele Mitarbeiter täglich eine große Menge von Informationen bewältigen müssen, wurden Daten zum Leseverstehen erhoben und der Umgang mit Texten genauer betrachtet.

11.6.1 Vorlesen

Bei der Frage, ob Texte im Unterricht laut vorgelesen werden, gaben gut drei Viertel der Befragten an, immer oder meistens laut vorzulesen. 18 % tragen die Texte manchmal laut vor, nur wenige wenden diese Technik selten oder nie an. Das Vorlesen scheint damit eine häufig eingesetzte Methode im betrieblichen Englischunterricht zu sein.

11.6.2 Notwendigkeit der Übersetzung

Die Übersetzung von englischen Ausdrücken ins Deutsche halten 41 % der Befragten immer für notwendig, 35 % finden es meistens notwendig. Gut 20 % denken, dass es manchmal notwendig ist und nur einzelne Befragte finden es in seltenen Fällen erforderlich. Die meisten Lerner, die im offenen Antwortteil eine Begründung abgaben, meinen, durch die Übersetzung von Begriffen, Inhalt und Sinn von Texten besser und sicher zu verstehen. Eine kleine Gruppe findet, dass sich dadurch ein größerer Lernerfolg einstellt. Ein Zusammenhang zu den Altersklassen und Lernstufen konnte nicht festgestellt werden.

Präzisierendes Nachfragen bei den Lernern ergab, dass Texte im Unterricht laut vorgelesen werden, um die Aussprache zu üben. Unbekannte Vokabeln werden umschrieben und übersetzt. Manche Lerner können die Bedeutung von Wörtern aus dem Zusammenhang erschließen. Andere tendieren dazu, Textstellen wortwörtlich zu übersetzen. Es wurde auch vermutet, dass es leichter fallen würde, Texte zu hören und eventuell aufzuschreiben. Wenn das Vokabular geklärt ist, werden Fragen zum Text gestellt.

Tab. 7: Texte vorlesen – Übersetzung – Kreuztabelle

		Übersetzung				Gesamt
		immer	**meistens**	**manchmal**	**selten**	
Texte vorlesen	immer	47	33	24	1	105
	meistens	34	28	17	1	80
	manchmal	12	19	10	1	42
	selten	3	3	1	0	7
	nie	2	0	1	0	3
Gesamt		98	83	53	3	237

Die Lehrkräfte bestätigten, Texte im Unterricht laut vorlesen zu lassen, um die Aussprache zu trainieren. Unbekannte Wörter werden entweder vor dem Lesen eingeführt oder danach geklärt. Die Lehrkräfte gaben weiterhin an, dass vor allem ältere Lerner eine wörtliche Übersetzung einfordern und viele dazu neigen, elektronische Übersetzungsprogramme oder Online-Wörterbücher zu benutzen. Es wurde aber auch die Meinung vertreten, dass Texte vom Arbeitsplatz besonders im Anfangsunterricht zu schwer sind.

Zwei Arten von Lesen sind erkennbar. Die erste Vorgehensweise besteht darin, Texte im Unterricht laut vorzulesen, um die Aussprache zu üben, Wörter zu erklären, zu übersetzen und dann Fragen zum Text zu stellen. Die zweite Technik besteht darin, einen Text, z. B. am Arbeitsplatz, still zu lesen und dabei unbekannte Wörter unmittelbar in Online-Wörterbüchern nachzuschauen. Nachteil der ersten Methode ist, dass die Lerner sich in erster Linie auf die Aussprache und nicht auf den Inhalt konzentrieren. Nachteil der zweiten Vorgehensweise ist, dass der Lesefluss durch das unmittelbare Nachschauen unbekannter Wörter unterbrochen wird. Beide Vorgehensweisen sind daher als lernhinderlich anzusehen.

> *Tipp: Texte im Unterricht zuerst still lesen*
>
> Effektiver ist es, einen Text auch im Unterricht zuerst still zu lesen und zu versuchen, ihn grob zu verstehen. Dabei kann jeder Lerner in seinem eigenen Tempo vorgehen. Danach kann über den Inhalt und fehlende Vokabeln gesprochen und der Text laut vorgelesen werden.

11.6.3 Schwierigkeitsgrad der Texte

Bei der Frage, welche Texte am leichtesten fallen, liegen die Texte aus den Lehrwerken deutlich auf dem ersten Platz, gefolgt von den Texten aus den Arbeits- und Interessengebieten der Befragten. Am schwierigsten sehen die Teilnehmer andere Texte an. Das sind Lektüren, Belletristik, Medien, Fachbücher, Arbeitsblätter, E-Mails und Sonstiges.

Ursachen

Die Reihenfolge ist wahrscheinlich damit erklärbar, dass die Texte in den Lehrwerken didaktisch aufbereitet sind, die Bearbeitungsweise durch Übungen vorgegeben ist und die Lerner Hilfestellung durch die Lehrkraft erhalten. Bei den anderen Texten ist das nicht der Fall. Sie müssen selbstständig erarbeitet werden und das erfordert den Einsatz von Arbeitstechniken. Dazu gehören Lesetechniken, die im Schulunterricht vieler Erwachsener kaum vermittelt wurden.

Eine Lehrkraft berichtete, dass manche Lerner Schwierigkeiten haben, Texte zu lesen und es teilweise schwer fällt, neue Wörter richtig von der Tafel abzuschreiben. Das ist wahrscheinlich darauf zurückzuführen, dass Lesen und Schreiben zu den Fertigkeiten gehören, die über die Lebensspanne hinweg weniger trainiert werden. Die in Kapitel 7 genannten Texte sowie die in 1.4.3 zitierten Studien zum informellen Lernen (Schmidt: 2009, Werner: 2008 und Dellenbach: 2008) zeigen, dass häufig Fachtexte, z. B. Artikel aus Fachzeitschriften oder Bedienungsanleitungen, gelesen werden. Die positiven Erfahrungen mit leichten Lektüren mit begleitender CD und mit Filmen (siehe 10.1.7) deuten darauf hin, dass Lesen leichter fällt, wenn der Text mit Bildern illustriert ist.

Tipp: Lesetechniken einüben

Es gibt viele Arten Leseverstehen zu üben (vgl. Rampillon 1996: 80 ff.). Nach den didaktischen Zielsetzungen des berufsorientierten Fremdsprachenunterrichts sollen Techniken wie das sinnerfassende Lesen trainiert werden. Damit einher geht auch die Fähigkeit, Inhalte eigenständig zu strukturieren und wiedergeben zu können. Um Lerner an den Umgang mit Sach- und Gebrauchstexten heranzuführen, ist es sinnvoll, darauf zu achten, dass sie inhaltlich an ihr Wissen anschließen, denn mit diesem Wissen können sie sich unbekannte Wörter leichter erschließen.

- **Überblick verschaffen**
  Zuerst können sich die Lerner einen Überblick über den Inhalt und die Länge des Textes verschaffen. Bilder, Überschriften, unterschiedliche Schriftgrößen, Quellenangaben und das Datum der Veröffentlichung helfen Texte (online/offline) thematisch und zeitlich einzuordnen. Bei längeren Texten kann es hilfreich sein, zunächst nur den ersten Satz der einzelnen Abschnitte zu lesen, um zu entscheiden, ob der Text interessant und relevant ist oder ob er nicht

weiter vertieft und beiseite gelegt werden soll. Das fördert die kritische Auseinandersetzung mit Texten.

- **Text genauer lesen**
Wenn der Text interessant ist, lesen die Lerner ihn (oder einen Abschnitt eines längeren Textes) genauer. Dabei können sie unbekannte Wörter farbig markieren und die Bedeutung aus dem Zusammenhang, anhand von Bildern oder mit Hilfe der Lerngruppe erschließen. Wichtige Informationen können in Form von Notizen festgehalten werden. Davon können Erwachsene besonders profitieren.
- **Inhalt visualisieren**
Lerner können den Inhalt visualisieren (siehe Tab 8 und 9). Sie können Argumente und Gegenargumente in eine Tabelle sortieren oder Haupt- und Unterthemen in eine Mindmap schreiben. Das fördert die aktive Auseinandersetzung mit Texten und das Einprägen der Vokabeln. Mit den visuellen Hilfen fällt es anschließend leichter den Inhalt wiederzugeben und darüber zu sprechen. Diese Vorgehensweise entspricht dem Forschungsstand, nach dem Erwachsene von der eigenständigen Organisation von Informationen profitieren können. Die Unterlage kann Grundlage für eine Besprechung sein. Zu Hause können die Lerner aus den Notizen eine Zusammenfassung schreiben.

Tab. 8: Text visualisieren

Title	
benefits	drawbacks

Organise the main points of the text into the table. Present them to the group and start a little discussion.

Tab. 9: zwei Texte vergleichen

Text 1	Text 2
argument 1 argument 2 etc.	argument 1 argument 2 etc.

Put the arguments of the texts into a table. Talk on the basis of the key words. Start a little discussion.

- **Texte anpassen, weiter bearbeiten und Neues lernen**
Texte im Internet können den eigenen Bedürfnissen, z. B. der Altersweitsichtigkeit, angepasst, in ein Textdokument kopiert und ebenfalls mit Farben bearbeitet werden. Der Inhalt kann Ausgangsbasis für das Suchen nach weiteren Informationen zu einem Thema sein. Dafür müssen die Lerner viele Texte überfliegen (*skimming*) und selektiv lesen (*scanning*), um relevante Informationen herauszufiltern. Das motiviert auch Lerner mit Leseproblemen, weil sie beiläufig Neues zu ihren Arbeits- und Interessengebieten lernen. Manchmal erhalten sie dabei sogar Ideen für die Lösung eines realen Problems. Das macht Spaß, fördert das Vertrauen in die eigene Lernfähigkeit und erweitert den Horizont.

Während des Lesens setzen sich die Lerner auf vielfältige Art mit authentischen Texten auseinander, festigen und erweitern ihren Wortschatz beim Lesen, Schreiben und Sprechen. Das kommt dem Lernverhalten der Männer entgegen, da sie Vokabeln lernen weniger wichtig finden und dem Lesen mehr Bedeutung beimessen als die Frauen.

Nutzen für den Arbeitsplatz und für weiteres Lernen

Alle Aktivitäten und Techniken sind alltagsrelevant und können unverändert am Arbeitsplatz (auch unabhängig von der Fremdsprache) angewendet werden. Naheliegend ist, den Nutzen für den Arbeitsplatz, die Familie und die Freizeit immer wieder aufzuzeigen, denn die Technik des farbigen Markierens erleichtert das Weiterlesen eines Textes nach Unterbrechung durch einen Kollegen oder ein Telefonat. Kollegen können mit Hilfe von Notizen schnell auf den aktuellen Stand eines Projektes gebracht werden. Das Markieren wichtiger Stellen in einem Fachtext, ergänzt durch stichwortartige fachliche Erläuterungen am Rand, das Aufdecken und Begründen von Unklarheiten in einem komplizierten technischen Angebot, zusammengefasst in Form von Notizen, einer Tabelle, einer Grafik etc. oder einem kurzen Text, helfen Vorgesetzten, Entscheidungen zu treffen und damit die Zusammenarbeit zu erleichtern. Schließlich ist zu sagen, dass auch Suchmaschinen und andere Programme mit farblichen Hervorhebungen arbeiten, um den Nutzern das Lesen von Texten am Bildschirm zu erleichtern. Lesetechniken gehören zu den Voraussetzungen für lebenslanges Lernen.

11.6.4 Zusammenfassung und Ausblick

Die Analyse des Datenmaterials ergab, dass Lerner teilweise Lese-Rechtschreibprobleme haben, wahrscheinlich weil diese Fertigkeiten beim informellen Lernen weniger trainiert werden. Hinzu kommt, dass manchmal Lesetechniken eingesetzt werden, die lernhinderlich sind. Mit den didaktisierten Texten in den Lehrwerken kommen die meisten Lerner gut zurecht, vermutlich weil sie durch Übungen und die Lehrkraft gelenkt werden. Mit den Texten vom Arbeitsplatz und mit anderen Texten haben viele Schwierigkeiten. Um den Umgang damit zu erleichtern, sollten Lesetechniken eingeübt werden. Die Fähigkeit, Texte thematisch und zeitlich einzuordnen, die Inhalte kritisch zu bewerten, relevante Informationen herauszufiltern und zu nutzen, ist eine weitere Voraussetzung für lebenslanges Lernen am Arbeitsplatz, in einer Weiterbildung oder in einem Studium.

11.7 Schreiben

Die Teilnehmer wurden weiterhin gefragt, ob sie Schreiben üben. Die Antworten ließen eine Mehrfachauswahl zu und sollten nach der Häufigkeit der

Anwendung sortiert werden. Die meisten Lerner schreiben meistens bis manchmal mit. Schriftliche Hausaufgaben werden im Vergleich dazu weniger häufig gemacht und E-Mails eher selten geschrieben. Bei der offenen Antwortmöglichkeit gaben wenige Personen an, am Computer schreiben zu üben.

In Abb. 12 sind die Themen nach Mittelwerten geordnet. Die Spannweite der Werte zeigt auch hier wieder die hohe Komplexität des Forschungsfelds.

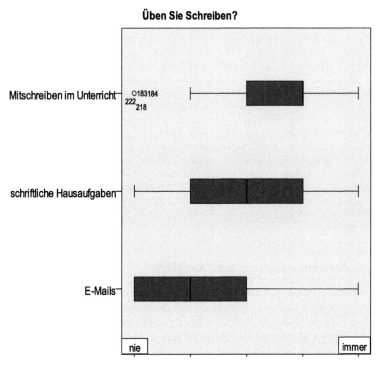

Abb. 12: Schreiben üben

Schreiben entspricht nicht dem natürlichen Lernverhalten vieler Lerner. Das ist wieder mit dem Arbeitsstil erklärbar, der mehr auf mündlichem Austausch von Informationen basiert. Das führt dazu, dass Schreiben weniger gut trainiert ist und das kann mit Rechtschreibproblemen verbunden sein. Nach den didaktischen Zielsetzungen soll das Schreiben von kurzen informellen Texten im Unterricht von Anfang an geübt werden, um die Lerner auf das Schreiben von E-Mails, das Arbeiten in virtuellen Teams, firmeninternen sozialen Netzwerken und Arbeitsgruppen vorzubereiten. Die nachfolgenden Abschnitte zeigen, wie die Lerner an das Schreiben herangeführt werden können.

11.7.1 Mitschreiben im Unterricht

Neigung zur „Arbeitsteilung"

In den Interviews gaben die Lerner an, alles mitzuschreiben, manche Dinge auch zwei Mal. Manche schreiben oft mit, andere gaben an, dass jeder ein bisschen mitschreibt und die Mitschriebe untereinander ausgetauscht werden. Die Lehrkräfte bestätigten das. In manchen Kursen schreibt ein Lerner mit und fertigt für alle anderen Kopien an. Manchmal kommen Lerner ohne Schreibmaterial in den Unterricht, bringen es erst nach Aufforderung mit und müssen auch im Unterricht aufgefordert werden, mitzuschreiben. Die Interviewaussagen bestätigen die zahlenmäßige Auswertung. Schreiben ist nicht sehr beliebt und wird deshalb manchmal delegiert.

Tipp: Herangehensweisen aufgreifen und weiterentwickeln

Die hohe Empathiefähigkeit, die soziale Kompetenz und die Neigung, „etwas mit weniger Aufwand" zu erreichen, wurden schon beim Lesen, beim Bearbeiten von Grammatikübungen und bei der Wortschatzarbeit beobachtet. Diese Vorgehensweisen sind gut gemeint aber nicht lernförderlich für den Einzelnen, denn Schreiben wird dabei nicht trainiert. Das sollte im Unterricht aufgegriffen und mit den Lernern besprochen werden.

11.7.2 Lernen durch Aufschreiben

Auf die Interviewfrage, wie am besten gelernt wird, wurde geantwortet durch aufschreiben, aufschreiben und mehrmals lesen, hören und schreiben und aufschreiben und vorsprechen. Es wurde auch angemerkt, dass Lernen alleine schwerfällt und ein Lernpartner gewünscht wird.

Ein Vergleich der Frage nach der Beliebtheit von Schreiben mit der Frage nach der Selbsteinschätzung ergab, dass Lerner, die sich nicht für sprachbegabt halten, Schreiben häufiger wenig gut finden als Lerner, die ihre Sprachlernfähigkeit höher einschätzen. Dieser Befund deutet auf negative Lernerfahrungen hin. Möglicherweise liegt das auch an einer Rechtschreibschwäche, die dazu führte, dass ein Beruf ergriffen wurde, in dem Schreiben nicht so wichtig war.

Tipp: Schreiben anbahnen

Notizentechniken helfen Lernern, Vertrauen in die eigene Lernfähigkeit zu gewinnen, weil sie Sicherheit geben. Laut Solmecke (1997: 49) fördert Schreiben das Behalten, unterstützt die Entwicklung der übrigen sprachlichen Fertigkeiten und begünstigt gedankliche Klarheit. Da Wissen Fremdsprachenlernen erleichtern kann, ist es für das Schreiben besonders wichtig, reale Themen aus den Arbeits- und Interessengebieten der Lerner zu wählen. Aufgrund der Vorbehalte gegenüber dem Schreiben und der hohen Priorität, die viele Lerner dem Sprechen einräumen, ist es darüber hinaus ratsam, Notizentechniken zuerst in Verbindung mit Sprechen einzuführen und lernerabhängig mit den anderen Fertigkeiten (Lesen und Hören) zu kombinieren. Das kann aufgrund der hohen sozialen Kompetenz auch in Kooperation mit anderen erfolgen.

– **Bilder beschriften**
  Lerner können Bilder, z. B. von Maschinen und Geräten, mit englischen Notizen beschriften. Bilder und Vokabeln können sie im Internet/Intranet suchen und gemeinsam ein Arbeitsblatt erstellen. Das Arbeitsblatt kann visuelle Hilfe (Gedächtnishilfe) beim Sprechen über das Thema sein. Es ermöglicht den Mitlernern und der Lehrkraft Fragen zu stellen und bei fehlenden Vokabeln zu unterstützen. Diese Vorgehensweise entspricht einer realen Situation im Alltag.

– **Grafiken erstellen**
  Darüber hinaus können Lerner z. B. Flussdiagramme erstellen, um Prozesse und Abläufe zu beschreiben. Das kann abhängig von der Lern- und Arbeitssituation handschriftlich oder am Computer erfolgen.

Nutzen für den Arbeitsplatz und für weiteres Lernen

Mit Grafiken, Zeichnungen, etc. können komplexe Arbeitsabläufe und Sachverhalte vereinfacht dargestellt werden. Das erleichtert das Sprechen darüber sowohl in der Fremdsprache als auch in der Muttersprache.

11.7.3 Lernen durch Hausaufgaben

Männer machen tendenziell weniger Hausaufgaben.

Bei der Frage nach den schriftlichen Hausaufgaben ergab ein Vergleich mit den Geschlechtern, dass Männer deutlich weniger häufig Hausaufgaben machen als Frauen. Das scheint ein weiterer Beleg dafür zu sein, dass Männer weniger gezielt Lernstrategien einsetzen (vgl. Missler 1999: 157 ff).

Zu Hause kaum Grammatikübungen

In den Lernerinterviews wurde präzisiert, dass Hausaufgaben häufig Grammatikübungen aus dem Buch sind. Manche Lerner erledigen sie gerne, andere bearbeiten sie kurz vor dem Unterricht oder morgens vor der Arbeit, nehmen sich aber genügend Zeit für andere Dinge, die Spaß machen. Das sind beispielsweise englische Bücher lesen, englische Filme schauen oder Lieder hören, an Foren im Internet teilnehmen und englisches Memory mit der Tochter spielen. Eine weitere Gruppe tut sich zu Hause mit Grammatikübungen schwer, zwingt sich, sie zu machen oder macht sie gar nicht. Als Gründe wurden genannt, dass zu viele unbekannte Wörter nachgeschlagen werden müssen, alleine nicht gut lernen zu können oder Hausaufgaben abzulehnen und zu Hause das machen zu wollen, wozu man gerade Lust hat, z. B. Karteikarten erstellen. Für das Schreiben von arbeitsplatzbezogenen Texten, z. B. einen Text für den Anrufbeantworter formulieren, wird der Sonntagvormittag eingeplant.

Die Lehrkräfte bestätigten, dass häufig Grammatikübungen aus dem Buch als Hausaufgaben aufgegeben werden, wobei eingeräumt wurde, dass nur die Hälfte der Lerner sie machen und manchmal im Lösungsschlüssel nachschauen. Wenn das der Fall ist, werden die Übungen wieder in den Unterricht verlagert. Die Einstellung zu Hausaufgaben hängt von der Lehrkraft und von der Gruppe ab. In manchen Gruppen werden Hausaufgaben gemacht, weil die Lehrkraft Hausaufgaben wichtig findet. In anderen Gruppen werden die Lerner gefragt, ob Hausaufgaben gewünscht werden, was in den meisten Fällen wegen Zeitmangel abgelehnt wird. Es wird weiterhin beobachtet, dass Texte zusammenfassen, E-Mails schreiben und Prozesse beschreiben gut angenommen werden. Schließlich wird berichtet, dass kleine Projekte gerne durchgeführt werden.

Tipp: Schreiben fördern

Hausaufgaben sind bei den Lernern nicht sehr beliebt, wenn es sich um Grammatikübungen handelt. Das deutet auf feldabhängige Lerner hin. Für diesen Lernertyp ist erfolgreiche Kommunikation wichtiger als Grammatikübungen zu bearbeiten. Das Schreiben von kurzen Texten und das Bearbeiten von Projekten werden wahrscheinlich gerne angenommen, weil diese Aktivitäten unmittelbar an das Wissen der Lerner anknüpfen und mit kooperativem Lernen verbunden sind. Im Unterricht gibt es weitere Möglichkeiten, das Wissen der Lerner zu nutzen und Schreiben zu fördern.

- **Texte mit Bildern kombinieren**
  Viele Lerner verschicken im Alltag Bilder mit kurzen Texten. Diese Gewohnheit lässt sich für das Englischlernen nutzen. Lerner können Fotos in Textdokumente kopieren und Sätze dazu schreiben. Diese Aktivität macht Spaß, denn es geht dabei nicht nur um das Schreiben, sondern auch darum, Texte ansprechend zu gestalten. Beim Hin- und Herschieben der Bilder und Texte werden die Vokabeln immer wieder gelesen und dadurch „nebenbei" gelernt.
- **Teilnahme an Online-Spielen stärken**
  Andere Lerner nehmen gerne an Online-Spielen oder Internetforen teil. Bei manchen Spielen müssen sie sich mit Mitspielern aus verschiedenen Ländern und Zeitzonen per E-Mail über den nächsten Spielzug abstimmen. Die Antworten der Mitspieler motivieren auch Lerner mit Rechtschreibproblemen, weitere Beiträge zu schreiben. Sie lernen Neues über andere Kulturen und trainieren beiläufig das Arbeiten in virtuellen Teams. Sie erfahren dabei auch, dass Fehler eher eine untergeordnete Rolle spielen. Diese Art Schreiben zu üben, sollte daher positiv verstärkt werden. Sie vermittelt Erfolgserlebnisse und fördert das Vertrauen in die eigene Lernfähigkeit.

- **E-Mails aus dem Postausgang als Übungsmaterial einsetzen**
  Eine weitere Möglichkeit besteht darin, die Lerner eigene deutsche Texte, z. B.
  Berichte und E-Mails, in Englisch formulieren zu lassen. Dabei können die
  Lerner auf vorhandene Wissenselemente zurückgreifen. Es fällt ihnen daher
  leichter, den Text in der Fremdsprache zu schreiben. Die Texte können als
  Vorlagen für weiteres Schreiben dienen.

Nutzen für den Arbeitsplatz und für weiteres Lernen

Schreiben verhilft zu einer größeren Verarbeitungstiefe. Lerner müssen Vokabeln
aus dem Gedächtnis abrufen, im Internet suchen, in den eigenen Text einpassen und
sich mit Grammatik befassen. Die korrekte Verwendung der Sprache wird dabei im
Zusammenhang geübt. Mit Fotos und Texten können sich Lerner auf reale
Situationen im Arbeitsalltag vorbereiten. Die Tendenz spezifische Sachverhalte
zu visualisieren und mit kurzen Texten zu kommentieren, nimmt angesichts der
fortschreitenden Digitalisierung und Globalisierung unserer Gesellschaft beim
Lernen und Arbeiten stetig zu.

11.7.4 Organisation der Unterlagen

Das Thema Hausaufgaben führte zu der Frage nach der Organisation der
Unterlagen. In den Interviews berichteten Lerner, dass die Unterlagen teilweise chronologisch in einem Ordner abgelegt werden. Manche Lerner gaben
an, auf losen Blättern mitzuschreiben oder noch keine Lösung gefunden zu
haben. Die Lehrkräfte berichteten, dass viele Lerner ihre Unterlagen in einem
Ordner abheften, Loseblattsammlungen besitzen, einen Block mitbringen,
gar nicht organisiert sind und bei Wiederholungen zu suchen beginnen, aber
nicht immer alles wiederfinden.

Die Frage, ob Unterstützung bezüglich der Organisation des Ordners
gewünscht wird, wurde von manchen Lernern bejaht und von anderen mit
der Begründung abgelehnt, dafür sei man alt genug oder das sei ihnen
unangenehm. Die Lehrkräfte gaben an, selten Hilfestellung zu geben mit dem
Argument, die Lerner könnten sich bevormundet fühlen oder jeder habe
seine eigene Methode.

Die Aussagen zeigen, dass bei der Organisation der Unterlagen Unsicherheit bei den Lernern und bei den Lehrkräften besteht. Vielen Lernern fehlt für
das Sprachenlernen, ein ordnendes und systematisierendes Denken (siehe
auch 10.1, Äußerungen zur Handhabung von Kopien). Möglicherweise liegt
es daran, dass im früheren Schulunterricht die Verantwortung für das Planen,
Organisieren und Bewerten des Lernens weniger bei dem Schüler, sondern
vielmehr bei dem Lehrer lag. Es kann aber auch am Lernstil liegen. Nach dem
Forschungsstand können ältere und feldabhängige Lerner von einer vorgegebenen Struktur profitieren.

Tipp: Lernen planen, organisieren, überwachen und bewerten

Planen und Organisieren

Die Einführung eines Portfolio-Ordners in Anlehnung an das Lernprotokoll von Vielau (2010: 252 ff.) bietet sich an. Dieses Thema ist für viele Erwachsene neu. Sie benötigen dafür Unterstützung. Zu Beginn eines Kurses sollten die Lerner einen Ringbuchordner mit Register, einen Schreibblock, Textmarker und Stifte mitbringen. Der Portfolio-Ordner kann von der Lehrkraft vorstrukturiert werden in Beschreibung der Kompetenzstufen des GER, Kursziele und Kursbericht (= Sprachenpass), Sprachlernbiographie und in einen Themen bezogenen Teil (= Dossier), in den die Lerner ihre Arbeitsblätter nach Themen sortiert ablegen können. Das entspricht dem Forschungsstand, nach dem Erwachsene besonders von Organisationsstrategien profitieren können. Das Deckblatt kann wie in Tabelle 10 vorstrukturiert sein.

Tab. 10: Portfolio-Ordner

Arbeitsplatz Europa (= GER)	1
Kursziele/Kursbericht	2
Sprachlernbiographie	3
	4
	5
	6
Themen	7
Mich vorstellen	8
Aufgaben am Arbeitsplatz	9
	10
	11
	12
	13
	14
	15
	16
	17
	18
	19
Lern- und Arbeitstechniken	20
	21
Mitschriebe	22

Der GER ist für viele Erwachsene ebenfalls ein neues Thema. Die Broschüre *Arbeitsplatz Europa. Sprachkompetenz wird messbar.* (siehe 3.1.1) bietet für die Lerner eine gute Orientierung zur Einordnung ihres Sprachenlernens in einen größeren Zusammenhang. Sie enthält eine Liste der ERFA-Wirtschaft-Sprache-Unternehmen. Das zeigt ihnen, wie groß die Anzahl der Firmen ist, die das Sprachenlernen ihrer Mitarbeiter nach dem GER ausrichten.

Die einzelnen Stufen des GER können am Beispiel des Muttersprachenerwerbs besprochen und mit der eigenen Sprachlernstufe verglichen werden. Ein Kind spricht zuerst einzelne Wörter, dann kurze Sätze, die mit zunehmendem Wortschatz immer komplexer werden, bis es schließlich die Muttersprache beherrscht. Weiterhin kann erwähnt werden, dass für den Antrag der deutschen Staatsangehörigkeit der Nachweis von Deutschkenntnissen auf B1-Niveau erforderlich ist und Englischkenntnisse auf B2-Niveau häufig Voraussetzung für die Aufnahme eines Studiums sind. Sinnvoll ist, Parallelen zu anderen Institutionen, z. B. zu VHS, aufzuzeigen, um Mitarbeitern Möglichkeiten zum Weiterlernen oder zur Ablegung von Zertifikaten zu eröffnen. Der Überblick hilft, um gemeinsam mit den Lernern die Lernziele (siehe Tab. 11) festzulegen, die sie mit der zur Verfügung stehenden Stundenzahl gut erreichen können.

Tab. 11: Auszug Lernziele

Aufgaben:
Die Teilnehmer werden für 2–3 Monate in die USA entsendet, um dort Kollegen bei der Inbetriebnahme einer neuen Fabrik zu unterstützen. Sie werden dabei auch mit ihren Kollegen aus anderen globalen Standorten zusammenarbeiten.

Reale Situationen, die dort auf sie zukommen:
- Flughafen, Transfer, Hotel, Essen gehen, *sightseeing* (Angaben zur eigenen Person machen, Auskünfte zu Fahrplänen, Reservierungen einholen, Taxi bestellen, nach dem Weg fragen, Absprachen zu Treffpunkt, Datum, Uhrzeit treffen, Berücksichtigung kultureller Aspekte)
- über Aufgaben am Arbeitsplatz sprechen, Fragen dazu beantworten und stellen sowie Anweisungen geben können
- Alltagsenglisch und Smalltalk.

Stufe: A2. Stundenkontingent 30 Stunden, 3 Teilnehmer.

Die Sprachlernbiographie (siehe Tab. 12) kann in Form einer Tabelle festgehalten und fortgeschrieben werden. Sie dokumentiert früher gelernte Sprachen, den Lernabstand zum letzten Englischunterricht und die für den aktuellen Kurs vorgesehene Stundenzahl. Der Lernabstand sollte nicht negativ mit Sprachlerndefiziten, sondern positiv mit dem „Expertenwissen" und der Berufserfahrung verbunden werden. Das ist ebenfalls neu für viele Lerner, da Lernabstand bisher als Nachteil angesehen wurde, es heute aber eher darum geht, die Kompetenzen der Lerner zu stärken.

Jeder Lerner unabhängig von Alter und Bildungsstand kann als „Experte" angesehen werden. Die Stärken eines Lerners können entweder in seinem Arbeitsgebiet, in einem Hobby, in einem Ehrenamt oder auf weiteren Gebieten liegen.

Tab. 12: Lernbiographie 1

Name Michaela Mustermann, Muttersprache: Deutsch	Sachbearbeiterin Finanzwesen Stand: Juni 2015

Früherer Sprachunterricht

Jahr	Sprache	Bildungsinstitution	Bilanz
1980 – 1986	Englisch	Realschule	Pflicht
1986 – 1989	Englisch	Ausbildung	Pflicht

Lernabstand: 11 Jahre = Berufserfahrung

2000 – 2002	Englisch	Einarbeitung einer argentinischen Kollegin ohne Deutschkenntnisse	den ganzen Tag Engl./ Deutsch gesprochen. sehr effektiv
2009, 2011, 2013	Englisch	Urlaub in Amerika. Freundin ist dort verheiratet.	Spaß

Firmenkurse

Jahr	Lernstufe/Teilnehmerzahl	Stundenzahl	Bilanz
2012 – 2013	B1 (Gruppe)	40	inhaltlich interessant
seit April 2015	B1–B2 (Gruppe)	40	"

Anwendung der Englischkenntnisse in der Praxis

Lesen von Fachtexten
Lesen und Beantworten von E-Mails
Teilnahme an internationalen Meetings

Sprachlernbiographien sind auch für die Lehrkraft ein wertvolles Instrument, um einen Überblick über die Lernvoraussetzungen und das vielfältige Wissen einer Lernergruppe zu erhalten. Zu den Stärken der Lernerin in Tab. 12 gehört ihr interkulturelles Wissen. Das bietet die Möglichkeit, sie im Unterricht als „Expertin" dazu zu befragen. Außerdem kann über die verschiedenen Formen des Lernens gesprochen werden. Das hilft den Lernern, ihr Lernen besser einzuschätzen.

Überwachen

Die Lehrkraft kann den Umgang mit dem Ordner nachhaltig fördern. Sie kann mit verschiedenen Aufgaben immer wieder auf die vereinbarten Themen zurückkommen, z. B. Essen gehen: Kantine, Restaurant, Ernährung bei Schichtarbeit, Abnehmen, etc. Mit jeder neuen Aufgabe wird vorhandenes Vokabular zu einem Themengebiet durch Zeitungsartikel, eigene Texte, Bilder, Notizen zu Videos, Lernen an realen Orten, etc. wiederholt und erweitert.

Der Ordner kann ein Instrument zur regelmäßigen Reflexion über das Englischlernen sein. Im Unterricht kann über die Zuordnung von Arbeitsblättern zu den einzelnen Themen gesprochen werden. Die Lehrkraft kann den Inhalt von Texten noch einmal zusammenfassen lassen und mit den Teilnehmern darüber sprechen. Dabei werden Vokabeln beim Sprechen wiederholt. Manchmal ist es sinnvoll, Blätter auszusortieren oder den Ordner umzuorganisieren. Diese Aktivitäten bieten sich besonders an, wenn die Lerngruppe nicht vollständig anwesend ist. Im Laufe des Kurses erstellen sich die Lerner ein persönliches Nachschlagewerk mit realen Beispielen, das sie auch am Arbeitsplatz nutzen können. Davon können feldabhängige Lerner profitieren.

Bewerten

Am Ende eines Kurses kann der Lernfortschritt auf der Basis der vereinbarten Lernziele und den Beispielen im Ordner bewertet und mit den Sprachhandlungen in der DIHK Broschüre verglichen werden. Das dient auch der Qualitätssicherung, denn das Weiterbildungsangebot in Firmen wird regelmäßig einer Kosten-Nutzen-Analyse unterzogen. Die Lerner können den Ordner zur Vorbereitung auf das Mitarbeitergespräch nutzen und gegebenenfalls gegenüber dem Vorgesetzten sachlich für eine Verlängerung des Kurses argumentieren. Bei Stellenwechseln, Integration in einen neuen Kurs oder bei Wechsel der Lehrkraft ist der Ordner ein wertvolles Instrument zur Dokumentation vorhandener Kompetenzen. Bei Beendigung der Weiterbildungsmaßnahme haben die Lerner im Idealfall ein Repertoire an Lern- und Arbeitstechniken zur Verfügung, das ihnen ermöglicht, sich sprachlich und fachlich immer wieder neu einzuarbeiten.

Nutzen für den Arbeitsplatz und für weiteres Lernen

Die Fähigkeit, Lern- und Arbeitsprozesse zu planen, zu organisieren, zu überwachen und zu bewerten, ist eine weitere Voraussetzung für lebenslanges Lernen.

11.7.5 Zusammenfassung und Ausblick

Die Auswertung der Fragen zum Schreiben bestätigte, dass diese Fertigkeit beim informellen Lernen weniger gut trainiert wird. Das ist teilweise mit Rechtschreibproblemen und ineffektiven Techniken des Schreibens und Mitschreibens sowie mangelnder Organisation der Lernunterlagen verbunden. Das können Ursachen dafür sein, dass Schreiben nicht gemocht, als weniger wichtig empfunden wird und im Englischunterricht weniger trainiert werden soll. Das kann wiederum dazu führen, dass Lerner den steigenden Anforderungen an die Schreibfertigkeit kaum gewachsen sind. Es wurde aber auch festgestellt, dass Lerner durch Aufschreiben gut lernen und gerne eigene Texte über reale Themen schreiben. Da Wissen Sprachenlernen erleichtern kann, bietet es sich an, Schreiben in Form von Notizentechniken und kurzen Texten mit persönlichem Bezug zu trainieren. Das gibt Selbstvertrauen und fördert die berufliche Kompetenz. Das Planen, Überwachen und Bewerten ihres Englischlernens ist für viele Erwachsene ein neues Thema. Sie benötigen dafür Anleitung. Die Einführung eines Portfolio-Ordners bietet sich an. Die Lerner erstellen sich ihr persönliches Nachschlagewerk und werden zum Nachdenken über das Sprachenlernen angeregt. Im betrieblichen Kontext kann der Ordner auch zur Qualitätssicherung eingesetzt werden.

11.8 Spielen

Um festzustellen, welche Unterrichtsaktivitäten am beliebtesten sind, wurden die Lerner zunächst zum Thema Lernspiele befragt. Über die Hälfte der Befragten beantwortete die Frage, ob sie im Unterricht gerne Spiele spielen mit nein. Rund ein Drittel der Teilnehmer spielt keine Spiele im Unterricht, nur ein kleiner Anteil spielt gerne Spiele im Englischunterricht. Eine größere Gruppe von Lernern gab bei der offenen Antwortmöglichkeit eine Begründung ab. Das Motiv, wieso Spiele im Unterricht gerne gespielt werden, liegt hauptsächlich am erlebten Spaß und der lockeren Atmosphäre. Zudem sind die Teilnehmer davon überzeugt, leichter zu lernen. Andere gaben an, Spiele generell nicht zu mögen.

Unterschiedliche Einstellungen

Die weitere Auswertung der Daten ergab, dass die Beliebtheit von Lernspielen im Unterricht von dem Lehrstil der Lehrkräfte und von der Einstellung der Lerner zu diesem Thema abhängt. Manche Lehrkräfte setzen keine Spiele im Englischunterricht ein. Manche Lerner lehnen den Einsatz von Lernspielen im Unterricht ab, weil sie Spielen nicht als eine Lernaktivität betrachten. Auch die räumlichen Bedingungen scheinen den Einsatz von Spielen zu beeinflussen. Wenn der Unterrichtsraum von außen einsehbar ist, wird auf den Einsatz von Lernspielen lieber verzichtet.

Ein Großteil der Lerner ist aber davon überzeugt, durch Spielen im Unterricht etwas zu lernen. Von den Personen, die angegeben haben, was sie bei Spielen im Unterricht lernen, gaben die meisten an, freies Sprechen üben zu können und knapp drei Viertel, die Angst vor dem Sprechen zu verlieren. Einige Personen nutzten die offene Antwortmöglichkeit. Der am häufigsten genannte andere Effekt von Spielen ist laut den Teilnehmern die Festigung des Wortschatzes.

Die Einstellung gegenüber Spielen wurde in den Interviews noch weiter präzisiert: Das Spielen von Lernspielen gefällt den Lernern sehr gut, weil da die Anforderungen am höchsten und am anstrengendsten sind. Es wird am meisten dabei gelernt. Beim Spielen muss viel selbst erbracht werden. Spiele sind gut, um Grammatik zu wiederholen. Die Lehrkräfte gaben an, Spiele wie *Taboo* und *Trivial Pursuit* einzusetzen, um den Übergang vom Wort zum Satz zu trainieren, um Kommunikationsstrategien wie Umschreiben oder um Grammatikaspekte einzuüben und um Hemmungen abzubauen. Manche Lerner würden gerne Lernspiele spielen, sie werden im Unterricht aber nicht angeboten

Die Aussagen zum Thema Lernspiele zeigen, dass eine Reihe von Lernern, die im Unterricht keine Spiele spielen, dieser Aktivität gegenüber aufgeschlossen ist. Das deutet auf feldabhängige Lerner hin, die eher intuitiv vorgehen, ebenso auf Lerner die haptisch und kinästhetisch orientiert sind. Lernspiele passen gut zu diesem Lernstil. Daher sollten sie im Unterricht häufiger angeboten werden. An den Antworten auf die Fragen zum Spielen wird auch deutlich, dass Aktivitäten, die eher dem informellen Lernen zugeordnet werden können, häufig gar nicht als Lernen anerkannt, sondern eher als Spaß betrachtet werden.

Tipp: den Sinn von Lernspielen besprechen

Es ist ratsam, mit den Lernern über den Nutzen von Lernspielen zu sprechen. Das fördert den offenen Umgang damit und liefert Argumente gegenüber skeptischen Vorgesetzten und Kollegen.

11.9 „Beliebte" Unterrichtsaktivitäten

Um das Thema Unterrichtsaktivitäten weiter auszuleuchten, wurden die Lerner in einer Frage mit Mehrfachauswahl gefragt, welche Aktivitäten sie im Unterricht gut finden (siehe Abb. 13). Die beliebtesten Aktivitäten im Unterricht sind Lesen, Smalltalk und Übersetzen. Darauf folgen Hörübungen und Schreiben sowie Grammatikübungen. Lern- und Rollenspiele finden unter 50 % Zustimmung. Auf den hinteren Plätzen finden sich „echtes" Material, Gruppen- und Partnerarbeit und das Lernen mit Bildern wieder. Andere Aktivitäten wie Spiele, Kurzvorträge oder Lektüren wurden nur von wenigen Personen genannt.

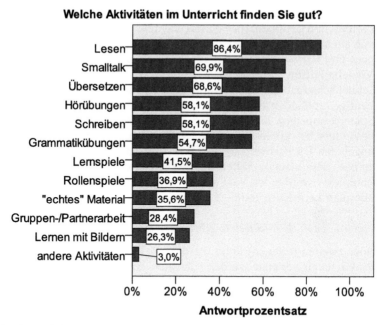

Welche Aktivitäten im Unterricht finden Sie gut?

Aktivität	Antwortprozentsatz
Lesen	86,4%
Smalltalk	69,9%
Übersetzen	68,6%
Hörübungen	58,1%
Schreiben	58,1%
Grammatikübungen	54,7%
Lernspiele	41,5%
Rollenspiele	36,9%
"echtes" Material	35,6%
Gruppen-/Partnerarbeit	28,4%
Lernen mit Bildern	26,3%
andere Aktivitäten	3,0%

Antwortprozentsatz

Abb. 13: „Beliebte" Aktivitäten

Aktivitäten, die nicht in allen Kursen angeboten werden:

Die Grafik zeigt, dass Aktivitäten, die eher dem formalen Englischunterricht zugeordnet werden können, auf den vorderen Plätzen liegen. Aktivitäten, die gut zu dem Lernstil der Lerner passen, sind auf den hinteren Rängen zu finden. Es stellt sich daher die Frage, woran das liegt.

- **Lernspiele**
  Nicht alle Probanden konnten bei dieser Frage die Aktivität Lernspiele bewerten, weil Lernspiele nicht in allen Kursen angeboten werden. Die Beliebtheit von Lernspielen im Unterricht hängt von dem Lehrstil, der Einstellung der Lerner zu Lernspielen und den räumlichen Bedingungen ab.
- **„Echtes" Material**
  Auch „echtes" Material konnte nicht von allen Befragten bewertet werden, weil häufig erst in Kursen höherer Stufe damit gearbeitet wird. Das steht in Zusammenhang mit der Einstellung, ab welcher Stufe es eingesetzt werden sollte. Manche Lehrkräfte und Lerner sind der Meinung, dass zuerst sprachliche Grundkenntnisse erworben werden sollten, bevor mit „echtem" Material gearbeitet wird (siehe 10.2.8).

- **Partner- und Gruppenarbeit**
Partner- und Gruppenarbeit gehört ebenfalls zu den Aktivitäten, die nicht
von allen Befragten bewertet werden konnten. Die Beliebtheit von Grup-
pen- und Partnerarbeit hängt von der Kursgröße ab.
- **Visuelle Hilfen**
Schließlich ergab die Auswertung, dass Erstlerner das Lernen mit Bildern
häufiger gut finden als Lerner höherer Stufe. Bilder helfen, die mangelnde
Sprachkompetenz auszugleichen und werden wahrscheinlich deshalb
besonders bei Erstlernern und weniger häufig auf höherer Lernstufe
angeboten. Die Auswertung der Daten und der Vergleich mit der Literatur
zeigen, dass visuelle Hilfen das Lernen und Arbeiten in einer immer
komplexer werdenden Welt erleichtern. Der Umgang damit sollte daher
auf allen Lernstufen trainiert werden.

Aktivitäten, die in allen Kursen angeboten werden:

In einer zweiten (offenen) Frage zu diesem Thema sollten die drei Unterrichtsaktivitäten genannt werden, die dem einzelnen Lerner am meisten
helfen. Auf den ersten Platz wurden deutlich Lesen und Smalltalk gewählt.
Auf dem zweiten Rang liegen Übersetzen und wiederum Lesen. Den dritten
Rang belegen wiederum Übersetzen und Schreiben.
    Die Rangfolge stützt die Schlussfolgerungen der vorherigen Frage. Es
ergibt sich eine ähnliche Situation wie bei der Befragung der Mitarbeiter der
Flughafen München GmbH. Die Beliebtheit von Lernformen hängt u. a. von
ihrer Verfügbarkeit ab (siehe 1.4.3). In den nachfolgenden Abschnitten
werden die Aktivitäten der vorderen Plätze näher betrachtet.

- **Lesen**
Lesen zählt einerseits zu den Aktivitäten, die für die Lerner im heutigen
Unterricht weniger wichtig sind (siehe 11.1.2). Andererseits gehört Lesen
für die Lerner zu den Aktivitäten, die beim Englischlern am meisten
helfen (siehe 11.9). Das hängt möglicherweise mit der Einstellung der
Lerner zusammen, dass Lesen auch außerhalb des Englischunterrichts
(siehe 11.12) selbstständig durchgeführt werden kann und unbekannte
Wörter mit Online-Wörterbüchern erschlossen werden können (siehe
11.2). Die Auswertung zeigt, dass viele Lerner Anleitung für den effektiven Umgang mit Texten benötigen (siehe 11.6.4).
- **Sprechen**
Sprechen erfordert einen Partner und wird im Vergleich zum Lesen
wahrscheinlich als größere Herausforderung empfunden und soll daher
schwerpunktmäßig im Unterricht geübt werden (siehe 11.1.2). Da Spiele,
Rollenspiele, Gruppen- und Partnerarbeit sowie „echtes" Material nicht in
jedem Kurs angeboten werden, wird Smalltalk als Aktivität genannt, die
am meisten hilft. Sie gehört wegen des persönlichen Bezugs wahrscheinlich tatsächlich zu den beliebtesten Aktivitäten und ist für alle Lerner-

persönlichkeiten gut geeignet, um das Sprechen weiterzuentwickeln (siehe 11.4.5, Sprechschwierigkeiten). Die Auswertung ergab, dass Lern- und Arbeitstechniken helfen, das Sprechen aus seiner Unverbindlichkeit herauszuführen.

- **Übersetzen**
Übersetzen zählt ebenfalls zu den Aktivitäten, die nach Meinung der Lerner am meisten helfen, weil sie gemäß den offenen Antworten in 11.6.2 dadurch Inhalt und Sinn von Texten besser verstehen. Viele Lerner tendieren nach Aussagen der Lehrkräfte (siehe 11.6.2) dazu, Textstellen wörtlich übersetzen zu wollen, was auf Lernerfahrungen im früheren formalen Englischunterricht zurückzuführen sein könnte. Abhängig von der Situation kann wörtliches Übersetzen sinnvoll sein oder nicht. Meistens lassen sich unbekannte Wörter aus dem Zusammenhang erschließen.

- **Schreiben**
Auch Schreiben befindet sich bei den Aktivitäten, die am meisten helfen. Dieser Befund wird gestützt durch Interviewaussagen von Lernern, durch Aufschreiben am besten zu lernen (siehe 11.7.2), scheint allerdings im Widerspruch zu stehen zu der geringen Priorität, die Lerner in 11.1.2 dem Schreiben beimessen. Wahrscheinlich beziehen sie sich in 11.1.2 auf das Schreiben von E-Mails, welche laut der Antworten auf die Frage nach dem Üben von Schreiben in Kapitel 11.7 weniger häufig geschrieben werden, und nicht auf das Lernen durch Aufschreiben. Außerdem kann Schreiben wie Lesen auch außerhalb des Unterrichts alleine durchgeführt werden. Die Studie zeigt, dass Erwachsene von Notizentechniken profitieren können.

Aktivitäten, die gut gefallen:

In den Interviews wurde nach Aktivitäten gefragt, die den Lernern gut gefallen. Sprechen, fachbezogene Gespräche, Rollenspiele, Hörübungen und Spiele gehören zu den beliebten Unterrichtsaktivitäten. Auch aus Lehrkraftsicht ist Sprechen bei den Lernern beliebt. Dialoge und *icebreaker* kommen ebenfalls gut an. Zu den bevorzugten Unterrichtsaktivitäten der Lehrkräfte gehören Sprechen, wenn die Lerner von sich erzählen, Spiele und Hörverstehen. Eine Lehrkraft meinte, dass Abwechslung wichtig sei.

Aktivitäten, die auf Kommunikation und Interaktion abzielen, darunter auch Aktivitäten, die nicht in allen Kursen angeboten werden, gefallen am besten. Das stützt nicht nur die Befunde und Schlussfolgerungen zu den „beliebten" Unterrichtsaktivitäten (siehe 11.9), sondern auch die Befunde zu „echtem" Material (siehe 10.2.8) und zu Spielen (siehe 11.8). Alle aufgeführten Ergebnisse deuten auf feldabhängige Lerner hin, die Sprache am liebsten durch Sprechen in realen Alltagssituationen lernen möchten.

Aktivitäten, die nicht gefallen:

In den Interviews wurde auch nach Aktivitäten gefragt, die gar nicht gefallen: Einige Lerner konnten diese Frage nicht beantworten. Manche meinten, dass alles hilft. Andere gaben Grammatik an, eine dritte Gruppe Übersetzen. Zu den Aktivitäten, die nicht beliebt sind, gehören aus Lehrkraftsicht ebenfalls Grammatik und Aktivitäten, die an die Schulzeit erinnern.

Die Meinungen zum Übersetzen stehen scheinbar in Widerspruch zu den Befunden der vorherigen Frage. Es gibt viele Arten zu übersetzen, aber nicht alle Arten sind gleich beliebt. Aus einem Kurs liegen zwei Übersetzungsübungen vor, in denen etwa 40 deutsche Sätze ins Englische übersetzt werden sollten. Möglicherweise beziehen sich die Lerner auf derartige Übungen. Die Tatsache, dass Lerner die Frage nach Aktivitäten, die nicht gefallen, nicht beantworten können, deutet darauf hin, dass sie bisher kaum über ihr Lernen nachgedacht und wahrscheinlich nur die Vergleichsmöglichkeit zum früheren Schulunterricht haben.

Fazit:

Die Analyse zeigt insgesamt, dass die Beliebtheit der Lehr- und Lernmethoden von verschiedenen Faktoren wie den einzelnen Kursen (Größe, Lernstufe, Ausrichtung, Einstellungen und Lehrstil der Lehrkräfte, Wünsche der Lerner) und den Lernkulturen der Firmen abhängt. Aber auch die räumlichen Bedingungen scheinen die Auswahl der Aktivitäten zu beeinflussen. Infolge der hohen Komplexität des Forschungsfelds handelt es sich bei diesem Ergebnis also nicht um eine Rangfolge der beliebtesten Unterrichtsaktivitäten, wie zunächst erwartet wurde.

11.10 Lerntipps

Um festzustellen, ob die Lerner zum Sprachenlernen angeleitet werden, wurden sie gefragt, ob sie Lerntipps erhalten. Ein Großteil der Befragten bekommen Tipps und Tricks von ihren Lehrkräften, wie sie besser lernen. In den offenen Antworten sind diese Tipps und Tricks sehr vielfältig in ihren Nennungen, eines verbindet sie aber: Den Kursteilnehmern wird nahegelegt, sich mit der Materie zu beschäftigen, ob es die Arbeit mit der Lernkartei, den Lehrbüchern oder Fernsehen ist – der Fleiß und die Wiederholung zählen.

Auf die Frage, ob sie die Tipps und Tricks anwenden, gab die Hälfte der Teilnehmer, die diese Frage beantwortet haben, an, diese teilweise zu nutzen, etwa 30 % wenden sie an und 20 % wenden sie nicht an. Die Tipps und Tricks werden in den meisten Fällen nicht angewendet, weil die Zeit dafür fehlt. Zeitmangel als vorgeschobener Grund ist wahrscheinlich die leichtere Antwortmöglichkeit als das Eingeständnis, dass man nicht genügend motiviert ist, die Tipps und Tricks anzuwenden.

Kaum Wiederholungsstrategien

Die weitere Auswertung bestätigte, dass die Lerntipps der Lehrkräfte, die meist auf Wiederholung des Lernstoffs ausgerichtet sind, nur von wenigen Lernern konsequent angewendet werden. Das passt zu dem Forschungs-befund von Lehr (2007: 99), der besagt, dass Ältere weniger häufig Wieder-holungsstrategien einsetzen. Er stärkt die Vermutung, dass viele Lerner feldabhängig zu sein scheinen und Sprache weniger systematisch, sondern eher in der Kommunikation mit anderen lernen.

Tipp: Intensität von Lernaktivitäten steigern

Die nachfolgende Liste zeigt eine Auswahl der vielfältigen Möglichkeiten, an den kommunikativen Lernstil anzuknüpfen, den Wortschatz zu festigen (zu wieder-holen) und spiralförmig zu erweitern. Alle Beispiele sind mit Sprechen verbunden, die Fertigkeit, die den Lernern beim Sprachenlernen am wichtigsten ist.

Lerner können alleine oder im Team
- Vokabeln zu einem Thema aus dem Gedächtnis aktivieren, in eine *Mindmap* eintragen und auf der Basis dieser Stichwörter sprechen,
- englische Notizen zu einem englischen Text anfertigen und damit den Inhalt wiedergeben,
- englische Notizen zu einem deutschen Text anfertigen und damit den Inhalt wiedergeben,
- mit Hilfe von Notizen einen kurzen Text schreiben und diesen im Unterricht vorlesen (Beim Schreiben wird Grammatik im Zusammenhang geübt, beim Vorlesen das Sprechen.),
- weitere Informationen zu einem Thema im Internet recherchieren und darüber berichten,
- Beschreibungen von Abläufen, Prozessen vorbereiten und im Unterricht vor-tragen.

Nutzen für den Arbeitsplatz und für weiteres Lernen

Alle Aktivitäten können unverändert (auch unabhängig von der Fremdsprache) beim Arbeiten und Lernen angewendet werden.

11.11 Spaß

Um zu ermitteln, wie sich die Motivation der Lerner während des Kurses entwickelt, wurden die Probanden zum Thema Spaß befragt. 85 % der Befragten, die diese Frage beantwortet haben, macht der Unterricht Spaß. Die übrigen können dies zumindest teilweise bestätigen. Die offenen Ant-worten ergaben, dass auch hier wieder die lockere Unterrichtsatmosphäre und Abwechslung, die auch von den Lehrkräften gefördert werden, entscheidend für den Spaß im Unterricht sind.

Die Lehrkräfte wurden in diesem Zusammenhang zu ihrem Selbstverständnis im betrieblichen Kontext und zum Thema Spaß befragt. Sie versuchen, das Selbstvertrauen der Lerner aufzubauen, denn Sprachenlernen ist für jeden möglich. Er muss sich nur ein bisschen damit beschäftigen und sich auf das Lernen einlassen. Die Lehrkräfte sind der Meinung, dass Sprache nicht mit Druck und Zwang eingeübt werden kann. Wichtig ist, Freude am Unterricht in der Gruppe und Spaß am Lernen zu entwickeln, damit die Lerner das Lernen leichter angehen, sich selbst mit der Materie beschäftigen und den Willen haben, Eigeninitiative zu erbringen. Sie sollen Englisch kommunizieren können und nicht auf Perfektion achten, denn eine neue Sprache ist eine persönliche Bereicherung, führt zur Horizonterweiterung, ist immer nützlich und vermittelt eine andere Sicht auf die Welt.

Die geringe Selbsteinschätzung vieler Lerner (siehe Kapitel 8) und die Arbeitsbelastung gehören zu den Herausforderungen für das Englischlernen im betrieblichen Kontext. Die Lehrkräfte versuchen diesen Schwierigkeiten eine lockere Unterrichtsatmosphäre und Freude am Lernen entgegen zu setzen.

Spaß im früheren Englischunterricht

Ein Vergleich der Unterrichtsatmosphäre des früheren Englischunterrichts mit der Unterrichtsatmosphäre im aktuellen Unterricht zeigt, dass der Unterricht heute viel mehr Spaß macht. Weitere Vergleiche dieser Frage mit der Einstellung der Lerner zur englischen Sprache und zum Lernen (siehe 8), den Erwartungen an die Lehrkraft (siehe 11.1.3), dem Befassen mit der Fremdsprache außerhalb des Unterrichts (siehe 11.12) und dem Lernfortschritt (siehe 12) zeigen, dass es den Lehrkräften gelungen ist, den Lernprozess auf affektiver Ebene erfolgreich anzubahnen. Viele Lerner haben Spaß im Unterricht und verspüren erste Lernerfolge. Möglicherweise spielt aber auch die Resilienz der Lerner eine Rolle, die sich über die Lebensspanne positiv verändert (siehe 1.4.4).

11.12 Befassen außerhalb des Unterrichts

Mit einer zweiten Frage wurde die Motivation der Befragten die Sprache zu lernen weiter überprüft. Drei Viertel der Teilnehmer befassen sich auch außerhalb des Unterrichts mit Englisch, ein Viertel tut dies nur innerhalb des Sprachkurses. Zwei Drittel der Lerner gab eine Begründung ab. Die Bereiche, die sich bisher in der Studie abgezeichnet haben, setzen sich auch in der Beantwortung dieser Frage fort: Die genannten Einsatzgebiete unterscheiden sich nicht stark von denen, die eingangs bei den Fragen zu den

Motiven, Englisch zu lernen, genannt wurden. Jedoch wurde hier der Lern-
aspekt stärker wahrgenommen. Deutlich mehr Lerner gaben an, mit ihren
Kindern zu lernen. Außerdem gaben mehr Befragte an, sich mit englischer
Musik zu beschäftigen.

Einige Befragte begründeten, wieso sie sich nicht außerhalb des Unterrichts mit Englisch beschäftigen. Ihre Antworten brachten auch hier das
bereits bekannte Antwortspektrum hervor: fehlende Motivation, fehlender
Bedarf, fehlende Möglichkeiten und vor allem keine Zeit. Der Zeitaspekt ist
hier wieder eine leichte Wahl, da das Nicht-Lernen auf einen Grund verlagert
wird, der außerhalb des Selbst liegt und daher nicht mit dem Selbstbild
kollidiert. Manchmal liegt es aber auch an den Aufgabenstellungen der
Lehrkräfte (siehe 11.7.3, Grammatikübungen als Hausaufgabe).

Die Auswertung ergab weiterhin, dass von den Lernern, die sich außerhalb des Unterrichts mit Englisch befassen, der Anteil der Lerner, die keine
Erfolgserlebnisse in der Praxis haben, leicht über dem Anteil der Lerner liegt,
die Erfolgserlebnisse in der Praxis haben. Das bedeutet, dass allein das
Befassen mit der Sprache nicht unbedingt zu Erfolgserlebnissen im Alltag
führt, oder anders ausgedrückt, dass das Befassen gezielter erfolgen muss,
damit sich Lernerfolg einstellt. Hier sind Parallelen zu der in 1.4.3 beschriebenen Studie von Dellenbach et al. (2008: 121 ff.) zu sehen, bei der festgestellt
wurde, dass die positive Wirkung von Aktivitäten auf die kognitive Leistungsfähigkeit davon abhängt, wie intensiv sie durchgeführt werden.

In Abbildung 14 sind die Aktivitäten der Lerner außerhalb des Unterrichts in Anlehnung an die Begriffe formales und informelles Lernen sortiert.

Es ist deutlich erkennbar, dass außerhalb des Englischunterrichts nur
wenige Lerner zielgerichtet lernen. In den meisten Fällen scheint es beiläufig
stattzufinden. Das ist mit dem Lebens- und Arbeitsstil der Lerner erklärbar,
bei dem das informelle Lernen einen breiten Raum einnimmt. Lern- und
Arbeitstechniken können die Intensität und Effektivität der Aktivitäten
erhöhen, wie die Beispiele in den vergangenen Kapiteln zeigen. Im eigenen
Unterricht werden beim Sprechen über das Thema „Lernen mit Kindern"
häufig die neuen Medien angesprochen.

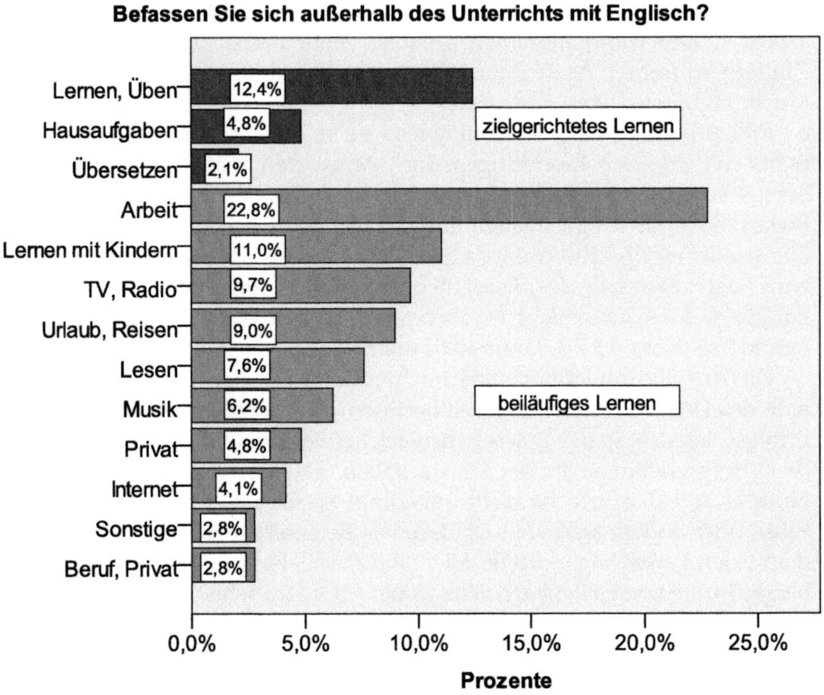

Befassen Sie sich außerhalb des Unterrichts mit Englisch?

Abb. 14: Aktivitäten außerhalb des Unterrichts

Tipp: vorhandene Medien nutzen

Facebook, Skype, WhatsApp, etc. sind Programme, die unter anderem Namen auch in Unternehmen eingesetzt werden. Sie passen zu dem kommunikativen Lernstil vieler Lerner und können zusätzlich zur Förderung des Englischlernens und der Medienkompetenz eingesetzt werden. In altersgemischten Fremdsprachenkursen können ältere Lerner diesbezüglich von dem Wissen jüngerer profitieren. Wie in der Realität lernen die Teilnehmer mit- und voneinander.

12 Lernfortschritt

Danach wurden die Lerner aufgefordert, ihren Lernfortschritt einzuschätzen. Die Frage ließ eine Mehrfachauswahl zu und das führte zu dem Ergebnis, dass über drei Viertel der Befragten spüren, weniger Sprechangst zu haben. Zwei Drittel bemerken einen besseren Wortschatz bei sich und zwei Fünftel haben Erfolgserlebnisse in der Praxis. Eine kleine Gruppe macht ihrer Meinung nach andere Lernfortschritte. Diese sind hauptsächlich mit Verstehen und Verständlich machen verbunden, beinhalten aber auch Grammatik und ein Erinnern an Wörter, die früher schon einmal gelernt wurden.

Die zahlenmäßige Auswertung dieser Frage brachte weitere Ergebnisse hervor, die in den nachfolgenden Abschnitten dargestellt und analysiert werden. Sie machen die individuellen Unterschiede der Lerner sichtbar und vermitteln einen Eindruck von der hohen Komplexität des betrieblichen Lernkontexts.

12.1 Weniger Sprechangst

Die weitere Auswertung dieser Teilfrage ergab, dass Lerner, die sich Zeit nehmen, Vokabeln zu lernen, deutlich häufiger feststellen, dass sie ihre Sprechangst verlieren, als Lerner, die sich keine Zeit dafür nehmen. Diese Lerner scheinen die Erfahrung gemacht zu haben, dass das Erlernen eines größeren Repertoires mehr Sicherheit gibt und es leichter fällt zu sprechen.

Weiterhin wurde ermittelt, dass Lerner, die Grammatik für weniger wichtig halten, eher das Gefühl haben, Sprechangst zu verlieren als Lerner, die Grammatik einen hohen Stellenwert beimessen. Dieser Befund deutet auf einen globalen Lernstil und eine höhere Fehlertoleranz hin. Möglicherweise spielen frühere Lernerfahrungen eine Rolle, z. B. die Erfahrung, dass die Beherrschung der Grammatik nicht unbedingt zu einer Verbesserung der Sprechfertigkeit führt. Ein Lerner gab im Interview an, dass der Freund seiner Schwester amerikanischer Soldat war, er viel mit ihm unternommen und dadurch Sprechen gelernt hat.

Schließlich wurde festgestellt, dass drei Viertel der Lerner, die weniger Hemmungen haben zu sprechen, Spaß oder teilweise Spaß im Unterricht haben. Das bedeutet, dass viele Lerner im jetzigen Unterricht die Erfahrung, machen, dass Lernen mit Freude verbunden sein kann. Das ist wahrscheinlich auf den Lehrstil der Lehrkräfte zurückzuführen. Es kann aber auch an der Resilienz liegen, die sich im Laufe des Lebens positiv verändert.

12.2 Besserer Wortschatz

Die Auswertung dieser Teilfrage ergab, dass Lerner ohne Lernschwierigkeiten Vokabeln öfter finden, dass sie einen besseren Wortschatz haben als Lerner, denen es schwerfällt, Vokabeln zu lernen. Das könnte auf frühere positive wie negative Erfahrungen mit dem Vokabeln lernen zurückzuführen sein.

Ein weiteres Ergebnis war, dass Lerner, die Grammatik gut finden, häufiger das Gefühl haben, auch einen besseren Wortschatz zu haben als Lerner, denen es schwerfällt Vokabeln zu lernen. Dieser Befund deutet ebenfalls auf positive wie negative Sprachlernerfahrungen hin.

Schließlich wurde ermittelt, dass gut zwei Drittel der Lerner, die finden, dass sie einen besseren Wortschatz haben, der Unterricht Spaß oder teilweise Spaß macht. Der Befund bestätigt die Vermutung, dass eine lockere Lernatmosphäre, in der die Lerner Freude am Lernen haben, auch zu Lernfortschritt führt, in diesem Fall besserer Wortschatz. Er weist in dieselbe Richtung wie die von Hüppe (1998: 144 ff.) zitierten Studien, wonach die Gedächtnisleistungen in guter Lernatmosphäre eher besser sind als unter neutralen Bedingungen.

12.3 Erfolgserlebnisse in der Praxis

Die Auswertung dieser Teilfrage ergab, dass die in der Praxis erlebten Erfolgserlebnisse von der Selbsteinschätzung abhängen. Lerner, die sich nicht für sprachbegabt halten, haben weniger Erfolgserlebnisse in der Praxis als die anderen Lerner. Das könnte daran liegen, dass diese Lerner in der Praxis Situationen meiden, in denen Englisch gesprochen wird. Der Einsatz von Lern- und Arbeitstechniken kann diesen Lernern mehr Sicherheit geben (siehe 11.4.5, Sprechschwierigkeiten).

Weiterhin wurde festgestellt, dass Lerner, die sich Zeit nehmen, Vokabeln zu lernen, im Verhältnis zu denen, die sich keine Zeit dafür nehmen, häufiger Erfolgserlebnisse in der Praxis haben. Diese Lerner scheinen die Erfahrung gemacht zu haben, dass das Erlernen eines größeren Repertoires mehr Sicherheit beim Sprechen gibt und zu Erfolgserlebnissen in der Praxis führt.

Schließlich wurde ermittelt, dass Erfolgserlebnisse in der Praxis mit zunehmender Sprachkompetenz zuzunehmen scheinen. Das scheint abhängig zu sein von den Lehrkräften und den Rahmenbedingungen, die von den Firmen für die Kurse vorgegeben werden sowie den Gelegenheiten, die erworbenen Englischkenntnisse in der Praxis anzuwenden.

Die Interviewaussagen der Lerner zum Lernfortschritt lassen sich ebenfalls in die Kategorien Weniger Sprechangst, Besserer Wortschatz und Erfolgserlebnisse in der Praxis einteilen. Manche Lerner gaben an, weniger Sprechangst zu haben oder noch daran arbeiten zu müssen. Beim Thema

Wortschatz gaben Lerner an, jetzt umfangreichere Bücher lesen zu können, das technische Englisch verbessert zu haben, Texte und gesprochene Sprache besser verstehen zu können, vieles aufgefrischt und Wortschatz und Aussprache verbessert zu haben. Bei den Erfolgserlebnissen in der Praxis meinten Lerner, in allen Bereichen Fortschritte erzielt zu haben mit der Begründung, echte Anfänger gewesen zu sein. Eine Lernerin hat eine Präsentation in englischer Sprache gehalten und wurde vom Vorgesetzten dafür gelobt. Eine andere gab an, im Umgang mit Besuchern sicherer geworden zu sein. Ein Lerner führte eine Fabrikführung durch. Weitere Lerner fanden, wegen mangelnder Anwendungsmöglichkeiten wenige Erfolgserlebnisse in der Praxis zu haben.

12.4 Leistungsbewertung

Die Frage nach dem Lernfortschritt gab Anlass, auch das Thema Leistungsbewertung anzusprechen. In den Interviews wurden Lerner und Lehrkräfte nach ihrer Meinung zu diesem Thema befragt. In manchen Kursen wurde der Wille, Leistung zu erbringen, deutlich artikuliert durch Äußerungen wie die Lehrkraft soll das Lernen vorantreiben oder Lernen soll erfolgsorientiert sein. Die Blended-Learning-Kurse werden mit einem Online-Abschlusstest beendet, der aber von einem Lerner wegen seiner Arbeitssituation nicht durchgeführt werden konnte. In einem Fall wurde der Wunsch nach intensiverer Forderung durch die Lehrkraft geäußert und vorgeschlagen, dass sie Blätter einsammelt und benotet, um den eigenen Leistungsstand im Vergleich zu den Mitlernern besser einschätzen zu können. Eine Lernerin ist offen für den Vorschlag ihrer Lehrkraft, einen Abschlusstest durchzuführen, weil er eine gute Rückmeldung für sie persönlich ist und sie ihn als Motivation für das Weiterlernen benötigt.

Zwei Lehrkräfte äußerten sich zu Tests: Eine gab an, in jedem Kurs einen Abschlusstest durchzuführen. Sie spricht den Inhalt mit den Lernern ab, achtet dabei auf Textproduktion und Fachvokabular und vergibt Noten. Eine zweite Lehrkraft war gegen Tests eingestellt und meinte, sie üben Druck aus, räumte aber ein, dass Lerner manchmal gerne den Einstufungstest wiederholen möchten. Insgesamt war sie aber der Meinung, dass die meisten Lerner weniger leistungsorientiert sind und der Spaßfaktor und der Gruppen bildende Faktor überwiegen.

Die Äußerungen der Lerner lassen eine Tendenz in Richtung Wunsch nach Bewertung der erlernten Kenntnisse erkennen. Ihre Vorschläge beruhen auf Lernerfahrungen aus der Schule, scheinen aber weniger geeignet, selbstgesteuertes Lernen anzubahnen, sondern eher Druck aufzubauen.

Der Portfolio-Ordner scheint für die Lerner und den betrieblichen Fremdsprachenunterricht das geeignetere Instrument der Selbst- und Fremdevaluation zu sein. In dem Ordner können die Lerner ihren Lernfortschritt an konkreten Beispielen nachvollziehen und mit den Handlungssituationen in der DIHK Broschüre vergleichen. Außerdem unterstützt der Ordner die Lerner dabei, selbstständig und unabhängig von der Lehrkraft weiterzulernen und zu arbeiten. Das ist ein besonderes Interesse der Betriebe, damit die Mitarbeiter ihr Wissen den schnelllebigen Veränderungen und Entwicklungen in internationalen Unternehmen immer wieder neu anpassen können.

Tipp: informelles Englischlernen sichtbar machen

Die Lernbiographie in Tab. 13 zeigt, wie informelles Sprachenlernen sichtbar und nachvollziehbar gemacht werden kann.

Tab. 13: Lernbiographie 2

Lernbiographie Michael Mustermann	Techniker
Muttersprache Deutsch	Datum: Februar 2014

Früherer Englischunterricht

Jahr	Sprache	Bildungs-institution	Bilanz
1969–1974	Englisch	Hauptschule	War ein notwendiges Muss!

Lernabstand: **32 Jahre = Berufserfahrung =Expertenwissen**

Firmenkurse

Jahr	Lernstufe	Stundenzahl	Bilanz
2006–2007	Gruppenunterricht A2	15	zu wenig Stunden
2008	Gruppe A2	50 (nur ca. 30 % teilgenommen)	Termin war nicht optimal
2012–2013	Einzelunterricht A2	40	sehr effektiv
2013–2014	Einzelunterricht B1	12	"

Anwendung der Englischkenntnisse in der Praxis

Dezember 2012	1 Woche am italienischen Standort
Januar 2013	1 Woche am asiatischen Standort
April/Mai 2013	2x 1 Woche Betreuung von 12 asiatischen Kollegen am deutschen Standort
Sept. 2013	3 Tage Workshop in München, Präsentation des eigenen Fachgebiets vor Kollegen aus USA und Asien
Februar 2014	Abflug nach Asien (3–4 Monate): Unterstützung bei der Inbetriebnahme einer neuen Fabrik

Mit Hilfe seines Erfahrungswissens und den Lern- und Arbeitstechniken kann der Techniker die Situationen gut in der Fremdsprache bewältigen. Das fördert sein Selbstbewusstsein. Spiegelt man die geringe Stundenzahl an den Situationen, die er in Englisch meistern kann, dann wird die hohe Bedeutung des Erfahrungswissens für das Sprachenlernen deutlich.

12.5 Zusammenfassung und Ausblick

Persönlichkeitsmerkmale, Lernerfahrungen, die Ausrichtung der Kurse, die Rahmenbedingungen und die Lernkulturen sowie die Firmenphilosophie bezüglich des Fremdsprachenlernens wirken auf den Lernfortschritt ein. Abhängig davon und von der Anwendungshäufigkeit in der Praxis wird er mehr oder weniger stark von dem Einzelnen wahrgenommen. Affektive und soziale Faktoren scheinen eine wichtige Rolle für den Lernfortschritt der Befragten zu spielen. Mit Hilfe der sprachübergreifenden Lern- und Arbeitstechniken kann er in allen Bereichen noch verbessert werden. Diese Techniken geben allen Lernern Handlungssicherheit – sowohl den Lernern, die Englisch nur selten anwenden, als auch den Lernern, die wenig Vertrauen in die eigene Lernfähigkeit haben und schließlich denen, die meinen, sie seien zu alt zum Sprachenlernen.

Teil IV: Schlussbetrachtung

13   Zusammenfassung bezogen auf die Lernergruppe

Die Auseinandersetzung mit den **Lernvoraussetzungen** ergab, dass fast alle Befragten dem mittleren Erwachsenenalter angehören und viele gemäß der OECD Definition der Gruppe der „älteren Mitarbeiter" zugeordnet werden können. Sie ergab weiterhin, dass Fremdsprachenlernen bis ins hohe Alter und unabhängig vom Bildungsstand, für jeden möglich ist, wenn genügend Zeit dafür zur Verfügung steht. Die Befunde zum Englischlernen der Geschlechter deuten darauf hin, dass Frauen mehr Sprachlernstrategien anwenden, während Männer informelle Lernformen wie Sprechen und Lesen zu bevorzugen scheinen. Die Befragten sind in allen Berufen und Hierarchieebenen von Großunternehmen vertreten und haben vor langer Zeit einen Schulabschluss erworben. Der Lernabstand ist gleichzusetzen mit ihrer Berufs- und Lebenserfahrung, die sie in dieser Zeit überwiegend durch informelles Lernen erworben haben. Das bedeutet, die informellen Anteile ihres Wissens nehmen im Vergleich zu den formalen Anteilen einen breiten Raum ein. Dieses Wissen kann Fremdsprachenlernen erheblich erleichtern und es kann helfen alterkorrelierte Entwicklungen auszugleichen. Viele Lerner haben eher negative Erinnerungen an den früheren Englischunterricht und die damalige Lehrkraft und verbinden ihn vor allem mit Grammatiklernen.

Das gegenwärtige Englischlernen ist von hoher **Motivation** (siehe 7) und Freude am Lernen (siehe 11.11) geprägt. Die meisten Lerner sind extrinsisch motiviert und lernen Englisch, um ihren beruflichen Alltag besser bewältigen zu können. Gut ein Viertel der Lerner gibt auch private Motive an. Viele sind bereit, den Englischkurs außerhalb der Arbeitszeit zu besuchen. Die Mehrheit befasst sich außerhalb des Kurses eher beiläufig mit der Sprache. Während des Kurses kann die Motivation schwanken, wenn Englisch beruflich nur selten angewendet werden kann und Lerner keine persönlichen Motive haben die Sprache zu lernen. Sie kann sehr stark ausgeprägt sein und Lerner in den Flowzustand versetzen, wenn das Thema inhaltlich genau ihrem Wissen entspricht (siehe 10.2.7). Die hohe Motivation kann bei der überwiegenden Mehrheit der Lerner trotz störender äußerer Einflussfaktoren während des Kurses aufrechterhalten werden (siehe 9.6, Teilnahmeregelmäßigkeit, 9.7, Anwesenheit). Demgegenüber steht bei vielen eine geringe Einschätzung der eigenen Lernfähigkeit (siehe 8 – 8.6), deren Ursachen teilweise in der Kindheit begründet liegen und auf das damalige soziale Umfeld oder negative Schulerfahrungen zurückgeführt werden. Das gegenwärtige Arbeitsumfeld und die Überzeugung, ab einem bestimmten Alter nicht mehr so gut lernen zu können, sind aus Lernersicht weitere Gründe für die geringe Einschätzung der eigenen Sprachlernfähigkeit. Darüber sollte mit den Lernern gesprochen werden.

Die **Lernsituation** (siehe 9 – 9.12) ist abhängig von der Firmenphilosophie bezüglich des Fremdsprachenlernens sehr unterschiedlich. Das kann z. B. an den Stundenkontingenten abgelesen werden. Darüber hinaus sind unterschiedliche Auffassungen vom Lernbegriff zu erkennen. Teilweise wird er mit dem formalen, teilweise mit dem informellen Lernen verbunden. Hohe Arbeitsbelastung führt phasenweise und kursabhängig zu unregelmäßiger Teilnahme oder Absagen des Englischunterrichts. Das wirkt sich aber kaum negativ auf die Motivation und den Lernfortschritt der meisten Lerner aus. Das liegt wahrscheinlich mit an der Resilienz, die über die Lebensspanne zunimmt. Hohe soziale Kompetenz und Empathiefähigkeit gehören zu den Stärken der Lerner, wahrscheinlich weil Teamarbeit und der Umgang mit anderen Menschen über die Lebensspanne hinweg ständig trainiert werden. Das sind sehr gute Voraussetzungen für das Englischlernen. Sie können sich aber für den Einzelnen auch als lernhinderlich erweisen. Die Daten zeigen, dass Lerner sehr stark durch ihren Arbeitsstil geprägt sind und dazu tendieren, Abläufe und Prozesse auch beim Englischlernen zu verkürzen und unangenehme Aktivitäten untereinander aufzuteilen (z. B. ein Teilnehmer schreibt für alle mit oder ein anderer liest vor, weil er das besser als sein Kollege kann). Gelernt wird überwiegend in kleinen altersgemischten, abteilungsbezogenen und abteilungsübergreifenden Kursen mit gutem Lernklima, womit die Lerner sehr zufrieden sind. Das bietet die Möglichkeit, über das eigene Arbeitsgebiet hinauszublicken, den Horizont zu erweitern und trägt außerdem zu einem guten Betriebsklima bei. Dieser vielfältige informelle Austausch über Themen aus ihren Arbeits- und Interessengebieten kann im Unterricht gezielt gefördert werden.

Die Auswertung der **Fragen zu den Lehrwerken** (10 – 10.1.8) zeigt, dass viele Lerner nicht die Voraussetzungen erfüllen, um selbstständig damit zu arbeiten oder die didaktische Aufbereitung weniger den Lernvoraussetgen und Lerngewohnheiten Erwachsener entspricht. Das hat zur Folge, dass sie das Buch außerhalb des Unterrichts kaum benutzen. Trotzdem sind viele Lerner zufrieden bis sehr zufrieden, während die Lehrkräfte eher unzufrieden mit den Lehrwerken sind. Das ist damit erklärbar, dass beide durch die „Denkweise" ihres Berufs geprägt sind. Die Lerner bewerten vor allem den Inhalt und die Hörübungen, weil sie Anlass zum Sprechen geben. Sprechen und Hören sind die beiden Fertigkeiten, die beim informellen Lernen gut trainiert werden. Die Lehrkräfte hingegen bewerten vor allem die Grammatikübungen und die Vokabelteile. Damit haben viele Lerner Schwierigkeiten, weil der Umgang damit beim informellen Lernen kaum gefordert wird. Außerdem fällt das Auswendiglernen von Vokabeln mit zunehmendem Alter schwerer. Die gute Bewertung der Lehrwerke durch die Lerner kann auch darin begründet liegen, dass Ältere eher weniger kritisch gegenüber unpassendem Lernmaterial sind (siehe 1.4.4). Die Auswertung ergab weiterhin, dass Lernen mit Verlagsmaterial erfolgreich ist, wenn es einfach und wenig umfangreich gestaltet ist, Vokabeln und Grammatik in einen Zusammenhang eingebettet sind und bei den Übungen die ganzheitliche Vorgehensweise der Lerner berücksichtigt wird.

Die **Daten zum „echten" Material** (siehe 10.2–10.2.8) zeigen, dass viele Lerner bevorzugt in realen Situationen im Austausch mit anderen lernen möchten, so wie das auch beim informellen Lernen der Fall ist und dem Forschungsstand zufolge am effektivsten ist. Aus den Daten geht hervor, dass viele Lerner kinästhetisch orientiert sind und ein gutes räumliches Vorstellungsvermögen haben, das ihnen hilft, fachliche Inhalte zu visualisieren und das Sprechen darüber zu erleichtern. Die Datenlage zu diesem Thema zeigt aber auch, dass frühere Sprachlernerfahrungen in unterschiedlicher Weise auf das heutige Lehren und Lernen einwirken. Eine Gruppe von Lernern und Lehrkräften möchte zunächst Grundkenntnisse erwerben bzw. vermitteln, bevor mit „echtem" Material gearbeitet wird, während eine andere Gruppe von Lehrkräften und die Mehrheit der Lerner von Anfang an mit „echtem" Material arbeiten möchte. Es entsteht ein Dilemma, weil es vielen Lernern an einer grammatischen "Denkweise" fehlt und Fremdsprachenlehrkräfte Schwierigkeiten mit der „Denkweise" der von den Lernern ausgeübten Berufe haben. Das Problem kann durch die Integration des Internets und Intranets in den Unterricht gelöst werden. Das bietet die Möglichkeit, reale Orte, Situationen und Unterlagen in den Seminarraum zu holen und die Sprache beim Sprechen mit der Lehrkraft und der Lerngruppe zu lernen. Da Wissen Fremdsprachenlernen erleichtert, sollte dieses Wissen Ausgangsbasis für das Sprachenlernen sein. Die Vorgehensweise eignet sich für sprachlich heterogene Gruppen, weil nicht das Sprachenlernen, sondern das Wissen der Lerner in den Mittelpunkt des Unterrichts rückt. Das gibt jedem Teilnehmer die Möglichkeit, sich aktiv in den Unterricht einzubringen.

Die **Erwartungen an den Englischunterricht** (siehe 11.1.1–11.1.3) spiegeln den Lebens- und Arbeitsstil der Lerner wieder, entsprechen in der Reihenfolge Sprechen, Hören, Vokabeln, Lesen, Schreiben und Grammatik der Intensität, mit der sie beim informellen Lernen über die Lebensspanne hinweg gefordert wurden und sich entwickeln konnten. Die Erwartungen Alltagsunterhaltungen führen, Prozesse und Abläufe erklären und Fachvokabular im Zusammenhang lernen zu wollen, bestätigen, dass der Lernstil durch den Lebens- und Arbeitsstil geprägt ist. Das schließt auch die Erwartungen an die Lehrkraft ein, die dieselben Eigenschaften wie ein Kollege haben soll.

Die Daten zu der **Arbeit mit den Vokabeln** (siehe 11.2–11.2.4) zeigen, dass neue Wörter beim Sprechen mit anderen gelernt werden, so wie es dem Lebens- und Arbeitsstil der Lerner entspricht. Umschreiben spielt dabei eine wichtige Rolle, denn auch im Alltag müssen Sachverhalte umschrieben werden, um sie für Gesprächspartner verständlich darzustellen. Die Auswertung ergab weiterhin, dass Lern- und Lehrstil stark durch frühere Lernerfahrungen beeinflusst werden, einige Strategien aber nicht zu dem veränderten Lernverhalten passen. Faktoren wie die Lernstufe, die Lernkulturen der Firmen sowie Altersbilder und Persönlichkeitsmerkmale beeinflussen zusätzlich die Art und Weise, wie mit den Vokabeln gearbeitet wird. Am Arbeitsplatz werden Vokabeln meist im Internet nachgeschaut, der Umgang damit ist aber wenig effektiv. Um die Lerner von Anfang an an das eigenständige Sprachenlernen heranzuführen, ist es sinnvoll, ihre Medien- und Informationskompetenz in Bezug auf das Fremdsprachenlernen zu fördern. Reale Beispiele aus ihren Arbeits- und Interessengebieten können Grundlage dafür sein. Mit den entsprechenden Suchstrategien können Vokabeln für nahezu jedes Fachgebiet im Internet gefunden werden. Die Festigung (Wiederholung) und Erweiterung des Vokabulars kann durch erneutes Sprechen über dieselben und angrenzende Themen gefördert werden.

Die Auswertung der Daten zu dem Thema **Grammatik** (siehe 11.3–11.3.3) ergab, dass auf niedriger Lernstufe die Lernbereitschaft für die Auseinandersetzung damit kaum vorhanden ist. Das scheint den Stand der Forschung zu bestätigen, dass die groben Sprachentwicklungsstufen der Muttersprache und der ersten Fremdsprache gleich verlaufen. Persönlichkeitsmerkmale und frühere Lernerfahrungen wirken positiv wie negativ auf das Lernen von Grammatik ein. Der lockere Umgang mit Fehlern bestätigt, dass für viele erfolgreiche Kommunikation wichtiger ist als grammatikalische Richtigkeit. Das deutet auf einen globalen Lernstil und feldabhängige Lerner hin. Diese Lerner können von einem Unterricht profitieren, in dem Grammatik nicht zu stark betont wird. Diesem Lernstil kommt der Lehrstil von Lehrkräften entgegen, die Grammatik im Kontext üben, anstatt sie nach dem Buch zu bearbeiten. Darüber hinaus erweist sich das *Language-Awareness*-Konzept als gute Möglichkeit, die Lerner an den korrekten Gebrauch der englischen Sprache heranzuführen und die Kommunikationsfähigkeit auch in der

Muttersprache zu fördern. Dem Forschungsstand zufolge kann Lernerfolg auch in einem kommunikativen, inhaltsbasierten Unterricht erzielt werden. Die Auswertung der Daten zum **Sprechen** (siehe 11.4 – 11.4.7) zeigt, dass Sprechen im Unterricht einen breiten Raum einnimmt und auf vielfältige Art und Weise geübt wird. Englisch ist Unterrichtssprache, sobald das von den Kenntnissen her möglich ist. Frühere Lernerfahrungen und Persönlichkeitsmerkmale wirken negativ und positiv auf das Sprechen ein. Smalltalk ist eine beliebte Unterrichtsaktivität. Sie wird häufig eingesetzt, da Smalltalk sich für alle Lernerpersönlichkeiten eignet, um das freie Sprechen zu trainieren. Interaktive Lernformen wie Rollenspiele und Spielen etc. sind bei den Lernern beliebt. Sie passen zum Lernstil vieler Lerner, sollten aber häufiger auf der Basis realer Themen trainiert werden. Eine wichtige Zielsetzung des berufsorientierten Fremdsprachenunterrichts besteht darin, Kommunikation zur Sicherung von Ergebnissen und zur Präzisierung von Gesagtem zu trainieren. Reale deutsche und englische Unterlagen aus den Arbeits- und Interessengebieten der Lerner können das Abrufen von Informationen aus dem Gedächtnis und damit das zielgerichtete Sprechen in der Fremdsprache erleichtern. Notizentechniken geben auch den Lernern Handlungssicherheit, die Englisch am Arbeitsplatz eher selten anwenden oder wenig Vertrauen in ihre eigene Lernfähigkeit haben. Sie können, unabhängig von der Fremdsprache, am Arbeitsplatz in der Zusammenarbeit mit Kollegen und Vorgesetzten eingesetzt werden.

Viele Lerner sind auditiv orientiert und wollen **Hörverstehen** (siehe 11.5 – 11.5.3) im Zusammenhang mit Sprechen oder mit Lernmaterial üben, das den Anforderungen im Alltag möglichst genau entspricht und auf Interaktion mit anderen ausgerichtet ist. Das ist wieder mit dem informellen Lernen erklärbar. Zielgerichtetes Zuhören wird im Unterricht hauptsächlich auf der Basis der Übungen in den Lehrwerken geübt. Damit haben viele Lerner Schwierigkeiten (siehe 10.1.5), wenn die didaktische Aufbereitung der Übungen nicht zu den Veränderungen der Hörfähigkeit passt. Außerhalb des Unterrichts wird Hörverstehen eher beiläufig trainiert. Viele Befragte hören gerne Radio und CDs und schauen Filme in englischer Sprache an. Die Hörtexte werden dabei ganzheitlich präsentiert, d. h. Verstehensprobleme können durch Bilder kompensiert werden. Es bietet sich daher an, zielgerichtetes globales Hörverstehen mit fremdsprachigen Videos (z. B. *Tutorials*) aus ihren Arbeits- und Interessengebieten aus dem Intranet/Internet, in Verbindung mit Notizentechniken einzuüben. Diese Techniken können auch am Arbeitsplatz in Videokonferenzen angewendet werden. Außerdem sind sie eine gute Vorbereitung auf weiteres Lernen z. B. (Online-)Vorlesungen.

Die Analyse des Datenmaterials zum **Lesen** (siehe 11.6 – 11.6.4) ergab, dass Lerner teilweise Lese-Rechtschreibprobleme haben, wahrscheinlich weil Lesen und Schreiben beim informellen Lernen über die Lebensspanne hinweg weniger trainiert werden. Im Unterricht wird Lesen überwiegend auf der Basis von Texten aus den Lehrwerken geübt. Dabei werden auch

Lesetechniken eingesetzt, die lernhinderlich sind. Mit den didaktisierten Texten in den Lehrwerken kommen die meisten Lerner gut zurecht, wahrscheinlich weil sie durch Übungen und die Lehrkraft gelenkt werden. Das Lesen von Texten aus ihren Arbeitsgebieten und anderen Texten fällt schwerer, weil Lesetechniken im früheren Schulunterricht kaum vermittelt wurden und die Lerner dafür Anleitung benötigen. Da Wissen das Lesen von fremdsprachigen Texten erleichtern kann, liegt es nahe, Texte aus den Arbeits- und Interessengebieten der Lerner auszuwählen. Auf der Basis dieser Texte können Arbeitstechniken wie das sinnerfassende Lesen, das farbige Markieren, das Anfertigen von Notizen und das Ausformulieren von Notizen zu einem Text, trainiert werden. Die Themen können Anlass für Recherchen im Internet sein. Das bietet die Möglichkeit, weitere Lesestrategien wie *skimming* und *scanning* einzuüben, um interessante Inhalte weiter zu vertiefen. Darüber hinaus kann die Gestaltung von authentischem Material Anlass sein, über Veränderungen der Seh- und Hörfähigkeit zu sprechen und Kompensationsstrategien zu diskutieren. Die Lerner setzen sich auf vielfältige Weise aktiv mit authentischen Texten auseinander. Dabei festigen und erweitern sie auch ihren Wortschatz. Wichtig ist, immer wieder auf den Nutzen dieser Techniken für den Arbeitsplatz, die Familie und Freizeit hinzuweisen. Sie können die Zusammenarbeit mit Kollegen und Vorgesetzten erleichtern und auch im Ehrenamt nützlich sein. Die Fähigkeit, sich Texte selbstständig zu erarbeiten, den Inhalt kritisch zu bewerten, relevante Informationen herauszufiltern und zu nutzen, ist eine Voraussetzung für weiteres Lernen.

Die Auswertung der Fragen zum **Schreiben** (siehe 11.7.–11.7.5) bestätigte die Vermutung, dass diese Fertigkeit beim informellen Lernen im Alltag am wenigsten trainiert wird. Das ist teilweise mit Rechtschreibproblemen, ineffektiven Techniken des Schreibens und Mitschreibens sowie mangelnder Organisation der Lernunterlagen verbunden. Diese Defizite können Ursache dafür sein, dass Schreiben nicht gemocht wird und deshalb im Unterricht weniger trainiert wird. Das kann dazu führen, dass Lerner den steigenden Anforderungen an die Schreibfertigkeit kaum gewachsen sind. Es wurde aber auch festgestellt, dass viele Lerner durch Aufschreiben gut lernen und gerne eigene Texte schreiben, die unmittelbar an ihr Wissen anknüpfen. Da Aufschreiben die Merkfähigkeit erhöht und das Schreiben von Texten die intensive Auseinandersetzung mit Sprache und Sachverhalten erfordert, liegt es nahe, Schreiben in Form von Notizentechniken und kurzen Texten mit Bezug zu ihren Arbeits- und Interessengebieten zu trainieren. Das gibt Selbstvertrauen und fördert die berufliche Kompetenz. Weiterhin benötigen die Lerner Unterstützung bei der Organisation ihrer Unterlagen und bei der Überwachung und Bewertung des Englischlernens. Das ist für viele Erwachsene ein neues Thema, denn im früheren Englischunterricht lag die Verantwortung dafür eher bei dem Lehrer. Die Einführung eines Portfolio-Ordners bietet sich an. Die Lerner können sich ihr persönliches Nachschlagewerk erstellen. Gleichzeitig werden sie zum Nachdenken über das veränderte

Lernverhalten angeregt. Die Fähigkeit, Lernprozesse zu planen, zu organisieren und zu bewerten, ist eine weitere Voraussetzung für lebenslanges Lernen.

Der Versuch, Lehr- und Lernmethoden in eine **Rangfolge der beliebtesten Unterrichtsaktivitäten** zu bringen, scheiterte (siehe 11.8–11.9). Die Auseinandersetzung mit diesem Thema ergab, dass die Beliebtheit von den einzelnen Kursen (Größe, Lernstufe, Ausrichtung, Einstellungen und Lehrstil der Lehrkräfte, Wünsche der Lerner) und den Lernkulturen der Firmen abhängt. Auch die räumlichen Bedingungen scheinen die Auswahl der Methoden zu beeinflussen. Auf den vorderen Plätzen befinden sich Aktivitäten, die in jedem formalen Unterricht angeboten werden, auf den hinteren Plätzen Aktivitäten, die eher dem informellen Lernen zugeordnet werden können. Da diese Aktivitäten nicht in jedem Kurs angeboten werden, konnten sie von den Befragten auch nicht bewertet werden.

Betrachtet man den **Lernstil** der Befragten insgesamt, dann scheint er genau dem Lebens- und Arbeitsstil zu entsprechen, den sie überwiegend durch informelles Lernen über die Lebensspanne hinweg entwickelt haben. Die Mehrheit der Lerner kann als feldabhängig bezeichnet werden (siehe 2.3). Diese Lerner sind sensibel für menschliche Beziehungen und Interaktionen. Das erwarten sie auch von der Lehrkraft. Blickt man über die Daten des Unterrichts hinweg, dann werden diese Erwartungen erfüllt. Die Lerner schätzen die gute Lernatmosphäre und haben Freude am Englischlernen. Die Daten zeigen weiterhin, dass viele Lerner eher intuitiv vorgehen. Das Planen, Organisieren, Überwachen und Bewerten des eigenen Lernens ebenso wie das Schreiben gehören nicht zu den Stärken feldabhängiger Lerner. Sie benötigen dafür Lenkung und Anleitung. Feldabhängige Lerner sind offen für Anregungen. Sie können von vorstrukturierten Unterlagen (z. B. Portfolio-Ordner) profitieren und orientieren sich nach dem Forschungsstand gerne an konkreten Beispielen (z. B. selbst erstellte Arbeitsblätter).

Ein **Vergleich mit den** in 2.6 beschriebenen **Altersgruppen** führte zu folgendem Ergebnis: Betrachtet man einerseits die hohen Anteile des informell erworbenen Wissens, die hohe Sprechbereitschaft, die ganzheitliche Auffassung, die geringe Angst vor Fehlern, die hohe Motivation der Lerner, die Empathiefähigkeit, die Freude am Lernen, den Wunsch, mit „echtem" Material aus der unmittelbaren Lebens- und Arbeitswelt lernen zu wollen sowie die auditiv, kinästhetisch bevorzugte Art des Lernens, und andererseits die geringe Abstraktionsfähigkeit bezogen auf das Englischlernen und die Schwierigkeiten mit der Merkfähigkeit, dann bestätigen sich auch die in 2.6 angestellten Überlegungen. Es gibt Gemeinsamkeiten mit den beschriebenen Altersgruppen. Die meisten Parallelen der untersuchten Lernergruppe (ca. 36–65) zeigen sich zum Lernen von Grundschulkindern. Dieses Ergebnis passt zu der Aussage von Singleton (2004: 224), der die Altersgruppe der „Young-Old" (55–70) für eine sehr vielversprechende Lernergruppe hält, deren Voraussetzungen mehr den jungen als den älteren Lernern ähneln. Dies führt wiederum zu der Vermutung, dass eine große Gruppe von jüngeren und älteren Lernern auch mit anderer Muttersprache als Deutsch und in anderen Lernkontexten auf vergleichbare Weise Fremdsprachen lernt.

14 Schlussfolgerungen für den Unterricht

Folgende didaktische Prinzipien können aus der Studie abgleitet werden:

1. Fremdsprachenunterricht für Erwachsene darf nicht theoretisch und frontal gestaltet sein und Praxis lediglich als Beispiel in den Unterricht integrieren. Das erfordert hohe Konzentrationsfähigkeit und Daueraufmerksamkeit von den Lernern. Ihr vielfältiges Wissen wird dabei kaum genutzt. Reale Themen aus ihrer Erfahrungswelt sollten von Anfang an Grundlage des Fremdsprachenunterrichts sein. Dazu gehören auch das Lernen an realen Orten und das Lernen mit authentischem Material. Das kann auch durch die Integration des Internets/Intranets in den Unterricht realisiert werden.
2. Hohe soziale Kompetenz zählt zu den Stärken Erwachsener, denn sie wird beim informellen Lernen am Arbeitsplatz, in der Familie und in der Freizeit über die Lebensspanne hinweg gut trainiert (und in den Unternehmen gezielt gefördert). Kooperative Lernformen wie Partner- und Gruppenarbeit, Rollenspiele und Lernspiele, Simulationen und Fallstudien sind daher sehr geeignete Aktivitäten für das Fremdsprachenlernen. Teamarbeit kann Ausgangsbasis für das Fremdsprachenlernen sein.
3. Da Sprechen beim informellen Lernen gut trainiert wird, sollte Fremdsprachenunterricht von Anfang an kommunikativ, ganzheitlich und aufgabenorientiert ausgerichtet sein und sobald wie möglich einsprachig erfolgen.
4. Lern- und Arbeitstechniken können die Lernfähigkeit erheblich steigern. Dafür sollten die Herangehensweisen der Lerner aufgegriffen, besprochen und weiterentwickelt werden. Erwachsene können beim Lernen und Arbeiten besonders von Organisationsstrategien (z. B. Notizentechniken oder Mindmaps) und externalen Lernhilfen (z. B. Computer) profitieren. Das bedeutet im Fremdsprachenunterricht, auch Medien- und Informationskompetenz zu trainieren.
5. Es ist notwendig, über das Lernen und die veränderten Lernvoraussetzungen im Erwachsenenalter zu sprechen und den Lernern an ihren eigenen konkreten Beispielen zu erklären, warum manche Lernstrategien aus dem früheren Schulunterricht oder aus dem Fremdsprachenunterricht der eigenen Kinder zu diesen Voraussetzungen passen andere hingegen nicht.

Die Rolle der Lehrkraft ändert sich grundlegend.

Sie ist vergleichbar mit der eines Vorgesetzten in der Arbeitswelt. Er hat den Überblick. Er bespricht mit seinen Mitarbeitern die Ziele. Zur Erreichung der

Ziele stellt er Teams zusammen, verteilt Arbeitsaufträge und zeigt Wege zu ihrer Durchführung auf. Es gehört auch zu seinen Aufgaben, eingeschlagene Wege seiner Mitarbeiter aufzugreifen, zu besprechen, mit ihnen weiterzuentwickeln und abschließend zu bewerten. Diese interaktive Vorgehensweise ermöglicht dem Einzelnen, sein Erfahrungswissen und seine Ideen einzubringen. Jeder Mitarbeiter kann in seinem eigenen Tempo arbeiten, sich mit anderen austauschen und von ihnen lernen. Auf dieselbe Weise kann das Erfahrungswissen heterogener Lernergruppen im Fremdsprachenunterricht genutzt und weiterentwickelt werden. Fremdsprachenlerner unterschiedlicher Nationalität und Kultur, unterschiedlichen Bildungsstands, Alters und Geschlechts können zusammen Sprachen lernen und individuell gefördert werden.

15 Ausblick

Aus der Perspektive des lebenslangen Lernens betrachtet, zeigt die Studie, dass alle Erwachsenen unabhängig von Bildung und Alter Fremdsprachen lernen können. Ältere Lerner haben in einigen Aspekten sogar Vorteile gegenüber jüngeren (z. B. „Expertenwissen", hohe soziale Kompetenz und Resilienz). Fremdsprachenunterricht kann eine Chance für den Einstieg in das Lernen sein, denn er kann „Lernen lernen" (Lerntechniken und Lernstrategien) trainieren. Er kann Kompetenzen in der Muttersprache und in der Fremdsprache, im Umgang mit dem Internet und mit dem Altern aufbauen. Die trainierten Fertigkeiten, wie das effektive Lesen von Texten oder die systematische Suche von Informationen im Internet, können Ausgangsbasis für weiteres formales und informelles Lernen sein.

Es haben sich aber auch Themen ergeben, die nur oberflächlich behandelt werden konnten und daher Gegenstand zukünftiger Forschungsarbeiten sein müssen: 19 Lerner der Studie hatten eine andere Muttersprache als Deutsch und erlernen Englisch mindestens als zweite Fremdsprache. Welche Rolle die zuvor erlernte Fremdsprachen in Bezug auf formale (die Lernkultur des Heimatlandes) und informelle Lernerfahrungen und erprobte Lerntechniken spielen, müsste in Zusammenarbeit mit dem Bereich Deutsch als Fremdsprache gesondert untersucht werden.

Die Untersuchung ergab außerdem, dass die didaktische Aufbereitung der Vokabel- und Grammatikteile sowie der Hörübungen in den Lehrwerken nicht immer den Lernvoraussetzungen und Lerngewohnheiten Erwachsener entspricht. Das führt wiederum zu der Vermutung, dass Erwachsene auch in Prüfungen, z. B. bei den Hörübungen, benachteiligt sein könnten. Bei der Entwicklung von Lernmaterial bzw. Prüfungsmaterial für Erwachsene ist demnach ein Umdenken erforderlich. Es sollte ganzheitlich gestaltet sein, da Erwachsene eher global vorgehen. Eine Hörübung könnte in Form eines ganzen Textes präsentiert werden, zu dem Lerner Notizen anfertigen, die sie anschließend vergleichen und dann nutzen, um den Inhalt wiederzugeben. Die Übung entspräche einer Situation am Arbeitsplatz, wäre ganzheitlich angelegt, würde auf der hohen sozialen Kompetenz aufbauen und altersbedingte Veränderungen der Hörfähigkeit berücksichtigen. Das würde Erwachsenen z. B. das Ablegen von Zertifikaten oder Tests als Zulassungsvoraussetzung für berufsbegleitendes Studieren erleichtern.

In der Studie wurde weiterhin festgestellt, dass Lerner in den Flowzustand gelangen können, wenn sie über ihr Fachgebiet sprechen. Beobachtungen während der Studie und Andeutungen von Egbert (2003: 514) lassen vermuten, dass das Internet mit seinen vielfältigen Möglichkeiten dabei eine

wichtige Rolle spielt. Mit entsprechenden Methoden müsste erforscht werden, wie eine Lernsituation beschaffen sein muss, damit es dazu kommt.
In dem Fremdsprachenunterricht, der den Lerner, sein Wissen und die
neuen Medien in den Mittelpunkt stellt, eröffnen sich viele Chancen. Das
Internet bietet die Möglichkeit, die Realität der Lerner in den Unterrichtsraum
zu holen. Das animiert schon Anfangslerner zum Sprechen. Die Fülle von
Bild-, Text-,. Ton- und Filmmaterial regt die Kreativität der Lerner an und
inspiriert zur Lösung von realen Problemen im Alltag. Durch das Suchen
nach fachbezogenen Informationen oder die Teilnahme an Online-Spielen
lassen sich auch Lerner zum Lesen und Schreiben motivieren, die im Unterricht nur schwer dafür zu begeistern sind. Sie können sogar schwierige und
lange Texte in der Fremdsprache verstehen, wenn die Themen sie interes-
sieren. Das gilt auch für Videos aus ihren Wissens- und Interessengebieten.
Die vielfältige Auseinandersetzung mit Themen aus ihrer Erfahrungswelt
und den neuen Medien führt dazu, dass Vokabeln auch von Teilnehmern
gelernt werden, die mit den üblichen Methoden kaum dazu zu bewegen sind.
Ein paar Klicks genügen, um die Aussprache eines Wortes zu überprüfen. Die
Kenntnis des Alphabets und der phonetischen Lautschrift sind dafür nicht
mehr erforderlich, wohl aber Medien- und Informationskompetenz.

Das führt zu einer neuen Art des Lernens und Denkens. Damit wird auch
an deutschen Universitäten experimentiert. Im „umgekehrten Unterricht"
werden Video-Vorlesungen zu Hause angeschaut, Inhalte in Partnerarbeit
vertieft und im Unterricht besprochen. Der übermäßige Einsatz der neuen
Medien wird aber auch kritisch gesehen. Mit entsprechenden Methoden
müsste daher untersucht werden, wie sich z. B. unser Gedächtnis durch die
intensive Nutzung verändert.

Schließlich ergab die Studie, dass die Lehrkräfte mehrere Sprachen in
verschiedenen Unternehmen und Bildungsinstitutionen unterrichten, aber
die Anforderungen an ihre Kompetenz durch die Lehrerbildungscurricula
der Universitäten nicht ausreichend abgedeckt werden. Entsprechend der
Empfehlungen des 6. Altenberichts (2010: 91 f.) sollten die lernpsychologischen Entwicklungen über die Lebensspanne ein zentrales Thema einer Aus-
bzw. Weiterbildung sein. Das müsste auch mit einer Auseinandersetzung mit
den eigenen Überzeugungen zum Lernen im Alter verbunden sein. Ein
weiteres Thema sollte die Beschäftigung mit formalen, non-formalen und
informellen Lernformen sein. Die Ergebnisse der Studie legen nahe, Lern-
und Arbeitstechniken sowie Informations- und Medienkompetenz als weitere Themen in eine Aus- bzw. Weiterbildung aufzunehmen.

Abschließend kann gesagt werden, dass weitere Forschung notwendig ist,
um lebenslanges Fremdsprachenlernen für alle über Bildungsinstitutionen
hinweg harmonisch zu gestalten.

Literaturverzeichnis

Abraham, R. (1985). „Field Dependence/Independence in the Teaching of Grammar." TESOL Quarterly 19/4, 689–702. http://onlinelibrary.wiley.com/doi/10.1002/tesq.1985.19.issue-4/issuetoc (24.01.2013).

Abraham, E., Linde, A. (2010). „Alphabetisierung/Grundbildung als Aufgabengebiet der Erwachsenenbildung." In: Tippelt, R., Hippel von, A. (Hrsg.) Handbuch Erwachsenenbildung/Weiterbildung. 4. durchgesehene Auflage. Wiesbaden: Verlag für Sozialwissenschaften. 889–903.

Ackerman, P.L. (2011). „Intelligence and Expertise." In: Sternberg, R.J., Kaufman, S.B. (Hrsg.). The Cambridge Handbook of Intelligence. New York: Cambridge University Press, 847–860.

Aguado, R., Riemer, C. (2010). „Lernstile und Lern(er)typen." In: Krumm et al., 850–858.

Ahrens, R., Weier, U. (Hrsg.) (2005). Englisch in der Erwachsenenbildung des 21. Jahrhunderts. Heidelberg: Universitätsverlag Winter.

ALA = Association for Language Awareness http://www.lexically.net/ala/la_defined.htm (09.01.2013).

Altenberichte der Bundesregierung. http://www.dza.de/informationsdienste/veroeffentlichungen/altenbericht.html (09.01.2013).

Bausch, K.-R. et al. (Hrsg.) (2007). Handbuch Fremdsprachenunterricht. 5. gegenüber der 4. unveränderte Auflage. Tübingen: Francke.

Bayrhuber et al. (Hrsg.) (2001). Lehr- und Lernforschung in den Fachdidaktiken. Innsbruck: Studien-Verlag.

Berndt, A. (2003). Sprachenlernen im Alter. Eine Empirische Studie zur Fremdsprachengeragogik. München: Judicium Verlag.

Berndt, A. (2007). „Erwerb von Fremdsprachen im Seniorenalter." In: Bausch et al., 470–473.

Bimmel, P. (2009). „Lernstrategien: Pläne (Mentalen) Handelns." In: Jung, 362–369.

Bimmel, P. (2010). „Lern(er)strategien und Lerntechniken." In: Krumm et al., 842–850.

Böttger, H. (1992). Studien zu einem erwachsenengerechten Englischunterricht. Dissertation. Erlangen: Selbstverlag.

Böttger, H. (2009). „English for Specific Purposes: Das Englischlernen Erwachsener im Lernkontext innerbetrieblicher Fort- und Weiterbildung." In: Nussinger, B. (Hrsg.). Schulpädagogische Untersuchungen. Nr. 35. Nürnberg: Verlag: Lehrstuhl für Schulpädagogik, Friedrich-Alexander-Universität.

Böttger, H. (2010). Englisch lernen in der Grundschule. Studientexte zur Grundschulpädagogik und -didaktik. 2. Auflage. Bad Heilbrunn: Klinkhardt.

Bonk, W.J. (2001). English for Special Purposes: Fremdsprachenlernen als berufliche Kompetenzerweiterung. Internetpublikation: http://ediss.sub.uni-hamburg.de/volltexte/2001/417/ (09.01.2013).

Bundesinstitut für Berufliche Bildung (2014): Beruflich qualifiziert studieren?! Informationen zum berufsbegleitenden Studium. BIBB: Bonn.

Burger, G. (Hrsg.) (1995a). Fremdsprachenunterricht in der Erwachsenenbildung. Perspektiven und Alternativen für den Anfangsunterricht. Ismaning: Hueber.

Burger, G. (1995b). „Mehr Lesen im Anfangsunterricht". In: Burger (1995a), 33–41.

Burger, G. (Hrsg.) (1997): Fortgeschrittener Fremdsprachenunterricht an Volkshochschulen. Frankfurt a.M.: DIE.

Burwitz-Melzer, E., Quetz, J. (2002). „Methoden für den Fremdsprachenunterricht mit Erwachsenen." In: Quetz, von der Handt, 102–186.

Camp, C. J. (1981). „The Use of Fact Retrieval Versus Inference in Young and Elderly Adults." *Journal of Gerontology* 36/6, 715–721. http://geronj.oxfordjournals.org/content/36/6.toc (25.01.2013).

Cavanaugh, J. C., Blanchard-Fields, F. (2002). *Adult Development and Aging*. 4. Edition. Belamont: Wadsworth.

Carstensen, L. et al. (2011). „Emotional Experience Improves with Age: Evidence Based on Over 10 Years of Experience Sampling." *Psychology and Aging* 26/1, 21–33. http://psycnet.apa.org/journals/pag/26/1/ (24.01.2013).

Carroll, J. B., Sapon, S. M. (1959). *Modern Language Aptitude Test*. New York: The Psychological Corporation.

Chapelle, C. A. (1995). „Field-Dependence/Field Independence in the L2 Classroom." In: Reid, 158–168.

Christ, I., de Cilla, R. (2007). „Fremdsprachenunterricht an Schulen in deutschsprachigen Ländern." In: Bausch, 77–86.

Cohen, A., Macaro, E. (2007). *Language Learner Strategies: Thirty Years of Research and Practice*. Oxford: Oxford University Press.

Dellenbach, M. et al. (2008). „Kognitiv stimulierende Aktivitäten im mittleren und höheren Lebensalter – ein gerontopsychologischer Beitrag zur Diskussion um informelles Lernen." In: Kruse (2008a), 121–159.

DIHK-Deutscher Industrie-und Handelskammertag e. V., Henkel KGaA, VDP, telc (Hrsg.) (2014): *Arbeitsplatz Europa. Sprachkompetenz wird messbar. A Common European Framwork of Reference for Language Learning and Teaching (CEF)*. 4. aktualisierte Auflage. DIHK: Duesseldorf.

Dörnyei, Z., Ushioda, E. (2011). *Teaching and Researching Motivation*. 2. Edition. Harlow: Pearson Longman.

Doff, S. (2005). „Zentrale Faktoren der Lernerindividualität Erwachsener. Empirische Analyse und Plädoyer für einen adressatenbezogenen Englischunterricht." In: Ahrens, Weier, 205–228.

Dreher, A. (2006). "Does Globalization Affect Growth? Evidence from a new Index of Globalization." *Applied Economics* 38/10, 1091–1110.

Dreher, A., Noel, G., Pim, M. (2008). *Measuring Globalisation – Gauging its Consequences*. New York: Springer.

Dudley-Evans, T., Saint John, M.-J. (2003). *Developments in English for Specific Purposes. A Multi-Disciplinary Approach*. Cambridge: Cambridge University Press.

Dueker, U. Spekker E., Vielau A. (1985). „Zur Praxis lernzieldifferenzierter Unterrichtsformen im VHS-Fremdsprachenunterricht." *Englisch-Amerikanische Studien, Zeitschrift für Unterricht, Wissenschaft & Politik* 7/2, 281–294.

Edmondson, W. J.; House, J. (2011). *Einführung in die Sprachlehrforschung*. 4. überarbeitete Auflage. Tübingen: Francke.

Egbert, J. (2003). „A Study of Flow Theory in the Foreign Language Classroom." *The Modern Language Journal* 87/4, 499–518.

Eggers, D. (Hrsg.) (1997). *Sprachandragogik*. Frankfurt a. M.: Lang.

Ehrenreich, S. (2010). „English as a Business Lingua Franca in a German Multinational Corporation: Meeting the Challenge." *Journal of Business Communication* 47/4, 408–431. http://job.sagepub.com/content/47/4/408.full.pdf+html (24.01.2013).

Elek, T., Oskarsson, M. (1973). *Teaching Foreign Language Grammar to Adults. A Comparative Study*. Stockholm: Almqvist & Wiksell.

Ellis, R. (1989). „Classroom Learning Styles and their Effect on Second Language Acquisition: A Study of Two Learners." *System* 17/2, 249–262.

Ellis, R. (2010). *The Study of Second Language Acquisition*. 2. Edition. Oxford: Oxford University Press.

Erickson, K. I. et al. (2011). „Exercise Training Increases Size of Hippocampus and Impairs Memory." *Proceedings of the National Academy of Sciences of the United States of America* 108/7, 3017–22. http://www.ncbi.nlm.nih.gov/pmc/articles/PMC304 1121/pdf/pnas.201015950.pdf (28. 01. 2013).

ERFA Wirtschaft Sprache (Hrsg.). *ERFA-Qualitätskriterien – Referenzrahmen für Trainerinnen und Trainer*. http://www.erfa-wirtschaft-sprache.de/index.php/service.html (10. 07. 2015).

Europarat (Hrsg.) (2001). *Gemeinsamer Europäischer Referenzrahmen für Sprachen: lernen, lehren, beurteilen*. Niveau A1, A2, B1, B2, C1, C2. Berlin: Langenscheidt.

Finkbeiner, C. (2001). „Englische Texte lesen und verstehen." In: Bayrhuber et al., 121–140.

Funk, H. (2007). „Berufsbezogener Fremdsprachenunterricht." In: Bausch et al., 175–179.

Funk, H., Kuhn C. (2010a). „*Berufsorientierter Fremdsprachenunterricht*." In: Hallet, Königs, 316–321.

Funk, H. (2010b) „Berufsorientierter Deutschunterricht." In: Krumm et al., 1145–1151.

Funk, H. (2011). „Berufsorientierter Fremdsprachenunterricht – erweiterte Anforderungensprofile in der Ausbildung von Lehrkräften." In: Barkowski, H. (Hrsg.) *Deutsch bewegt. Entwicklungen in der Auslandsgermanistik und Deutsch als Fremd- und Zweitsprache. Dokumentation der Plenarvorträge der XIV. Internationalen Tagung der Deutschlehrerinnen und Deutschlehrer, IDT Jena-Weimar 2009*. Baltmannsweiler: Schneider-Hohengehren.

Gnutzmann, C. (2007). „Language Awareness, Sprachbewusstheit, Sprachbewusstsein." In: Bausch et al., 335–339.

Gnutzmann, C. (2010). „Language Awareness." In: Hallet, Königs, 115–119.

Grotjahn, R. (2007). „Lernstile/Lernertypen." In: Bausch et al., 326–331.

Grotjahn, R., Schlak, T. (2010). „Alter." In: Krumm et al., 867–876.

Hall, A. (2007). „Fremdsprachenkenntnisse im Beruf – Anforderungen an Erwerbstätige." *Berufsbildung in Wissenschaft und Praxis* 3/2007, 48–49. http://www.bibb.de/veroeffentlichungen/de/bwp/show/id/1701 (09. 01. 2013).

Hallet, W., Königs, F. G. (Hrsg.) (2010). *Handbuch Fremdsprachendidaktik*. Seelze-Velber: Klett, Kallmeyer.

Hawkins, E. (1984). *Awareness of Language: An Introduction*. Cambridge: Cambridge University Press.

Hejazi, W., Ma, J. (2011). „Gravity, the English Language and International Business." *The Multinational Business Review* 19/2, 152–167. http://www.emeraldinsight.com/journals.htm?issn=1525–383x&volume=19&issue=2&PHPSESSID=j5be5rih (25. 01. 2013).

Hofstede, G. et al. (2010). *Culture and Organizations. Software of the Mind*. Revised and Expanded 3. Edition. New York: McGraw-Hill.

Hohenstein, C., Manchen Spörri, S. (2012). „English als Lingua Franca in Unternehmen. *Berufsbildung in Wissenschaft und Praxis* 2/2012, 32–36.

Horn, J. L., Cattell, R. B. (1966). „Age Differences in Primary Mental Ability Factors." *Journal of Gerontology* 21/2, 210–220. http://geronj.oxfordjournals.org/content/21/2.toc (25. 01. 2013).

Horwitz, E. K. (2001). „Language Anxiety and Achievement." *Annual Review of Applied Linguistics* 21, 112–126. http://journals.cambridge.org/action/displayIssue?iid= 168282 (25. 01. 2013).

Hüppe, M. (1998). *Emotion und Gedächtnis im Alter.* Göttingen: Hogrefe.

Huether, M. (2010). „Erfahrungswissen in der Arbeitswelt – Kreativität und Innovationsfähigkeit älterer Mitarbeiterinnen und Mitarbeiter?" In: Kruse (2010c), 235–250.

Hutchinson T., Waters, A. (1987). *English for Specific Purposes. A learning-centered approach.* Cambridge: Cambridge University Press.

Ikas, K. (2005). „Business Gets Global. Schwierigkeiten und Chancen des kommunikationsorientierten Wirtschaftsenglischunterrichts in mittelständischen Unternehmen." In: Ahrens, Weier, 231–246.

Jung, U. O. H. (Hrsg) (2009). *Praktische Handreichung für Fremdsprachenlehrer.* 5., durchgesehene Auflage. Frankfurt a. M.: Lang.

Kankaanranta, A., Planken, B. (2010.). „Belf Compentence as Business Knowledge of Internationally Operating Business Professionals." *Journal of Business Communication* 47/4, 380–407. http://job.sagepub.com/content/47/4/380.full.pdf+html (24. 01. 2013).

Karbe, U. (1995). „Wortschatzerwerb in den ersten Lernjahren (am Beispiel des Englischunterrichts)." In: Burger (1995a), 42–53.

Kastner, M. (2006). *BiKoo – Bildungskooperative Oberes Waldviertel. Evaluation des Ziel 3 Projektes „BildungseinsteigerInnen."* Materialien zur Erwachsenenbildung, 1/2006. Wien: Bundesministerium für Bildung, Wissenschaft und Kultur, Abteilung Erwachsenenbildung V/8. http://erwachsenenbildung.at/downloads/service/ materialien-eb_2006-1_11472_PDFzuPublD107.pdf (09. 01. 2013).

Kessler, E. et al (2010). „Produktivität durch eine lebensspannenorientierte Konzeption von Altern in Unternehmen." In: Kruse (2010c), 271–284.

Klein, H. E., Schöpper-Grabe, S. (2009). „Grundbildung als Schulauftrag." Köln: Deutscher Instituts Verlag.

Kliegel, M. et al. (2003). „Lernen im Alter: Die Bedeutung der selbständigen Strukturierung des Lernmaterials." *Zeitschrift für Gerontologie und Geriatrie* 36/6, 421–428. http://link.springer.com/journal/391/36/6/page/1 (25. 01. 2013).

Klippel, F., Schmidt-Schönbein, G. (2001). „Forschung in der Fremdsprachendidaktik". In: Bayrhuber et al., 111–119.

Kommission der Europäischen Gemeinschaften. *Einen europäischen Raum des lebenslangen Lernens schaffen.* (21. 11. 2001). http://eur-lex.europa.eu/LexUriServ/LexUriServ.do?uri=COM:2001: 0678:FIN:DE:PDF (13. 01. 2013).

Krampe, R. Th. (2007). „Wissenserwerb und Expertise." In: Brandtstätter, J. (Hrsg.). *Entwicklungspsychologie der Lebensspanne: ein Lehrbuch.* Stuttgart: Kohlhammer, 221–244.

Krumm, H.-J. et al. (Hrsg.) (2010). *Deutsch als Fremd- und Zweitsprache. Ein internationales Handbuch. Band 1 und 2.* Berlin: De Gruyter Mouton. (Online-Ressource).

Kruse, A., Packebusch, R. (2006). „Alter(n)sgerechte Arbeitsgestaltung." In: Zimolong, B, Konradt, U. (Hrsg.). *Enzyklopädie der Psychologie – Ingenieurpsychologie.* Göttingen: Hogrefe, 425–458.

Kruse, A. (Hrsg.) (2008a). *Weiterbildung in der zweiten Lebenshälfte. Multidisziplinäre Antworten auf Herausforderungen des demografischen Wandels.* Bielefeld: Bertelsmann.

Kruse, A. (2008b). „Alter und Altern – konzeptionelle Überlegungen und empirische Befunde der Gerontologie." In: Kruse (2008a), 21–48.

Kruse, A. (2010 a) „Erhaltung der beruflichen Leistungskapazität und Motivation älterer Arbeitnehmerinnen und Arbeitnehmer (ELMA)." http://www.gero.uni-heidelberg.de/md/gero/forschung/elma_abschlussbericht.pdf (09.01.2013).

Kruse, A. (2010 b). „Bildung im Alter." In: Tippelt, R., Hippel, von, A. (Hrsg.). *Handbuch Erwachsenenbildung/Weiterbildung*. 4. durchgesehene Auflage. Wiesbaden: Verlag für Sozialwissenschaften, 827–840.

Kruse, A. (Hrsg.) (2010 c). *Potenziale im Altern. Chancen und Aufgaben für Individuum und Gesellschaft*. Heidelberg: AKA, Akademische Verlagsgesellschaft.

Ku, H., Zussmann, A. (2010) „Lingua Franca: The Role of English in International Trade." *Journal of Economic Behavior and Organization* 75/2, 250–260. http://www.sciencedirect.com/science/journal/01672681/75/2 (25.01.2013).

Kugler-Euerle, G. (1998). *Geschlechtsspezifik und Englischunterricht. Studien zur Literaturdidaktik und Rezeption literarischer Texte am Beispiel Doris Lessings*. Trier.

Lamnek, S. (2005). *Qualitative Sozialforschung. Lehrbuch*. 4. vollständig überarbeitete Auflage. Weinheim: Beltz.

Lang, F. R. et al. (2012). *Entwicklungspsychologie – Erwachsenenalter*. Göttingen: Hogrefe.

Lehr, U. (2007). *Psychologie des Alterns*. 11. korrigierte Auflage. Wiebelsheim: Quelle & Meyer Verlag.

Lindenberger, U., Schaefer, S. (2008). „Erwachsenenalter und Alter." In: Oerter, R., Montada, L. (Hrsg.). *Entwicklungspsychologie*. 6. vollständig überarbeitete Auflage. Weinheim: Beltz, 366–409.

Lindenberger, U. et al. (2010). *Die Berliner Altersstudie*. 3. erweiterte Auflage. Berlin: Akademie Verlag.

List, G. (2010). „Sprachlern-Eignung und Sprachlern-Bereitschaft." In: Krumm et al., 901–906.

Löwe, H. (1976). *Einführung in die Lernpsychologie des Erwachsenenalters*. Berlin: VEB Deutscher Verlag der Wissenschaften.

Loewen, E. R., Shaw, R. J., Craik, F. I. M. (1990). „Age Differences in Components of Metamemory." *Experimental Aging Research: An International Journal Devoted to the Scientific Study of the Aging Process*, 16/1, 43–48. http://www.tandfonline.com/toc/uear20/16/1 (25.01.2013)

Luchte, K. (2001). *Teilnehmerorientierung in der Praxis der Erwachsenenbildung*. Weinheim: Deutscher Studien-Verlag.

Mandl, H. (Hrsg.) (2006). *Handbuch Lernstrategien*. Göttingen: Hogrefe.

Mather, M. et al. (2004). „Amygdala Responses to Emotionally Valenced Stimuli in Older and Younger Adults." *Psychological Science* 15/4, 259–263. http://pss.sagepub.com/content/15/4.toc (25.01.2013).

Mercer, S. (2012). „Dispelling the Myth of the Natural-Born Linguist." *ELT Journal* 66/1, 22–29. http://eltj.oxfordjournals.org/content/66/1.toc (25.01.13).

Mirlohi, M. et al. (2011). „Flow in Translation." *Target* 23/2, 251–271.

Missler, B. (1999). *Fremdsprachenlernerfahrungen und Lernstrategien. Eine empirische Untersuchung*. Tübingen: Stauffenburg.

Morfeld, P. (1997). „Strategien und Techniken beim Erwerb fremder Sprachen – Eine Pilotstudie." In: Rampillon U., Zimmermann G. (Hrsg.). *Strategien und Techniken beim Erwerb fremder Sprachen*. Ismaning: Hueber, 114–134.

Morfeld, P. (1998). *Wissend lernen = effektiv lernen? Vokabellerntraining im Anfängerunterricht Englisch an der Volkshochschule*. Tübingen: Narr.

Morfeld, P. (2005). „Selbständiges Sprachenlernen, aber wie? Lernertraining in Englischwerken der Erwachsenenbildung". In: Burwitz-Melzer, E., Solmecke, G.

(Hrsg.). *Niemals zu früh und selten zu spät: Fremdsprachenunterricht in Schule und Erwachsenenbildung. Festschrift für Juergen Quetz.* Berlin: Cornelsen, 128–136.

Naegele, G. (2010). „Potenziale und berufliches Leistungsvermögen älterer Arbeitnehmer/innen vor alten und neuen Herausforderungen." In: Kruse (2010c), 251–270.

Naiman, N. et al. (1978). *The Good Language Learner.* Toronto: The Ontario Institute for Studies in Education.

Nelson, G. (1995). „Cultural Differences in Learning Styles. In: Reid, 3–18.

Neuner, G. (2007). „Vermittlungsmethoden: Historischer Überblick". In: Bausch et al., 225–234.

Oerter, R., Montada, L. (Hrsg.) (2008). *Entwicklungspsychologie.* 6. vollständig überarbeitete Auflage Weinheim: Beltz.

Ohm, U., Kuhn, C.; Funk, H. (2007): *Sprachtraining für Fachunterricht und Beruf. Fachtexte knacken – mit Fachsprache arbeiten.* Münster: Waxmann.

Orr, Th. (2002). *English for Specific Purposes. Case Studies in TESOL Practice Series.* Alexandria, Va: Teachers of English to Speakers of Other Languages.

Oxford, R. L. (1990). *Language Learning Strategies. What Every Teacher Should Know.* Boston Ma: Heinle & Heinle.

Oxford, R. L., Anderson, N. J. (1995). „A Crosscultural View of Learning Styles." *Language Teaching* 28, 201–215.

Pauels, W. (2005). „Interkulturelle Kommunikation im Medium des Englischen als internationale Sprache für Erwachsene. Überlegungen zu fachdidaktischen Modifikationen." In: Ahrens, Weier, 289–304.

Payne, T., W., Lynn, R. (2011). „Sex Differences in Second Language Comprehension." *Personality and Individual Differences* 50/3, 434–436. http://ac.els-cdn.com/ S0191886910005222/1-s2.0-S0191886910005222-main.pdf?_tid=34cda708-6947-11e 2-9b1a-00000aacb35d&acdnat=1359376712_a49eb777d9a3d012dad0b8ff7295e274 28.01.2013).

Piedmont, R. M. (1997). „Fremdsprachenlernen im Alter. Elemente einer Methodik des Sprachunterrichts mit älteren Erwachsenen." In: Eggers, 135–152.

Quetz, J. (1992). *Lernschwierigkeiten Erwachsener im Anfangsunterricht Englisch. Bericht über eine Umfrage bei Teilnehmerinnen und Teilnehmern an Englischkursen der Volkshochschule und eines Abendgymnasiums.* Finkenstaedt, Th., Schroeder, K. (Hrsg.). Augsburger I-und-II-Schriften. Band 59. Augsburg: Universität.

Quetz, J. (1995). „Neuere Forschungen zum Fremdsprachenlernen: Konsequenzen für den Unterricht mit Erwachsenen." In: Burger (1995a), 9–22.

Quetz, J. (1997). „Ansätze zur Erforschung des Lernverhaltens erwachsener Fremdsprachenlerner." In: Eggers, 15–29.

Quetz, J., von der Handt, G. (Hrsg.) (2002). *Neue Sprachen lehren und lernen. Fremdsprachenunterricht in der Weiterbildung.* Bielefeld: Bertelsmann.

Quetz, J. (2007). „Erwerb von Fremdsprachen im Erwachsenenalter." In: Bausch et al., 464–470.

Quetz, J. (2010). „Fremdsprachenunterricht in der Weiterbildung." In: Hallet, Königs, 294–297.

Raasch, A. (2007). „Fremdsprachenunterricht in der Erwachsenenbildung." In: Bausch et al., 218–223.

Rampillon, U. (1991). „Fremdsprachen lernen gewusst wie. Überlegungen zum Verständnis und zur Vermittlung von Lernstrategien und Lerntechniken." *Der Fremdsprachliche Unterricht (Englisch)* 1991, 2–9.

Rampillon, U. (1995). „Selbstgesteuertes Fremdsprachenlernen – eine Perspektive für den Fremdsprachenunterricht in der Erwachsenenbildung." In: Burger (1995a), 81–92.

Rampillon, U. (1996). *Lerntechniken im Fremdsprachenunterricht. Forum Sprache*. Ismaning: Hueber.

Rampillon, U. (1998). „Lernen leichter machen. Deutsch als Fremdsprache." Ismaning: M. Hueber.

Rampillon, U. (2007). „Lerntechniken." In: Bausch et al., 340–344.

Reid, J. M. (1995). *Learning Styles in the ESL/EFL Classroom*. Boston MA: Heinle & Heinle.

Reischies, F. M., & Lindenberger, U. (2010). „Grenzen und Potentiale kognitiver Leistungsfähigkeit im Alter." In: Lindenberger, U. et al. (Hrsg.). *Die Berliner Altersstudie*. 3. erweiterte Auflage. Berlin: Akademie Verlag, 375–401.

Renaud, M. et al (2010). „A High Level of Physical Fitness is Associated With More Efficient Response Preparation in Older Adults." *The Journals of Gerontology. Series B, Psychological Sciences and Social Sciences* 65 B/3, 317–322. http://psychsocgerontology.oxfordjournals.org/content/65B/3.toc (24.01.2013).

Riemer, C. (1996). *Individuelle Unterschiede im Fremdsprachenerwerb. Eine Longitudinalstudie über die Wechselwirksamkeit ausgewählter Einflussfaktoren*. Perspektiven Deutsch als Fremdsprache: 8. Baltmannsweiler: Schneider-Hohengehren.

Riemer, C., Eckerth, J. (2000)."Awareness and Motivation: *Noticing* als Bindeglied zwischen kognitiven und affektiven Faktoren des Fremdsprachenlernens." In: Riemer, C. (Hrsg.). *Kognitive Aspekte des Lehrens und Lernens von Fremdsprachen. Festschrift für Willis J. Edmondson zum 60. Geburtstag*. Tübingen: Narr, 228–246.

Riemer, C. (2002). „Wie lernt man Sprachen?" In: Quetz, von der Handt, 49–82.

Riemer, C. (2010). „Motivation." In: Hallet, Königs, 168–172.

Rossi-Le, L. (1995). „Learning Style and Strategies in Adults Immigrant ESL Students. In: Reid, 118–125.

Rost, D. H. (2009). *Intelligenz. Fakten und Mythen*. Beltz: Weinheim.

Rost-Roth, M. (2010). „Affektive Variablen/Motivation." In: Krumm et al., 876–886.

Salthouse, T. A. (1984). „Effect of Age and Skill in Typing." *Journal of Experimental Psychology: General* 113/3, 345–371.

Scovel, Th. (1978). „The Effect of Affect on Foreign Language Learning: A Review of the Anxiety Research." *Language Learning* 28/1, 129–142. http://onlinelibrary.wiley.com/doi/101111/lang.1978.28.issue-1/issuetoc (24.01.2013).

Schaie, K. W. (2005). *Developmental Influences on Adult Intelligence: The Seattle Longitudinal Study*. Oxford: Oxford University Press.

Schlak, T. (2010). „Sprachlerneignung." In: Hallet, Königs, 257–261.

Schmenk, B. (2004). „Language Learning: A Feminine Domain? The Role of Stereotyping in Constructing Gendered Learner Identities." *TESOL Quarterly* 38/3, 514–524. http://onlinelibrary.wiley.com/doi/101002/tesq.2004.38.issue-3/issuetoc (25.01.2013).

Schmenk, B. (2009). *Geschlechtsspezifisches Fremdsprachenlernen? Zur Konstruktion geschlechtstypischer Lerner- und Lernbilder in der Fremdsprachenforschung*. Tübingen: Stauffenburg Verlag.

Schmenk, B. (2010). „Genderspezifisches Lernen und Lehren." In: Hallet, Königs, 269–273.

Schmidt, B. (2009). *Weiterbildung und informelles Lernen älterer Arbeitnehmer. Bildungs-verhalten, Bildungsinteressen, Bildungsmotive.* Wiesbaden: Verlag für Sozialwissenschaften.

Schmidt, C. (2010). „Sprachbewusstheit und Sprachlernbewusstheit." In: Krumm et al., 858–866.

Schmidt, R. (1992). „Awareness and Second Language Acquisition." *Annual Review of Applied Linguistics* 13, 206–226. http://journals.cambridge.org/action/displayIssue?iid=2709756 (25.01.2013).

Schmitt, E. (2008), „Altersbilder und die Verwirklichung von Potenzialen des Alters." In: Kruse (2008a), 49–65.

Schmitt, M. et al. (2009). *Interdisziplinäre Längsschnittstudie des Erwachsenenalters (ILSE). Abschlussbericht anlässlich der Fertigstellung des dritten Messzeitpunkts.* Bundesministerium für Familie, Senioren, Frauen und Jugend. (20.01.2009). http://www.bmfsfj.de/BMFSFJ/Service/Publikationen/publikationsliste,did=119526.html (09.01.2013).

Schöpper-Grabe, S, Weiß, R. (1998). *Vorsprung durch Fremdsprachentraining. Ergebnisse einer Unternehmensbefragung.* Köln: Deutscher Instituts Verlag.

Schöpper-Grabe, S. (2000). *Go global – Fremdsprachen als Standortvorteil.* Köln: Deutscher Instituts Verlag.

Schöpper-Grabe, S. (2007). „Stellenwert von Fremdsprachen in der deutschen Wirtschaft." In: Schöpper-Grabe (Hrsg.). *Fremdsprachen in der Berufswelt.* Frankfurt a. M.: Lang, 15–34.

Schöpper-Grabe, S. (2008) „Go global – Zur Situation der Fremdsprachen in der deutschen Wirtschaft." In: Tritscher-Archan, S. (Hrsg.) *Fremdsprachen für die Wirtschaft. Analysen, Zahlen, Fakten.* ibw-Forschungsbericht 143. Wien: Riegelnik, 235–247. http://www.ibw.at/media/ibw/fb143.pdf (09.01.2013).

Schöpper-Grabe, S. (2009) „Betrieblicher Fremdsprachenbedarf im deutschsprachigen Raum." In: Ammon, U. et al. (Hrsg.). *Sociolinguistica. Volume 23 (2009).* Berlin: Walter de Gruyter, 150–162.

Schröder, K. (1996). „Frauen lernen Fremdsprachen. Einige Empirische Fakten und die Historie des Phänomens." In: *Neusprachliche Mitteilungen aus Wissenschaft und Praxis* 49, 5–10.

Schweitzer, K. (1993) „Englisch in der betrieblichen Weiterbildung." *Zielsprache Englisch* 1993/2, 11–13.

Seidel-Braun, M. (1998). „Fremdsprachenqualifizierung in Unternehmen." In: Jung, U.O.H. (Hrsg.) *Praktische Handreichung für Fremdsprachenlehrer.* 2., verbesserte und erweiterte Auflage. Frankfurt a.M.: Lang, 419–424.

Seytter, J. (1989) „Sprachbarrieren als Funktionsbarrieren für die internationalen Aktivitäten von Wirtschaftsunternehmen und Institutionen." *Die Neueren Sprachen* 1989/2, 185–193.

Singleton, D., Ryan, L. (2004). *Language Acquisition: The Age Factor.* 2. Edition. Clevedon, England: Multilingual Matters.

Skehan, P. (2002). „Theorising and Updating Aptitude." In: Robinson, P. (Hrsg.). *Individual Differences and Instructed Language Learning.* Amsterdam: John Benjamins Publishing Company, 69–93.

Solmecke, G. (1997). „Einige Gedanken zur Ausbildung der Schreibfertigkeit im Fremdsprachenunterricht mit Erwachsenen." In: Burger, 47–59.

Statistisches Bundesamt Wiesbaden (1992) (Hrsg.). *Klassifizierung der Berufe – Systematisches und alphabetisches Verzeichnis der Berufsbenennungen – Ausgabe 1992.* Stuttgart: Metzler-Poeschel.

Statistische Ämter des Bundes und der Länder (2011). „Demografischer Wandel in Deutschland. Bevölkerungs- und Haushaltsentwicklung im Bund und in den Ländern." Ausgabe 2011. Heft 1. http://www.statistikportal.de/statistik-portal/ demografischer_wandel_heft1.pdf (09.01.2013).

Stern, E. Schumacher R. (2004)."Intelligentes Wissen als Lernziel." *Universitas* 59, 121–134. http://www.ifvll.ethz.ch/people/sterne (27.03.2013).

Stern, E. (2011). „Intelligentes Wissen als Schlüssel zum Können." In: Aerni, P.H., Oser, F. (Hrsg.) *Forschung verändert Schule: Neue Erkenntnisse aus den empirischen Wissenschaften für Didaktik, Erziehung und Politik.* Zürich: Seismo Verlag, 27–35. http://www.ifvll.ethz.ch/people/sterne (27.03.2013).

Sternberg R.J., Kaufman, S.B. (2011). *The Cambridge Handbook of Intelligence.* New York: Cambridge University Press.

Stohlmann, Helge (2011). *Technisches Englisch in der Industrie. Eine empirische Untersuchung mit Blick auf die Schule.* Hamburg: Kovač.

Tamchina, R. (1995). „Beruflich orientierter Fremdsprachenunterricht – auf einer frühen Lernstufe?" In: Burger (1995a), 54–67.

Tamchina, R. (1997). „Einrichtung von Kursen für Betriebe und Institutionen." In: Burger, 117–127.

Tietgens, H. (1967). *Lernen mit Erwachsenen. Theorie und Praxis der Erwachsenenbildung.* Braunschweig: Westermann.

Tönshoff, W. (2007). „Lernstrategien." In: Bausch et al., 331–335.

Tönshoff, W. (2010). „Lernkompetenz, Lernstrategien und Lern(er)typen." In: Hallet, Königs, 195–199.

Vielau, A. (1988). „Fremdsprachenunterricht für lernungewohnte Erwachsene". In: Vielau et al. (1988). *Fremdsprachen an der Volkshochschule. Arbeitsschwerpunkte und Entwicklungstendenzen.* Frankfurt: Pädagogische Arbeitsstelle des Deutsches Volkshochschul-Verbandes e.V., 47–53.

Vielau, A. (Hrsg.) (2009a). *Handbuch des Fremdsprachenunterrichts an Volkshochschulen.* 3. Auflage. Internetpublikation: http://www.axel-vielau.de/index-Dateien/Page 297.htm (09.01.2013).

Vielau, A. (2009b). „Fremdsprachenunterricht an Volkshochschulen". In: Jung, 511–515.

Vielau, Axel (2010): *Methodik des Kommunikativen Fremdsprachenunterrichts.* 2. Auflage. Internetpublikation. http://www.axel-vielau.de/index-Dateien/Page297.htm (09.01. 2013).

Vielau, A. (2011). *Lernerhandbuch Englisch. Einführung in die kommunikative Grammatik.* Internetpublikation. http://www.axel-vielau.de/index-Dateien/Page297.htm (09.01. 2013).

von der Handt, G. (2005). „Individualisierung als Schlüsselbegriff für das Lernen von Sprachen – Voraussetzungen und Folgen." In: Ahrens, Weier, 355–369.

Werner, C. (2008). „Kompetenzen und Lernformpräferenzen älterer Beschäftigter – betriebliche Perspektiven auf den demografischen Wandel." In: Kruse (2008a), 93–120.

Witkin, H. et al. (1977). „Field-Dependent and Field-Independent Cognitive Styles and Their Educational Implications." *Review of Educational Research* 47, 1–64. http://rer. sagepub.com/content/47/1.toc (25.01.2013).

Zimmermann, G. (1997). „Anmerkungen zum Strategiekonzept." In: Rampillon, U., Zimmermann, G. (Hrsg.). *Strategien und Techniken beim Erwerb fremder Sprachen.* Ismaning: Hueber, 95–113.

Zhisheng, W. (2012). „Foreign Language Aptitude." *ELT Journal* 66/2, 233–235. http:// eltj.oxfordjournals.org/content/66/2.toc (25. 01. 2013).

Zürcher, R. (2007): *Informelles Lernen und der Erwerb von Kompetenzen. Theoretische, didaktische und politische Aspekte.* Wien: Bundesministerium für Kunst, Unterricht und Kultur, Abteilung Erwachsenenbildung V/8. Wien. http://erwachsenenbildung.at/downloads/service/nr2_2007_informelles_lernen.pdf (09. 01. 2013).

Anhang 1: Abbildungsverzeichnis

Anhang 2: Tabellenverzeichnis

Anhang 3: Ausgefüllter Fragebogen

<u>Angaben zur Person</u>

1. Wie alt sind Sie?

☐ bis 25   ☐ 26 - 35   ☒ 36 – 50   ☐ über 50

Geschlecht:
☒ männlich   ☐ weiblich

2. Was ist Ihre Muttersprache?

☒ Deutsch   ☐ andere   welche?_____

3. Haben Sie einen Schulabschluss?   ☒ ja   ☐ nein

wenn ja, welchen? (**Mehrfachauswahl**)

☐ Hauptschule   ☐ Realschule   ☒ Gymnasium
☒ Berufsschule   ☐ Fachhochschule   ☐ Hochschule
☐ andere Abschlüsse:_____

_____

_____

4. Welche Tätigkeit üben Sie aus?

techn. Angestellter, Planungstechniker

<u>Lerngeschichte</u>

5. Wann haben Sie vor dem aktuellen Kurs zuletzt Englisch gelernt?

☐ in der Schulzeit   insgesamt   Jahr(e) lang
     bis vor ca.   Jahr(en)

☐ während der Berufsausbildung   insgesamt   Jahr(e) lang
     bis vor ca.   Jahr(en)

☒ _während d. Technikerschule_ insgesamt _1_ Jahr(e) lang
     bis vor ca. _19_ Jahr(en)

☐ ich lerne zum ersten Mal Englisch >> *(weiter mit Frage 12)*

- 2 -

6. **Warum haben Sie eine Lernpause gemacht?**

War nicht mehr nötig.

7. **Wenn Sie früher schon mal Englischunterricht hatten, welche der folgenden Punkte trafen auf den Unterricht von damals zu? (Mehrfachauswahl)**

Es wurde geübt:

Grammatik __30__ %

Sprechen __30__ %

Lesen __30__ %

Übersetzen __10__ %

Sonstiges __/__ %

8. **Wie würden Sie Ihre/n damalige/n Englischlehrer/in beschreiben?**

streng	☒ ja	☐ teilweise	☐ nein
autoritär	☒ ja	☐ teilweise	☐ nein
verständnisvoll	☐ ja	☐ teilweise	☒ nein
fair	☐ ja	☐ teilweise	☒ nein

wie sonst? Bitte beschreiben Sie:_____

9. **Welches Wort beschreibt die Unterrichtsatmosphäre von damals am besten?**

☐ Spaß   ☐ Druck   ☒ Anderes __Notwendiges übel__

10. **Was ist Ihnen damals schwer gefallen?**

Fließend sprechen

11. **Was ist Ihnen damals leicht gefallen?**

Übersehen

- 3 -

12. Ist Englisch die einzige Fremdsprache, die Sie im Augenblick lernen?

☒ ja   ☐ nein, ich lerne außerdem _____

13. Seit wann lernen Sie jetzt Englisch in Ihrer Firma?

_____/_____ Jahr(e) / ~~Monat(e)~~

14. Wie viele Stunden sind für den aktuellen (laufenden) Kurs vorgesehen?

___90___ Stunden

Motive

15. Warum lernen Sie jetzt (wieder) Englisch? (Mehrfachauswahl)

☒ mein Vorgesetzter hat es vorgeschlagen

☐ aus Eigeninitiative

☐ andere Gründe. (Bitte nennen): _____

16. Wozu benötigen Sie Englisch? (Mehrfachauswahl)

☐ ich benötige es für meinen Beruf

☐ ich benötige es nicht für meinen Beruf, aber es wird in jeder Stellenanzeige verlangt.

☒ andere Gründe (Bitte nennen):

Viele Dinge, auch im Beruf, sind
in Englisch schon jetzt geschrieben.

17. Wie werden Sie Ihre Englischkenntnisse einsetzen?

- Versuchen, die englischen Texte, die
über E-Mail kommen, erst mal zu lesen
und zu verstehen.

- Im Urlaub.

- 4 -

Situativer Kontext

18. Wie groß ist Ihre derzeitige Englischlerngruppe?

☐ Einzelunterricht   ☐ 2 -3 Teilnehmer   ☒ 4 – 6 Teilnehmer

☐ mehr, wie viele? _____

19. Wie zufrieden sind Sie damit?

☒ sehr zufrieden ☐ zufrieden ☐ teils, teils ☐ unzufrieden ☐ sehr unzufrieden

Begründung: _gute Stimmung gleiches Niveau,_
Spaß

20. Wie lang ist eine Unterrichtseinheit?

☒ 90 Min.   ☐ andere Zeiteinheiten, welche? _____

21. Wie regelmäßig können Sie teilnehmen?

☒ 95 - 100% der Termine

☐ 75% der Termine

☐ 50% der Termine

☐ 25% der Termine

22. Können Sie von Anfang bis zum Ende einer Unterrichtseinheit dabei sein?

☐ immer ☒ meistens ☐ manchmal ☐ selten ☐ nie

Begründung : _Betriebliche wichtige Termine_

23. Wie oft werden Sie im Unterricht gestört?

☐ immer ☐ meistens ☐ manchmal ☒ selten ☐ nie

Ursachen für Störungen sind:

☐ Handy klingelt   ☐ Vorgesetzter   ☐ Mitarbeiter und Kollegen

☐ andere, und zwar _____

- 5 -

24. Wo findet der Unterricht statt?

☒ im Seminarraum   ☐ in einem Büro   ☐ in der Werkstatt

☐ im Labor   ☐ im Frühstücksraum   ☐ im Großraumbüro

☐ wir haben keinen festen Raum

25. Wie sind die räumlichen Bedingungen?

☐ sehr gut ☒ gut ☐ durchschnitt(lich) ☐ schlecht ☐ sehr schlecht

wenn schlecht oder sehr schlecht, treffen einer oder mehrere der folgenden Punkte zu? (Mehrfachauswahl)

☐ Glaskabine in Werkstatt/Großraumbüro

☐ keine Fenster

☐ zu warm /zu kalt

☐ keine Steckdose

☐ schmutzig

☐ schlechte Luft (Fabrik, Straße)

☐ laut (Straße, Fabrik, Flur, Baumassnahmen...)

☐ Sonstiges _____

26. Wann findet der Unterricht statt? (Mehrfachauswahl)

☒ regelmäßig

    ☐ jede Woche __1__ Mal (an festen Tagen)

    ☐ alle _____ Wochen

☒ morgens

    ☐ in der Mittagspause

    ☐ direkt nach der Mittagspause

    ☐ nachmittags

    ☐ abends

    ☐ zu anderen Uhrzeiten

☐ unregelmäßig

    ☐ immer an anderen Tagen (mit ungleichen Zeitabständen)

- 6 -

27. Wird die Unterrichtszeit von Ihrem Arbeitszeitkonto abgezogen?

☒ ja   ☐ nein

28. Wie sehr unterstützt Ihr/e Vorgesetzte/r den Unterricht?

☐ sehr stark ☒ stark ☐ etwas ☐ kaum ☐ überhaupt nicht

wenn kaum oder überhaupt nicht, wie zeigt sich das?

_____

Material

A. Lehrwerk

29. Arbeiten Sie mit (einem) Lehrwerk(en)?

☒ ja   welche (s)?_ *Englischbuch (Pass Cambridge)*_

>> *bitte weiter mit Frage 30*

☐ nein   womit dann?_____

>> *bitte weiter mit Frageblock „B"*

30. Wie zufrieden sind Sie mit dieser Vorgehensweise?

☒ sehr zufrieden ☐ zufrieden ☐ teils, teils ☐ unzufrieden ☐ sehr unzufrieden

Begründung:_____

31. Wie kommen Sie mit dem Lehrwerk zurecht?

☒ sehr gut ☐ gut ☐ teils, teils ☐ gar nicht

- 7 -

32. Wie bewerten Sie das Lehrwerk?

Inhalt   interessant _____ ☒ ja   ☐ teilweise   ☐ nein

regt zum Sprechen an _____ ☒ ja   ☐ teilweise   ☐ nein

Anderes: _____

Grammatik   leicht verständlich _____ ☒ ja   ☐ teilweise   ☐ nein

Grammatikbegriffe
(Adjektiv, Verb, etc.) unbekannt   ☐ ja   ☐ teilweise   ☐ nein

nur mit Hilfe zu bewältigen _____ ☐ ja   ☐ teilweise   ☐ nein
Anderes: _____

Hörübungen   machen Spaß _____ ☒ ja   ☐ teilweise   ☐ nein

sind schwierig _____ ☐ ja   ☐ teilweise   ☐ nein

(Mehrfachauswahl)

weil: ☐ hohe Sprechgeschwindigkeit

☐ viele Dialekte

☐ andere Probleme

Bitte beschreiben Sie: _____

_____

Vokabeln   im Buch mit Übersetzungen _____ ☐ ja   ☐ nein ☐ weiß nicht

im Buch auf Englisch erklärt _____ ☒ ja   ☐ nein ☐ weiß nicht

im Internet / auf CD _____ ☐ ja   ☐ nein ☐ weiß nicht

das finde ich   ☒ gut   ☐ schlecht   ☐ keine Meinung

Weitere Anmerkungen zum Buch: _____

_____

- 8 -

B. „Echtes" Material

33. Arbeiten Sie im Unterricht mit „echtem" Material (= firmen-
/arbeitsplatzspezifisch und/oder aus Ihrem persönlichen Alltag)?

☐ ja   ☐ teilweise   ☒ nein >> *(bitte weiter mit Frage 39)*

34. Wenn ja, wie ist das Verhältnis von „echtem" Material zum Lehrbuch (sofern
vorhanden)?

☐ mehr „echtes" Material

☐ überwiegend mit dem Lehrbuch

35. Wer bringt das „echte" Material mit?

☐ die Teilnehmer/innen   ☐ der/die Dozent/in   ☐ beide

36. Können Sie sich vorstellen, nur mit „echtem" Material zu arbeiten?

☐ ja ☐ nein Begründung: _____

37. Spielt Ihr/e Dozent/in „echte" Situationen mit Ihnen durch (Fabrikführung,
Präsentation, etc.)?

☐ ja ☐ nein Begründung: _____

38. Wenn ja, findet das vor Ort in der realen Umgebung statt?

☐ ja ☐ nein Begründung: _____

39. Wenn Sie nicht mit „echtem" Material arbeiten, würden Sie es gerne tun?

☒ ja ☐ nein Begründung: _____ *realistisch* _____

- 9 -

Unterricht

**40. Welche Erwartungen haben Sie an den innerbetrieblichen Englischunterricht?
(Bitte priorisieren Sie: 1 (am wichtigsten)......5 (weniger wichtig)**

☒ Fachvokabular lernen `5`

☒ Fachbegriffe im Zusammenhang üben `4`

☒ Prozesse, Abläufe, etc. erklären können `2`

☒ sich im Alltag unterhalten können `1`

☐ andere Erwartungen (Bitte nennen):_____

**41. Was finden Sie am wichtigsten beim Englischlernen? Bitte priorisieren Sie die 6
Begriffe: Vokabeln, Grammatik, Sprechen, Hörverstehen, Lesen, Schreiben.**

1. (am wichtigsten)   *Sprechen*

2.   *Hörverstehen*

3.   *Lesen*

4.   *Schreiben*

5.   *Vokabeln*

6. (weniger wichtig)   *Grammatik*

**42. Welche der folgenden Möglichkeit/en nutzen Sie für die Vokabelarbeit?
(Mehrfachauswahl)**

☐ Vokabelheft

☐ Übersetzungen handschriftlich in den englischen Text

☐ fertige Lernkartei (von einem bekannten Verlag oder von Aldi oder Tchibo)

☐ Verwaltung der Vokabeln auf dem PC

☒ online Wörterbücher (z.B. Leo, Pons.de oder andere)

☐ andere Möglichkeiten. (Bitte beschreiben Sie):_____

- 10 -

43. Nehmen Sie sich Zeit, die Vokabeln zu lernen?

☒ ja   ☐ nein   Begründung: _____

44. Üben Sie Grammatik? (Mehrfachauswahl)

☒ ja, im Unterricht

☐ ja, weitere Übungen zu Hause

☐ ja, andere Vorgehensweisen

(Bitte beschreiben Sie): _____

_____

☐ nein, ich übe Grammatik nicht

45. Wie üben Sie Sprechen im Unterricht? (Mehrfachauswahl)

Auf der Basis von:

☒ Englisch als Unterrichtssprache

☒ Übungen aus dem Lehrbuch

☐ „echten" Situationen (z.B. Präsentationen) aus meiner Arbeitswelt

☒ Texten (z.B. Fachtexte, Zeitungsartikel)

☐ anderen Vorgehensweisen (Bitte beschreiben Sie): _____

_____

46. Was gefällt Ihnen am besten?

Lockeres Umgehe untereinander,
viel Spaß und Lachen,
Bei „Fehlern" wird immer gelacht.

- 11 -

47. Sprechen Sie außerhalb des Unterrichts Englisch? (Mehrfachauswahl)

☐ nein

☒ ja

am Arbeitsplatz	☐ oft	☐ manchmal	☐ selten	☒ nie
in Meetings	☐ oft	☐ manchmal	☐ selten	☒ nie
am Telefon	☐ oft	☐ manchmal	☒ selten	☐ nie
mit Kunden, Lieferanten in der Firma	☐ oft	☐ manchmal	☐ selten	☒ nie

mit englischsprachigen Kollegen oder

Praktikanten, die kein Deutsch sprechen   ☐ oft ☐ manchmal ☒ selten ☐ nie

in anderen Situationen (Bitte beschreiben Sie): *Urlaub*

48. Wie üben Sie Hörverstehen? (Mehrfachauswahl)

Mit Hilfe von:

☒ Hörübungen aus dem Lehrwerk

☒ Radio / CD / MP3

☐ anderem. (Bitte beschreiben Sie): _____

☐ ich übe Hörverstehen nicht

49. Lesen Sie englische Texte im Unterricht laut vor?

☒ immer   ☐ meistens   ☐ manchmal   ☐ selten   ☐ nie

50. Halten Sie dabei die Übersetzung von englischen Ausdrücken ins Deutsche für notwendig?

☐ immer   ☒ meistens   ☐ manchmal   ☐ selten   ☐ nie

Begründung: _____

51. Welche Texte fallen Ihnen am leichtesten? Bitte priorisieren Sie (1. am leichtesten, ...)

[1] Texte aus dem Lehrwerk (sofern vorhanden)

[3] Texte aus meinem Arbeits-/Interessengebiet

[2] andere Texte (Bitte nennen): *Zeitungen*

- 12 -

52. Üben Sie Schreiben? (Mehrfachauswahl)

Mitschreiben im Unterricht	☐ immer	☒ meistens	☐ manchmal	☐ selten	☐ nie
schriftliche Hausaufgaben	☐ immer	☐ meistens	☒ manchmal	☐ selten	☐ nie
E-Mails	☐ immer	☐ meistens	☐ manchmal	☐ selten	☒ nie

andere Vorgehensweise. (Bitte beschreiben Sie):_____

_____

53. Spielen Sie gerne Spiele im Unterricht?

☒ ja   ☐ nein   Begründung: *lockest auf*_____

☐ wir spielen im Unterricht keine Spiele

54. Lernen Sie dabei etwas? (Mehrfachauswahl)

☒ ja

   ☒ sprechen

   ☐ ich verliere die Angst vor dem Sprechen

   ☐ anderes _____

☐ nein

   ☐ warum nicht?_____

55. Welche Aktivitäten im Unterricht finden Sie gut? (Mehrfachauswahl)

☒ Lesen

☐ Grammatikübungen

☐ Übersetzen

☐ Rollenspiele

☒ Lernspiele

☒ Gruppen-/Partnerarbeit

☒ Schreiben (z.B. Lückentexte ausfüllen)

☒ *Smalltalk*

☐ arbeiten mit „echtem" Material

☐ lernen mit Bildern

☒ Hörübungen

☐ andere Aktivitäten (Bitte nennen): _____

- 13 -

56. Welche der oben genannten Aktivitäten <u>helfen</u> Ihnen am meisten beim Englischlernen? Bitte priorisieren Sie die 3 für Sie wichtigsten (1. am wichtigsten, ...)

1 _Lesen_

2 _Small talk_

3 _Lernspiele_

57. Haben Sie von Ihrem/Ihrer Dozent/in Tipps und Tricks bekommen, wie Sie besser lernen?

☐ nein

☒ ja Bitte nennen Sie Beispiele: _Kärtche schreibe, off_
wiederhole

Wenden Sie sie an?

☐ ja ☒ teilweise ☐ nein

Begründung:_____

58. Macht der Unterricht Spaß?

☒ ja ☐ teilweise ☐ nein

Begründung: _Schöne Abwechslung, tolle Gruppe_

59. Befassen Sie sich außerhalb des Unterrichts mit Englisch?

☒ ja
und zwar: _Urlaub, Töchter (noch schulpflichtig)_

☐ nein
aufgrund:_____

<u>Selbsteinschätzung</u>

60. Finden Sie, dass Sie sprachbegabt sind?

☐ ja ☒ mittel ☐ nein

- 14 -

61. **Welche Lernschwierigkeiten haben Sie?** (Mehrfachauswahl)

☒ ich verstehe Vieles, aber ich kann nicht so viel sprechen wie ich möchte

☐ ich kann mir Vokabeln nicht merken

☐ Andere:_____

62. **Fühlen Sie sich durch Ihren Dialekt beim Englischlernen (z.B. bei der Aussprache) beeinträchtigt?**

☐ ja   ☐ teilweise   ☒ nein

☐ ich spreche keinen Dialekt

63. **Wie gehen Sie mit Fehlern um?**

_____locker_____

_____

64. **Wie zeigt sich Ihr Lernfortschritt?** (Mehrfachauswahl)

☒ ich merke, dass ich weniger Angst habe, zu sprechen

☒ ich habe einen besseren Wortschatz

☐ ich habe Erfolgserlebnisse in der Praxis

☐ wie noch? Bitte beschreiben Sie:_____

65. **Welche Verbesserungsmöglichkeiten sehen Sie für Ihr Englischlernen?**

_____

_____

Geschafft!

Herzlichen Dank für Ihre Mitarbeit!

Nancy Grimm, Michael Meyer,
Laurenz Volkmann

Teaching English

bachelor-wissen
2015, XII, 341 Seiten
€[D] 24,99
ISBN 978-3-8233-6831-1

Teaching English covers all of the major issues and current trends in language learning and teaching, such as the trends toward empiricism, constructivism, differentiation, learner- and output-orientation, intercultural learning, and the use of multimedia. This book bridges the gap between the suggestions of theoretical approaches to foreign language teaching and the practical needs of both the educators (regardless of the institutions they are teaching and the experiences they have gathered) as well as the students. It will help readers profit from the materials and reflected practices for use in their own classrooms. And lastly, the book offers optimal preparation for exams in university courses and in teacher-training seminars.

Narr Francke Attempto Verlag GmbH+Co. KG \ Dischingerweg 5 \ 72070 Tübingen \ Germany
Tel. +49 (07071) 97 97-0 \ Fax +49 (07071) 97 97-11 \ info@narr.de \ www.narr.de
Stand: September 2015 · Änderungen und Irrtümer vorbehalten!

Nora Benitt

Becoming a (Better) Language Teacher

Classroom Action Research and Teacher Learning

Giessener Beiträge zur Fremdsprachendidaktik
2015, 264 Seiten
€[D] 58,–
ISBN 978-3-8233-6961-5

This qualitative-interpretative study investiga-tes a co-hort of twelve English teachers enrolled in the M.A. programme ‚ELINGO – Teaching English to Young Lear-ners'. The aim is to ex-plore if, how and under what circumstances classroom action research, a core com-ponent of the programme, can foster teacher learning. Since the participants have different educa-tional and cultural backgrounds and various levels of professional experience in the field of language teaching, they offer different per-spectives on the object of research. Data from multiple sources are triangulated and interpre-ted to elicit indicators for learning and develop-ment in the form of critical learning incidents. The results suggest that not only cognitive, but also social and affective fac-tors constitute the complex process of teacher learning.

Narr Francke Attempto Verlag GmbH+Co. KG \ Dischingerweg 5 \ 72070 Tübingen \ Germany
Tel. +49 (07071) 97 97-0 \ Fax +49 (07071) 97 97-11 \ info@narr.de \ www.narr.de
Stand: September 2015 · Änderungen und Irrtümer vorbehalten!